Think clearly

The Art of the Good Life
52 Surprising Shortcuts to Happiness

最新の学術研究から導いた、
よりよい人生を送るための思考法

ロルフ・ドベリ――【著】　安原実津――【訳】

サンマーク出版

はじめに

よい人生を送るために必要な「思考の道具箱」

大昔、少なくとも二五〇〇年前から、私たち人間は「よい人生」とはいったいどういうものだろうと考えつづけてきた。

この世に生を受けたからには、できるなら幸せな人生を送りたい。

そのためには、どう生きればいいのだろう？　よい人生の条件とはなんだろう？　運やお金はどれぐらい大事なのだろう？

そもそも、よい人生かどうかはどうやって決めるのか？　考え方の問題？　心がまえ？　それとも、人生の目標を達成できたかどうか？　積極的に幸せを求めるべきなのか？　そうではなくて、まずはやっかいごとを避ければいいのか？

人間が進化して時代が変わるたびにこの問いがくり返されてきたはずなのに、結局、答えはいつも期待はずれ。なぜなら、私たちはいつも、「たったひとつの原則」や、「たったひとつの原理」や、「たったひとつの法則」を求めようとしてきたからだ。よい人生を説明できる究極の定義など存在しないというのに。

ところがここ数十年、いろいろな分野で静かな革命が起きている。世界は複雑で、ひとつの理念やいくつかの原則だけではとても把握しきれないということが、学界でも、政界でも、経済界でも、医療界でも、その他の多くの分野でも認められるようになった。

私たちが生きている世界を理解するためには、いろいろな思考法がつまった「道具箱」があるといい。そして私たちの日々の暮らしにも、同じような思考の道具箱が必要なのだ。世界はいまや、直観だけでは理解できない。企業家も、投資家も、会社の重役も、医者も、ジャーナリストも、芸術家も、学者も、政治家も、そしてあなたも私も、何かを考えるときには、しっかりとした思考の道具や枠組みを持っていなければ前には進めない。たとえ、どんなに時代が変化しても、どれほど人間が進化しても。

これがあれば、人生はきっと上向いていく

よりよい人生を送るためのさまざまな思考法。そういう枠組みのことを、「人生のオペレーティングシステム」などとも呼ぶだろう。でも私には、少々古くさい言い方といわれるかもしれないが、「思考の道具箱」と呼んだほうがしっくりくる。

どちらの呼び名を使うにしても、「思考の道具箱」は、雑多な知識よりも、お金よりも、コネよりも、人生にとっては大切なものである。

そこで私は数年前から、これまで自分が使用してきた「思考の道具箱」をまとめることにした。

できあがった道具箱の中には、いまや私たちが忘れかけている古代の伝統的な思考モデルから最新の心理学研究の結果、ストア主義をはじめとする哲学やバリュー投資家の思考にいたるまで、いろいろな人生のコツがおさめられている。

私は実際に、毎日毎日これらの思考の道具を使って、人生で直面する問題や課題を克服してきた。どれも自信を持っておすすめできる道具ばかりだ。

というのも、こうした思考の道具を使うようになってから、私の人生はほぼすべてにおいて上向きになったのだ（髪が薄くなり、笑いじわは増えたが、それぐらいでは私の幸せは邪魔されない）。

ここでお伝えする「五二の思考法」は、それによって「人生が絶対うまくいく」と約束はできないにしても、間違いなくあなたの人生がうまくいく可能性を高めてくれるはずだ。

ロルフ・ドベリ

Think clearly

contents

1 考えるより、行動しよう

「思考の飽和点」に達する前に始める

文章がどんどん書けるようになるための秘訣

あなたにこっそり、「文章を書くための最大の秘訣」をお教えしよう。たとえあなたが文筆業にたずさわっていなくても、この知識は役に立つ。

その秘訣とは、**何を書くかというアイデアは、「考えているとき」にではなく、「書いている最中」に浮かぶ**ということだ。

この法則は、人間が行う、ありとあらゆる領域の活動に当てはまる。

たとえば、ある製品が市場に受け入れられるかどうか、企業家にそれがわかるのは、市場調査によってではなく、製品をつくって市場に出してみてからだ。

セールスマンが完璧なセールストークができるようになるのは、セールス方法の研究を通してではなく、話術を何度も磨きあげ、数えきれないほど断られた経験があってこそ。

親は子育ての指南書を読むことによってではなく、日々自分の子どもを育てながら教育者としての能力を育んでいく。音楽家は楽器の演奏方法を頭で考えるのではなく、実際に演奏しながらその楽器の名手になっていく。

それはどうしてか？　なぜなら、世界は不透明だからだ。くもりガラスのようにぼんやりしていて、見通しがきかない。

先行きを完全に予測できる人はいない。最高の教養を身につけている人でも、先が読めるのは、特定方向の数メートル先までだ。予測できる境界線の先を見たければその場にとどまるのではなく、前に進まなくてはならない。

つまり、「考える」だけではだめで、「行動」しなければならないのだ。

それ以上長く思い悩んでも一ミリも先に進まない

私の友人の話をしよう。彼は、すでに一〇年以上、起業しようと試行錯誤を重ねている。頭のいい男で、大手製薬会社の管理職というよいポストにつき、ＭＢＡも取得している。

起業についての本を何百冊も読み、扱う商品を考えるのに何千時間も費やし、市場調査の資料を山のように集め、これまでに二〇を超えるビジネスプランを書き上げている。だが、まだひとつも形にはなっていない。

彼の思考はいつも、「起業のアイデアに将来性はある。だがうまくいくかどうかは、計画をスムーズに実行に移せるかどうか、そして予想されるライバル企業がどう動くかにかかっている」というところまでは進むのだが、そこでストップしてしまう。

彼の思考はすでに、これ以上長く思い悩んでも一ミリも先に進まないポイントに達してしまっているのである。いくら考えても、もう新たなことに思いいたらない。

このポイントを、ここでは「思考の飽和点」と呼ぶことにしよう。

頭の中で検討を重ねることに、意味がないわけではない。短期間でも集中して考えれば、とてつもなく大きな気づきがある。しかし、**時間とともに新たに得られる認識はどんどん小さくなり、すぐに思考は「飽和点」に達してしまう**。

たとえば投資の決断をするときは、調査できる事実をすべて机の上に並べ、考える時間は三日もあれば十分だ。個人的な決断なら、一日でいいかもしれない。

キャリアチェンジするかどうかを決めるなら、長くても一週間。ひょっとしたら気持ちの揺れを抑えるための猶予期間も必要かもしれないが、それ以上長く考えても意味がない。行動を起こさなければ、新たな気づきは得られないのだ。

頭の中で熟考しても、懐中電灯で照らす程度の範囲にしか考えはおよばないが、行動を起こせばサーチライトであたりを照らし出したかのように、一気にいろいろなものが見えるようになる。その強い光は、考えただけでは見通せない世界の奥まで行き届く。

それに、いったん先を見通せる新しい場所にたどり着いてしまえば、懐中電灯を使った頭の中での熟考もまた力を発揮するようになる。

考えるだけのほうがラク、行動するほうが難しい

次の質問について考えてみてほしい。「行動力」がどれほど重要かがわかるだろう。

大海の孤島に誰かを連れて行くとしたら、あなたは誰を選ぶだろうか？

この先を読む前に、少し時間をかけて考えてほしい。

あなたのパートナーだろうか？　それとも友人の誰か？　コンサルタントやあなたが知っている中でもっとも頭のよい教授だろうか？　それともあなたを楽しませてくれるエンターテイナー？

もちろんそうではないだろう。孤島に連れて行くなら、「ボート職人」がいいに決まっている！

理論家や、教授や、コンサルタントや、作家や、ブロガーや、ジャーナリストといった人たちは、頭で考えるだけで世界を理解できると思いたがる。だが、残念ながらそんなことはめったにない。ニュートンやアインシュタインやファインマンのように、思索だけで新しい発見ができた人たちはむしろ例外だ。

学問の世界でも、経済や日常生活に関することでも、世界を理解するステップには、見

通しのきかない世界と実際にかかわる作業がつきものだ。直接、世界に身をさらすことが必要なのである。

だが、言うは易く行うは難し。考えるだけで先に進めないことは私にもよくある。思考の飽和点をとっくに過ぎていても、つい考えすぎてしまう。

どうしてだろう？　それは、**考えるほうが簡単だからだ**。

率先して行動を起こすより、考えているだけのほうが気楽だ。実行に移すよりぼんやりと思いをめぐらせているほうが、心地がいいのだ。

考えているだけなら失敗するリスクはゼロだが、行動すれば失敗のリスクは確実にゼロより高くなる。ただ考えたり、他人の行動にコメントしたりするだけの人が多いのはそのためだ。

考えているだけの人は現実とかかわらない。そのため、挫折する心配は一切ない。一方、行動する人は挫折のリスクと無縁ではないが、その代わり経験を積むことができる。

「望んでいたものを手に入れられなかった場合に、手に入れられるのは経験である」という、この状況を表すのにぴったりの有名なフレーズもある。

何を描きたいかは、描きはじめないとわからない

パブロ・ピカソは「新しいことに挑戦する勇気」がいかに大切かを、きちんと理解して

いた。

ピカソはこう言っている。「何を描きたいかは、描きはじめてみなければわからない」。

同じことは、人生にも当てはまる。

人生において自分が何を求めているかを知るには、何かを始めてみるのが一番だ。この章を読んで何か行動を起こしてみようと思った人も、考えているだけではよい人生は手に入らないということだけは常に頭に入れておくようにしよう。


心理学には、「自己内観における錯覚」（第11章参照）という言葉がある。

これは、自分の思考を省みるだけで、自分が実は何に向いているのかや、何にもっとも幸せを感じるのか、また自分の人生の目標や人生の意義までも徹底的に究明できるという「思い込み」を表す言葉だ。だが、自分の思考を探ってみても最後にたどり着くのはおそらく、気分の波と、とりとめのない感情と、曖昧《あいまい》な思考だらけの混沌とした泥沼だけだ。

だからあなたが次に重要な決断をせまられたときには、そのことについて入念に検討はしてみても、考えるのは「思考の飽和点」までにしておこう。

思考が飽和点に達する速さに、あなたは驚くに違いない。そのポイントにたどり着いたら、懐中電灯はいったん消して、今度はサーチライトに切り替えよう。ビジネスでもプライベートでも、あなたのキャリアにも恋人との関係においても、この法則は役に立つ。

2

なんでも柔軟に修正しよう

完璧な条件設定が存在しないわけ

飛行機が「予定ルート」を飛んでいる割合とは？

ちょっと想像してみてほしい。あなたはいま、フランクフルト発ニューヨーク行きの飛行機に乗っているところだ。「飛行中、機体が予定されたルート上を飛んでいる」のは、飛行時間全体のどのくらいの割合だと思うだろうか？

飛行時間全体の90パーセント？　80パーセント？　それとも70パーセント？

正解は、なんと、「ゼロパーセント」だ。

飛行機の窓際の席に座って翼のふちのあたりを見ていると、「補助翼」がしきりに動いているのがわかる。

補助翼の役割は、飛行ルートを絶えず修正することにある。自動操縦装置は、毎秒何回も予定位置と現在位置とのずれを感知し、舵の役目を果たす翼に修正指令を出している。私はよく、小型飛行機を自動操縦を使わずに操縦するが、そうすると、こういう微調整は自分で行うことになる。一秒でも操縦桿を放置すれば、機体は飛行ルートをはずれてしまう。

車の運転も同じだ。一直線にのびる高速道路を運転しているときでさえ、ハンドルから手を離せば車は車線を逸脱し、事故を起こしかねない。

同じことは、私たちの人生にも当てはまる。しかし、私たちの理想はもちろん、飛行機や車と違って予測や計画どおりに進むスムーズな人生だ。

そのために私たちは、せめて最適な前提条件をそろえておこうと「最初の設定づくり」に精を出す。職業教育も、キャリアも、恋人や家族との生活も、すべてにおいて最初に完璧な条件を整えたがる。なんとかして計画どおりに目的地にたどり着けるように。

だが、あなたも知ってのとおり、物事がうまく運ぶことなどほとんどない。人生は常に乱気流の中にあって、私たちはありとあらゆる種類の横風や、予想外の急激な天候の変化と闘わねばならないのだ。

それなのに私たちは浅はかにも、晴天の空を飛びつづけるパイロットのようにふるまっている。**最初の条件設定ばかりを重視し、修正の意義を軽んじすぎている。**

重要なのは「スタート」ではなく、「修正技術」のほう

私は、趣味で飛行機を操縦するうちに学んだことがある。重要なのは、「スタート」ではなく、「離陸直後からの修正」技術だということだ。

自然は、そのことを一〇億年も前から知っている。細胞分裂のときには、遺伝物質の複製エラーがたびたび起こる。そのため、どの細胞にも、こうした複製エラーをのちのちに修復するための分子が内包されている。

このいわゆるＤＮＡ修復の機能がなければ、私たちは癌ができてからほんの数時間で死んでしまうだろう。

「修正」は、私たちの免疫システムにおいても重要な意味を持っている。

免疫システムに、マスタープランはない。排除すべき外敵を前もって予測しておくことは不可能だからだ。悪性のウイルスやバクテリアは何度も突然変異をくり返すので、常に排除方法を修正していかなければ体を防御できない。

だから、もしあなたが、誰が見てもお似合いのカップルの非の打ちどころのない結婚生活が破綻したと耳にすることがあっても、さほど驚く必要はない。明らかに「はじめの条件設定」を重視しすぎた失敗例だからだ。

誰かと五分間でもパートナーになってみた経験のある人なら、わかるだろう。常に微調整や修正をくり返さなければ、パートナー関係はうまくいくものではない。**どんな関係にも、メンテナンスは必要**なのだ。

経験から言えば、よい人生とは「一定の決まった状態を指す」と思っている人が多い。それが間違いなのだ。よい人生とは、「修正をくり返した後に、初めて手に入れられるもの」なのだから。

ものごとがすべて「計画通り」に運ぶことなどない

私たちはなぜ、何かを修正をしたり見直したりすることに、こんなにも「抵抗」があるのだろう？

それは、**どんな些細《ささい》な修正も「計画が間違っていたことの証拠」のように思えるから**だ。計画は失敗だったと落ち込み、自分は無能な人間だと感じてしまう。

実際には、ものごとがすべて計画通りに運ぶことなど、まずない。例外的に修正なしで計画が実現できたとしても、それはまったくの偶然にすぎない。

米軍の司令官で、のちに大統領にもなったドワイト・アイゼンハワーはこんなことを言っている。「計画そのものに価値はない。計画しつづけることに意味があるのだ」。

大事なのは「完璧な計画を立てること」ではなく、「状況に合わせて何度でも計画に変更を加えること」。

変更作業に終わりはない。どんな計画も、遅くとも自国の軍隊が敵とぶつかる頃には通用しなくなってしまうと、アイゼンハワーにはわかっていたのだ。

憲法を例にしよう。憲法は、その国の法律すべての基本となる法である。本来なら、その役割にふさわしく時代を超越したものであるべきなのだが、実際には改正されない憲法というのは存在しない。

一七八七年に制定されたアメリカ合衆国の憲法は、これまでに二七回改正されている。スイス連邦憲法は一八四八年に最初の草案が作成されて以降、二度の全面改正があり、何度も一部が改正されてきた。ドイツでは、憲法にあたる基本法が一九四九年に制定され、今日までに六〇回改正が行われた。これはけっして不名誉なことではない。それどころか非常に理に適った措置である。

そもそも「修正する力」は、民主主義の基盤をなすものだからだ。

民主主義とは、最初から適切な夫や妻を選び出すためのシステムではなく（もちろん〝理想的な条件設定〟のために、である）、そのつど修正をほどこしながら、流血の惨事を引き起こさずに、不適切な夫や妻を排除するためのシステムだ。さまざまな社会体制が存在するが、修正メカニズムが組み込まれているのは民主主義だけだ。

しかし残念ながら、そのほかの領域では、積極的に修正をほどこす態勢が整えられているとは言いがたい。特に学校制度の大半は、条件設定のために存在しているようなものだ。勉強し、学位を取得しているうちに、人生で重要なのはできるだけ高い学歴を手に入れ、できるだけよい条件で社会人生活をスタートさせることだと思い込まされてしまう。実際には、学位と職業的な成功の関連性はどんどん弱くなる一方なのだが。

反対に、ものごとを修正できる力の需要は高まっているのに、修正する力を学校で身につけられる機会はほとんどない。

早いうちに軌道修正した人こそ、うまくいく

人格を形成するうえでも、「修正力」は欠かせない。

あなたもきっと、成熟した賢明な人物と形容したくなるような人を、少なくともひとりは知っているだろう。

その人が賢くなった理由はなんだと思うだろうか？　生まれのよさや、模範的な家庭や、一流の教育といった条件がそろっていたためだろうか、それとも自分の欠点を克服したり、自分に足りないところを補ったりしつづけた修正の努力の結果だろうか？

結論。「修正」に抱いている悪いイメージを、私たちは断ち切らねばならない。**早いうちに軌道修正した人は、長い時間をかけて完璧な条件設定をつくりあげ、計画がうまくいくのをいたずらに待ちつづける人より得るものが大きい。**

理想的な職業教育など存在しない。人生の目的地も、ひとつだけとは限らない。完璧な企業戦術も、最適な株式ポートフォリオもなければ、唯一無二の適職というのもありえない。すべて空想の産物だ。

何ごともある条件のもとでスタートさせ、それが進んでいく過程で持続的に調整をほどこすのが、正しいやり方である。

世界が複雑であればあるほど、出発点の重要性は低くなる。だから仕事でもプライベートでも、条件設定を完璧にしようと力を注ぎ込みすぎないほうがいい。

それより、ダメだとわかったことはそのつど変えていけるような、修正の技術を身につけたほうが得策だ。後ろめたさを感じずに迅速にものごとを修正できるように（そう、ワードのバージョン1・0がすでにずい分前に販売を終了し、私がいまこの文章をバージョン14・7・1を使って書いているのも、けっして偶然ではないのだ）。

3

大事な決断をするときは、十分な選択肢を検討しよう

最初に「全体図」を把握する

あなたが「秘書」をひとり採用するとしたら？

あなたはいま、秘書（いま風の言い方をするなら「アシスタント」と呼ぶべきなのだろうが）をひとり雇い入れたいと思っている。求人を出すと一〇〇人の女性から応募があった。あなたは無作為に順番を決めて、ひとりひとり面接をする。

面接が終わるごとに、あなたはその応募者を採用するかどうかを決めなくてはならない。翌日まで考えたり、全員の面接が終わるまで決断を先延ばしにしたりしてはならない。そして面接直後の決断を撤回することもできない。

そうだとしたら、あなたはどんなふうに「採用・不採用」を決めるだろうか？

印象のよかった最初の応募者を採用したらどうだろう？　だがそうすると、一番優秀な応募者を雇いそこねる恐れがある。彼女と同じくらい優秀な、あるいはもっと優秀な女性

は、応募者の中にまだたくさんいるかもしれない。

では、ひとまず九五人の面接をして応募者全体の傾向をつかんだ後、最後に残った五人の中から、それまでに面接した中でもっとも有能そうに見えた応募者と一番印象の似ている人を選んだらどうだろうか？

けれどもひょっとしたらその五人の中には、いいと思える人がひとりも残っていないかもしれない。


数学者のあいだで「秘書問題」として知られる命題である。驚くべきことに、**この秘書問題の適切な解法は、たったひとつしかない。**

まず、「最初の三七人」は、面接はしても全員不採用にして、ひとまずその三七人の中でもっとも優秀な女性のレベルを把握する。そしてその後も面接を続け、それまでの三七人のうちもっとも優秀だった人のレベルを上回った最初の応募者を採用するのだ。

この方法をとれば、優秀な秘書を採用できる確率は非常に高くなる。

ひょっとしたら採用を決めた女性は、一〇〇人いる応募者の中で最高の秘書ではないかもしれないが、それでも、あなたは確実に優秀な秘書を雇うことができる。ほかのどんな方法をとっても、統計的にこの方法を上回る結果は出ない。

「三七」という数字の根拠は何だろうか？　**この三七とは、応募者数である一〇〇を、数**

学定数e（≒2・718）で割って求めた数である。

応募者が五〇人だった場合は、最初の一八人（50÷e）を不採用にし、その一八人のうちもっとも優秀だった人を上回った最初の応募者を採用すればいいということになる。

短期間にできるだけたくさんの選択肢を試す

この「秘書問題」は、もともとは「結婚問題」と呼ばれていた。

何人目の交際相手で結婚を決めるべきかが問われていたが、一生のうちに配偶者を何人持つかはあらかじめわからないため、この問題の題材としては理想的とは言えない。そのため数学者たちは、呼び名を変更したというわけである。

だが、私は、よい人生には数学のような正確さが大事だと言いたくて、秘書問題を取り上げたわけではない。伝説的な投資家のウォーレン・バフェットも「明らかに間違うよりは、おおむね正しいほうがいい」と言っている。

私たちも人生において大事な決断を下すときには、バフェットが投資の決断をするときのこの姿勢をまねたほうがいい。

それでは、私たちの人生と数学の秘書問題には、どんな関係があるのだろう？　秘書問題は、私たちに「目安」を与えてくれる。

重要なことを決めるときに、「どのぐらいいろいろなことを試してみてから、最終決定を下すべきか」その指針を示してくれるのだ。

「秘書問題」を試して、自分が出した答えを適切な解法と比べてみると、たいていの人は、採用する応募者を決める自分のタイミングが「早すぎる」のに気づくはずだ。それでは最適な選択ができる確率は低くなる。

数多《あまた》のスポーツや作家の中からお気に入りを見つけ出したり、人生のパートナーや住む場所や楽器や夏休みを過ごす場所を選び出したり、自分に最適なキャリアや職業や専門分野を決めたりするときには、まず短期間にたくさんの選択肢を試してみたほうがいい。

興味があるものだけに限らず、できるだけたくさんのものを試してから、最終的な判断を下すのだ。どんな選択肢があるか、全体像をつかむ前にひとつを選びとってしまうのでは、早計すぎる。

私たちが「早い段階」で決断を下してしまう理由

ところで、私たちはなぜ、「早い段階」で決断を下してしまいがちなのだろう？　この忍耐力のなさはどこからくるのだろう？

それは、いろいろなサンプルを試すには「労力」がいるからだ。

五人目で採用を決めてしまえば面接を終えられるのに、どうして一〇〇人も面接しなくてはならないのだろう？　ひとつの仕事を選ぶのに、どうして一〇社で採用面接を受けなければならないのだろう？

いろいろなことを試そうと思えば、手間がかかる。その手間を省きたいのだ。

おまけに、新しいことに挑戦するのは面倒だ。若いときに少しでもかかわったことのある分野に、そのままとどまっていたほうがラクでいい。もちろん、それでも無難にキャリアを積み重ねることはできるだろう。

だが、もう少し新しいことに意欲的になっていたら、ほかの分野でもキャリアを築けた可能性は大いにあっただろう。ひょっとしたらいまよりもっと成功して、もっと楽しく仕事ができていたかもしれないのだ。

早計に決断してしまいがちな理由は、もうひとつある。決断を保留にしたままいろいろなことを試すより、ひとつのテーマを終えてから次のテーマに取りかかったほうが、頭の中の整理ができて心地がいいからだ。

あまり重要でない決断をするときにはそれでもいいが、その方法では最適な選択が難しくなるので、重要な決断の際にはあまりいい結果にはつながらない。

サンプル数が少ないと、最適なものを見つけ出せない

何か月か前、我が家のベビーシッター（二〇歳）が、打ちひしがれた様子で家のドアを

ノックしたことがあった。恋人に振られたのだ。

彼女にとっては初めての恋人だった。彼女の目には涙が浮かんでいた。私たちは客観的に彼女の状況を分析し、なんとか彼女を慰めようとした。

「まだ若いし時間はたっぷりあるんだから、一〇人でも二〇人でも、いろいろな男性と付き合ってみればいい！　そうすれば、世の中にはどんなタイプの男がいるかがわかるから。長年一緒に過ごすにはどんな相手がいいか、自分にはどんな人が合うかがわかるようになるのはそれからだよ」

だが、彼女は力のない表情にほんのわずかな笑みを浮かべただけで、少なくとも私たちの話を聞いているあいだは、納得しているようにはとても見えなかった。

残念ながら、「十分なサンプル数を試さずに」彼女と同じようになってしまうことは、私たちにもよくある。

統計学的な言い方をすれば、**私たちが抽出するサンプル数は少なすぎて全体を代表していないにもかかわらず、それだけの情報をもとに性急に決断を下してしまう。**

現実を反映しない間違ったイメージを自分の中につくりあげ、広い世界のほんの二、三種類のサンプルを試しただけで、人生のパートナーや、理想の仕事や、最適な居住地を見つけられると信じている。

もちろん、それでうまくいくときもある。もしあなたが少ないサンプルの中からでも最適な選択ができているのなら、非常に喜ばしいことだ。

だがその結果は、運よく得られたものにすぎない。少ないサンプル数で、いつも最適なものを見つけ出せるとは思わないほうがいい。

世界は私たちが思っているよりもずっと広く、ずっと多彩で、いろいろなものを含んでいる。若いうちは、できるだけたくさんのサンプルを試すようにしよう。

大人になってからの最初の数年間で重要なのは、お金を稼ぐことでもキャリアを積むことでもない。「人生の全体図を把握すること」だ。

常にオープンな姿勢を崩さず、偶然が与えてくれたものはすべて試すようにしよう。本もたくさん読んだほうがいい。小説を読めばすばらしい人生を疑似体験できる。ものごとの向き合い方を変えるのは、年をとってからでいい。

そうして年をとったら、かかわることをぐっと絞り込もう。その頃にはあなたはもう、自分の好みをしっかりと把握できているはずだから。

4

支払いを先にしよう

わざと「心の錯覚」を起こす

そのイライラは、自分でコントロールできる

私はその日、スイスのベルンに向けて高速道路を走っていた。ベルンの出口の少し手前には、グレーの自動速度取締機が設置されている。何年も前からそこにある。そんなこと、ずっと前からわかっていたはずなのに……。

あのとき、自分が何を考えていたのか覚えていない。とにかく、いきなり目の前でフラッシュがたかれ、ぼうっとした頭が現実に引き戻されておそるおそるスピードメーターに目をやると、ああ、なんてこと！　制限速度を二〇キロもオーバーしていた。スピード違反をしていそうな車はほかには一台も見当たらない。万事休す。

次の日にはスイスのチューリヒで、停めておいた車に戻ろうと歩いていると、警官が私の車のワイパーに違反切符を挟みこんでいるのが見えた。そう、そこは駐車禁止区域だっ

たのだ。

その朝、私はとにかく急いでいた。でも、立体駐車場は満車だった。そもそも、チューリヒの中心部で、違反でなく車を停められる場所なんてどれぐらいあるというのだ。南極にあるデッキチェアのほうがまだ多いんじゃないだろうか。

私はほんの一瞬、違反切符を挟んでいった警官を追いかけようかと考えた。髪をふり乱し、息を切らしながら警官のもとに駆けつけ、必死になって事情を訴える自分の姿を思い浮かべた。

でも、結局は何もしなかった。そんなことをしてもまったく効果がないことを、それまでの経験でわかっていたからだ。あとで自分がせこい人間に思えて、自己嫌悪で眠れなくなるのがオチだ。

以前の私なら、そうやって違反切符を切られたらとても腹を立てていただろう。ところがいまは、その事実を受け入れ、罰金は自分の「寄付用口座」から支払うことにしている。そうすると穏やかな気持ちでいられるからだ。

私は、**自分の銀行口座のひとつを「寄付用口座」として、正当な理由のある出費のために、いつも一定の金額をプールしている。**交通違反の罰金ももちろん、この口座の支払い対象だ。この「寄付用口座」をもうけてから、私は驚くほどイライラしなくなった。

心の錯覚のトリック「メンタルアカウンティング」

自分のふところからお金を支払わなければならないときに、どれほど抵抗感を抱くかは、その「お金の出どころ」によって違う。

それは、心の錯覚を利用した一種のトリックといえ、心理学では**「メンタルアカウンティング（心の会計）」**と呼ばれている。

これはどういうことかというと、たとえば同じお金でも、「道ばたで拾った一〇〇ユーロ札（一万円札）」なら、「働いて稼いだお金」より、気楽に無造作に使うことができる。

私が交通違反の罰金を「寄付用口座」から支払うのも、こうした錯覚の上手な利用法である。**心が穏やかでいられるように、わざと自分を錯覚させる**のだ。

たとえば、どこか貧しい国を旅行しているときに、あなたの財布がなくなったとしよう。財布自体はその後まもなく見つかったが、中身の現金は抜き取られていた。

あなたはその出来事を、「お金を盗まれた」と思うだろう。でもそこで、おそらくあなたより苦しい生活を送っているその国の人たちに寄付したのだ、と考えることはできないだろうか？

ものの見方を変えても、あなたのお金が盗まれたという事実が変わるわけではない。だが、起きてしまったことをどう意味づけ、どう解釈するかは、あなた自身でコントロールすることができる。そう、よい人生を送れるかどうかは、「事実を前向きに解釈できるかどうか」で決まることが多いのである。

料金を「前払い」したほうがいい理由

私はいつも、店やレストランで支払う金額に、**頭の中ですぐに「50パーセント加える」**ようにしている。収入からどれぐらいの所得税が引かれるかを考えれば、買った商品の実質的な価格はそれぐらいになるからだ（ヨーロッパ諸国の所得税率は高く、50パーセント前後の税率がかかる国もめずらしくない）。

たとえば、一〇ユーロのグラスワインを飲むためには、一五ユーロを稼がねばならない。こうして、「あらかじめ税金分を加算して考えること」は、出費をコントロールするための効果的なメンタルアカウンティングとなる。

また、ホテルに泊まるときには**料金を前払いする**ようにしてみよう。そうすれば、パリでのロマンチックな週末の最後を、ホテルからの請求書で台無しにされずにすむはずだ。

アメリカの心理学者でノーベル経済学賞を受賞したダニエル・カーネマンが**「ピーク・エンドの法則」**と呼んでいる法則がある。私たちが旅行に出かけたときの記憶に残るのは、その旅の「ピーク」と「終わり」だけで、残りは忘れ去られてしまう、という法則だ。

この現象については第22章で詳しく見ていくが、つまり、旅の最後が尊大なホテルのフロント係から差し出された請求書で締めくくられ、そのうえ請求された額が、自分が外国なまりのない完璧なフランス語を話せなかったという理由だけで割増しされたんじゃないかと疑いたくなるぐらい法外な金額だったとしたら、とうていその旅行にいい思い出は残らない。

実際に、心理学には、**支払いを先にすませてあとから消費を行う「プレコミットメント」という手法**がある。支出の痛手を少しでも減らすための、メンタルアカウンティングの一種である。

「お金」よりも「ストレス」を節約する

税金を払うときにも、同じような「心の錯覚」が利用できる。どんなにがんばったところで、私が税制を変えられるわけではない。

そこで私は、こう考える。私の住む、わが街スイスのベルンの美しい街づくりの成果を、頭の中で、ほかの場所と比較する。たとえば、クウェートや、サウジアラビアのリヤドや、建物がひしめくモナコのコンクリートジャングルや、月面などと。**所得税のことは考えずに、とにかく場所そのものや景観を比べてみる。**

そうすると、「やはり私はベルンに住みたい」という結論になり、税金を払うことにあまり抵抗がなくなる。

それに、「節税できるなら、どんなところに住んでもいい」なんて言う人は、なんだかケチくさくて心が狭い印象を与えるものだ。実際、そういうタイプの人たちとのビジネスはこれまでに一度もうまくいったためしがない。

「お金で人は幸せになれない」という決まり文句があるが、私はその言葉どおり、あなたには数ユーロ高いか安いかで深刻に悩みすぎないよう、おすすめしたい。

ビールが普通より二ユーロ高かったり安かったりしても、私はもはや気にならない。**お金より、ストレスのほうを節約することにしたからだ**。

私の株式ポートフォリオの価格は、毎分二ユーロをはるかに超える額で変動している。ドイツ株価指数が一〇〇〇分の一パーセント下落してもイラだったりはしないというのに、二ユーロの差に悶々《もんもん》とするのでは、まったく理屈に合わない。あなたも同じことをすればいい。

お金をお金としてでなく、ホワイトノイズとでも見なせるぐらい無頓着でいられる、ささやかな額を許容基準として設定しておくのだ。そうすれば多少の価格の差ぐらいで悩まされることはないし、もちろん、平常心を失うこともない。

究極のメンタルアカウンティングは修道院で学んだ

話は変わるが、長らく無神論者だった私が、これが最後とばかりに必死になって救いを求めた時期があった。四〇歳くらいのときだ。

当時、ある修道院に行った。アインジーデルン修道院の善良なベネディクト会修道士たちは、何週間ものあいだ、私を客人として受け入れてくれた。

世俗から離れたこの時期のことを、いまでもよく思い出す。テレビもインターネットもなく、厚い修道院の壁にはばまれて携帯電話の電波もほとんど届かなかった。

特に印象深かったのは、「食事中の静けさ」だった。ここでは、食事しながらの会話は、固く禁じられていたのだ。

結局、救いは見つからなかったが、このときの修道院生活で「メンタルアカウンティングのトリック」をひとつ身につけることができた。「金銭」に関してではなく、「時間」に関するストレスをコントロールするための、メンタルアカウンティングだ。

修道院の食堂では、カトラリーは二〇センチほどの長さの小さな黒い棺（箱）に入れられている。食事を始めるときには、ひとりひとりが自分の棺のふたを開け、整然と並べられたフォークとスプーンとナイフを取り出す。

ここには「人間は本来死んでいるも同然の存在だ。人間は神によって生かされているのであり、あなたがいま生きている時間は神からの贈り物」というメッセージがこめられている。

大きな事故に遭ったり大病を患ったりした人が、「一度死んだようなもの」「残りの人生の時間はいただきもの」というような言葉を発することがあるが、その心境に近い。ただ生きているだけで尊いと感じ、すべての出来事が愛しく思えてくるのだ。これぞ究極のメンタルアカウンティングといえるだろう。

起きた出来事の「解釈」は変えることができる

こうして私は、自分の時間を大事にすることを学んだ。「ストレス」で自分の時間を無駄にしないことも。

レジの行列や、歯医者での待ち時間や、高速道路の渋滞にイライラしていると、あっという間にあなたの血圧は一五〇まで上昇し、ストレスホルモンが排出される。

イライラしたら、次のことを考えてみてほしい。

ストレスは、だんだんとあなたの心と体をむしばんでいく。余計なストレスを抱えなければ、あなたの人生は一年は長くなる。いらだちを避けるだけで、一生のうちで待つために費やす時間の合計よりも、もっと長い時間が手に入るのだ。

結論。**失った時間とお金は取り戻せないが、起きた出来事の解釈の仕方を変えることはできる。**

人生のあらゆる状況に対応できる「メンタルアカウンティング」のトリックを集めた箱をつくって、使ってみてほしい。ふだん「心の錯覚」をうまく避けられている人ほど、ときにはわざと錯覚を起こして、自分の心を落ち着かせるのが楽しくて仕方ないはずだ。

5 簡単に頼みごとに応じるのはやめよう

小さな親切に潜む大きな罠

人の頼みを断れない「好かれたい病」の正体

あなたは、「ちょっとした頼みごと」をされたときに、深く考えずについつい引き受けてしまうことはないだろうか？　どのくらいの頻度で断っているだろうか？

あとになって頼みごとにOKしたことを腹立たしく思うのはどれくらいで、断ったことを後悔することはどれくらい？

何年か前、私は自分自身について分析してみた。すると講演や寄稿や短いインタビューの依頼など、ちょっとした頼みごとを引き受けすぎているとわかった。

頼みごとのほとんどは、最初に思っていたよりも実行するのに時間がかかったというのに、私が引き受けたことによって、関係者たちにもたらされた収穫は思っていたよりずっと少なかった。私は頼みごとに応えたのに、結果的に私の利益につながることもなかった。

人の頼みを断れない。この「好かれたい病」はいったいどこから来ているのだろう？

一九五〇年代、生物学者たちによって、ある研究が行われた。それは、「血縁関係にない同種の動物同士は、どうして互いに協力し合うのか」、その理由を突き止めるための研究だった。

たとえば、チンパンジーはどうして獲物を仲間たちと分け合うのだろう？　なぜヒヒは、わざわざ仲間の毛づくろいをしてやるのだろう？

血のつながった動物同士なら納得できる。何しろ、彼らは遺伝子を共有しているのだから。ある個体が何かを我慢しなければならなかったり、よもや死んでしまったりしても、協力し合ってさえいれば遺伝子を残すことができる。

だが血のつながりのない動物たちが、どうしてこうしたリスクを冒す必要があるのだろう？　なぜ、血のつながりのない仲間に対しても、見返りなしに仲間の利益になるような行動をとるのだろう？　どうしてチンパンジーは自分で獲物を独り占めしないで仲間たちに分け与えるのだろう？　どうしてヒヒはだらだらと過ごす代わりに貴重なエネルギーを使って、何時間もかけて仲間たちの毛についた虫をとってやるのだろう？　大きな疑問だ。

この研究が、私たちの「好かれたい病」の原因を教えてくれる。

「囚人のジレンマ競技会」で勝利をおさめたのは？

血縁関係にない同種の動物同士は、どうして互いに協力し合うのか。この疑問に答えをもたらしたのは「数学」だった。正確にいえば、数学の「ゲーム理論」だ。

「ゲーム理論」とは、利害関係を持つ相手がいる集団において、各自の意思決定や行動が互いに影響し合う状況を、数学的モデルを用いて分析する理論である。

利害関係のある相手のいる状況で、関係者全員にとって最適な選択をするにはどうすればよいか等の答えが導き出せるため、経済学、政治学、経営学、社会学など、数学以外の分野でも幅広く応用されている。

このゲーム理論の代表的なモデルに**「囚人のジレンマ」**というのがある。

共同で犯罪を行った二人の容疑者を、意思疎通ができないよう別々の部屋に入れ、個別に次のような司法取引を持ちかける。

(a) ひとりが自白し、もうひとりが自白しない場合、自白したほうは釈放、自白しないほうは懲役一〇年。(b) 二人とも自白しなければ懲役二年。(c) 二人とも自白した場合は懲役五年。ゲームは無期限で、容疑者はゲームの回数を知らされないまま、順番にどれかを選択しつづける。

二人に共通する最良の選択は、互いに協調して黙秘する（b）だが、どちらかひとりが裏切って自白し、自分の利益を追求している限り、最良の選択にはいたらないというジレンマがともなうゲームである。

アメリカ人の政治学者ロバート・アクセルロッドは、「囚人のジレンマ競技会」を開催した。さまざまな分野の研究者からゲーム戦略を募って、コンピュータープログラムとして対戦させたのだ。ひとつひとつのプログラムに、それぞれ別の戦略を組み込んで対戦させ、その中で「最終的に最良の選択にいたるのはどれか」を競わせた。

相手と協調するもの、相手をあざむくもの、相手のことをまったく気にしないもの、常に相手に譲歩するものなど、いろいろな戦略がプログラムとして組み込まれた。

その結果、**勝利をおさめたのは、「しっぺ返し」と呼ばれる戦略だった。**一手目は相手と協調し、それ以降はしっぺ返しの要領で相手の出した手をそのままコピーして返すという、とても単純な戦略である。

たとえば、私が最初の一手で協調したあと、相手が同じように協調で返してきたなら、私は次の手でも協調する。反対に、相手が協調せずに私を裏切ろうとしてきたら、次は私も裏切る。相手がその後また協調したら、私も次の手ではまた協調する、といった具合である。

この「しっぺ返し戦略」が、囚人のジレンマ競技会においてもっとも勝利をおさめた。

遺伝子が生き残ったのは「しっぺ返し戦略」のおかげ

動物の世界で起きていることは、これとまったく同じ行動だ。「互恵的利他主義」と呼ばれる行動である。

チンパンジーは、次にその仲間がお返しに獲物を分け与えてくれるのを期待して、自分の獲物を分け与えているのだ。餌をとりに出かけても、何の収穫もなく住処に帰らなければならないときの保険である。

「互恵的利他主義」は、その動物の記憶力がよくなければ成り立たない。チンパンジーは、「以前、どの仲間が肉を分けてくれたかを記憶しておける」からこそ、この行動パターンをとることができるのだ。

こうした記憶力を持つのは、知能が高度に発達したごく一部の動物だけ。おもにサルの仲間だ。

もちろんチンパンジーは、戦略を意識して行動しているわけではない。この行動パターンは、進化の過程で自然淘汰された結果、残ったものだ。**「しっぺ返し戦略」を行わなかった仲間は、遺伝子を残すことができなかったのだ。**

人類も、知能が高度に発達した動物の一種である。この互恵的利他主義の行動パターンは、サルたち同様、私たちの中にもやはり受け継がれている。

世界経済が機能するのも、「しっぺ返し戦略」のおかげといえる。私たちは毎日、血のつながりのない大勢の人たちと（ときには地球の反対側に住んでいる人とも！）協力し合って、生活を豊かにするという共通目標に向けて活動している。

けれども「互恵的利他主義」には、ふたつの危険が潜んでいる。

ひとつ目は、**誰かから「好意」を受けると、あなたはその人にお返しをする義務があるように感じてしまい、その人の頼みを断れなくなってしまうことだ。**つまり結果的に、あなたはその人の意のままに動かざるをえなくなってしまう。

そしてふたつ目の危険は、さらに重大だ。「しっぺ返し戦略」は、信頼にもとづく協調から始まる。相手の利益になる行動をとれば、相手も同じような利益を返してくれるはずだという信頼をもとに、私たちは自ら進んで相手の頼みを引き受ける。私たちが後になって腹立たしく思うのは、「つい頼みに応じてしまった」まさに最初のこの瞬間である。

そしていったん頼みごとを引き受けてしまったが最後、自分の行為をなんとか正当化しようと、相手が並べ立てたもっともらしい理由を自分の頭の中でくり返す。

だがそのとき、頼みごとの実現に必要な時間のことはまるで考えない。**無意識のうちに「時間」よりも「理由」のほうを優先させているのだ。**いくらでも考え出せる理由とは違って、時間には限りがあるというのに。

これからはどんな依頼も「五秒」で決断する

頼みごとをつい引き受けてしまうのは、生き物の本能的な反応なのだ。

そう気づいた私は、対抗措置として、ウォーレン・バフェットのビジネス・パートナーであるチャーリー・マンガーが実践しているという「五秒決断ルール」をまねることにしている。

「すばらしい何かが見つかる機会なんて、そうそうあるものじゃない。だから、頼みごとの90パーセントを断ったとしても、チャンスを逃したことになんてまずならない」からだ。マンガーの言葉だ。

だから、**頼みごとをされたときには、その無理な要求を検討する時間は、きっかり五秒間**。五秒間で、決断することにしたのだ。

するとほとんどの場合、答えは「ノー」。いくら頼みごとの数が多すぎるとはいえ、そのほとんどを断っていれば誰からも好かれるというわけにはいかないが、誰からも好かれたいがために頼みごとを全部引き受けるよりはずっといい。

あなたも絶対にそうしたほうがいい。頼みごとを断られたからといって、すぐにあなたを「人でなし」だなどと決めつける人はめったにいない。相手はかえってあなたの毅然とした姿勢に尊敬の念を抱いてくれるだろう。

古代ローマの哲学者、セネカは二〇〇〇年前にこんなことを書いている。「あなたに何かを頼もうとする人たちはみんな、あなたから時間や自由な意思を奪おうとしているようなものだ」。

だからあなたも「五秒ルール」を身につけたほうがいい。よりよい人生を手に入れるのにとても有効だ。

6

戦略的に「頑固」になろう

「宣誓」することの強さを知る

「選択肢はひとつだけ」という状況を自らつくる

一五一九年、キューバを出港したスペイン人の征服者エルナン・コルテスは、メキシコの沿岸に到着した。コルテスはその後、即座にスペインによるメキシコの植民地支配と自らの総督就任を宣言する。そして彼は、**なんとわざと船を沈没させて、自分と配下の部隊の退路を断った。**

経済的な見地から見れば、コルテスの決断は理にかなっているとは思えない。なぜはじめから帰国の道を閉ざす必要があったのだろう？　なぜほかの選択肢をとりようのない状況をつくりあげてしまったのだろう？

「選択肢は多ければ多いほどいい」というのは、経済活動における重要な原則のひとつだというのに。それなのになぜ、コルテスは「選択の自由」を自ら放棄してしまったのだろうか？

一方、話は変わるが、私が参加している、あるビジネスディナーがある。それは年二、三回の割合で開かれる。

そのディナーの場で私は、世界的コンツェルンのＣＥＯの男性と顔を合わせる。

数年前、そのディナーの席で、私は「彼がデザートにはけっして手をつけようとしない」ことに気がついた。

どうして甘いものを断つ必要があるのだろう？　なぜそのときの状況で判断しないのだろう？　自分の体重や、メイン料理のボリュームや、デザートの誘惑の強さなどに応じて、そのつど決めてもいいではないか？　少し前まで、私は彼のそんな行動を、非合理的で興ざめだと感じていた。

デザートを食べない主義をまっとうするのは、故郷に帰る手段を断つことに比べたら瑣末な決断かもしれない。だが、「一見、不要な措置に見える」という点ではどちらも同じだ。

「強硬に行動すること」に何の意味があるのだろう？

なぜ彼は、朝三時に出社してまで家族団らんを優先したか

世界でもっとも影響力のある経営思想家のひとりに、世界的ベストセラー『イノベーションのジレンマ』の著者として知られるハーバード・ビジネススクールの教授、クレイトン・クリステンセンがいる。彼は熱心なモルモン教徒で、いくつかの「誓約」の下に生活を送っている。

「誓約」とは、固い約束を表す昔ながらの言葉だが、もしあなたがこの言葉を古くさく感じるのなら、「絶対的なコミットメント」と言い換えてもいい（ただし、私は昔ながらの言い方のほうが好きだ）。

クレイトン・クリステンセンは、若い頃、人生の前半をキャリアのためだけに捧げ、人生の後半は——つまり金銭的な余裕ができた後——家族とゆっくり過ごそうとする管理職の人間を、大勢見てきた。

ただ皮肉なことに、そう思ったときには家庭はすでに崩壊してしまっているか、そうでなくとも子どもたちはとうに巣立ってしまったあとということが多かった。

そこでクリステンセンは、「誓約」を立てることにした。**「週末に仕事をしないこと」「平日は家で家族と夕食をともにすること」を、自らに誓ったのだ。**その誓約を守るため、クリステンセンは朝の三時に仕事に出ることもあったという。

この話を最初に聞いたとき、私はクレイトン・クリステンセンの行動は、非合理的で頑迷で無駄が多いように思った。

なぜそこまで頑《かたく》なになる必要があるのだろう？　どうして状況に合わせた判断をしないのだろう？　週末に仕事をする必要に迫られるときもあるだろうし、その分、月曜や火曜に休みをとってもいいではないか。柔軟性は強みになるというのに。特に、ものごとが常に流動的に変化するいまのような時代においては。

だが私は、いまでは違う見方をしている。こうしたクリステンセンの頑なな行動には、大きな意味がある。

柔軟に対応することは、どうして「不利」なのか？

重要なことがらに対しては、「柔軟性」は有利にではなく、むしろ不利に働く。

コルテスも、デザートを食べない主義のＣＥＯも、クレイトン・クリステンセンも、三人とも「徹底的に頑固な姿勢」をつらぬき、柔軟な姿勢では達成できなかった、長期的な目標に到達している。

どうして、そんなことができるのだろう？　なぜ、頑固な姿勢をつらぬくほうが、長期的な目標をかなえられるのだろう？

理由はふたつ。ひとつ目は、状況に応じて何度も決断をくり返すと、判断力が鈍ってくる。専門用語でいえば**「決断疲れ」**と呼ばれる現象である。たび重なる決断に疲れた脳は、もっとも安易な選択肢を選ぶようになる。そしてそれは多くの場合、最悪の選択肢でもある。「誓約」が有意義なのはこの点だ。

誓約を立てると、毎回、「メリット」と「デメリット」を天秤にかけて決断する必要がなくなる。決断はすでに下されているため、それ以上、思考のエネルギーを使わなくてすむのだ。たとえばスティーブ・ジョブズが毎日同じ服を着ていたのは有名な話である。

頑固な姿勢が役立つふたつ目の理由は、**「評価が確立される」**ことにある。

一貫した姿勢をつらぬいていれば、あなたは自分のスタンスを知ってもらうことができる。周りの人たちに主体的な印象を与え、自分自身をゆるぎのない存在に見せられるのだ。たとえば、冷戦時代のアメリカとソ連も、同じ方法で敵に対して抑止力を行使していた。両国とも、相手に核攻撃をしかければすぐに核による報復攻撃を受けるとわかっていたのだ。そこに検討の余地はなく、状況次第で結果が変わることもない。核の赤いボタンを押すときの条件はあらかじめ決まっていた。最初にボタンを押す側になるという選択肢はまったく存在していなかった。

国家に当てはまることは、そのままあなたにも当てはまる。あなたが徹底した誓約にもとづいて生活をしていれば、その誓約がどんなものであろうと、周囲はとやかく言わなくなるのだ。

「ああいう人だから」とわからせたほうが勝ち

ウォーレン・バフェットは、「事後交渉は受け付けない主義」だという。バフェットに会社を売却したければ、チャンスは一度。売り主は、一度しか、売却価格を提示できないのだ。

バフェットはその提示価格にもとづいて、会社を買い取るかどうかを決める。その価格をバフェットが高すぎると判断したとしても、売り主が価格を下げて再交渉する余地はない。

一度拒まれたら、それで終わり。バフェットは主義を曲げないという評判を築き上げ、それによって確実に最初から最高の条件を提示され、互いが折り合えるポイントを探して時間を無駄にするということがなくなった。

コミットメント、誓約、絶対的な主義——簡単そうに聞こえるが、実行は簡単ではない。あなたが一車線しかないまっすぐな道路で、ダイナマイトを山積みにしたトラックを運転しているとしよう。そこに、道の反対側から、やはりダイナマイトを積んだトラックが来たとする。最初に道を譲るのはどちらだろう?

あなたがもう一台のトラックの運転手に、あなたのコミットメントのほうが強く何があってもあなたは道を譲らないと確信させられたら、あなたの勝ちだ。そうすれば、その運転手はあなたに道を譲ってくれるだろう（その運転手が冷静に状況を判断すればの話だが）。
たとえば、あなたがその運転手に、あなたのトラックのハンドルは鍵でロックされているが、その鍵はすでに窓から投げ捨ててしまった後だと証明できたなら、あなたは極めて強いコミットメントを相手に示してみせたことになる。

誓約を通して周りにメッセージを伝えようとするなら、あなたの誓約はそれくらい強く、揺るぎなく、徹底したものでなくてはならない。

結論。「柔軟性」を褒めたたえるのはやめよう。柔軟一辺倒では、不満がつのり、疲れがたまり、気づかないうちにあなたは目標から遠ざかってしまう。

妥協しないで、自分の誓約を守りとおそう。誓約を１００パーセントまっとうすることは、そのうちの99パーセントだけを実行するよりも、実はやさしいのだ。

7 好ましくない現実こそ受け入れよう

失敗から学習する

「フライトレコーダー」が全航空機に搭載されたわけ

世界初の量産型ジェット旅客機であった、イギリスのデ・ハビランド社の「コメットＭｋ１」。一九五三年から一九五四年にかけて、この飛行機には次々と謎めいた事故が起きた。機体が空中分解するという事故である。

一機目は、コルカタの空港からの離陸直後に、機体がばらばらになって墜落した。続いて、地中海のエルバ島上空を飛行中の機体が真っ二つになった。その数週間後、今度はナポリの沖合いで墜落事故が起きた。

三つの事故の生存者はいずれもゼロで、コメットＭｋ１は飛行停止処分を受ける。だが機体に事故原因となる欠陥は見つけられなかったため、処分はその後取り下げられた。

それにもかかわらず、運航再開からわずか二週間後、コメット機は（またしても）ナポリ沖に墜落し、それ以降コメットＭｋ１が空を飛ぶことは二度となかった。

結局、何が原因だったのか？

最終的に、コメットＭｋ１の**「窓の形が正方形であること」が問題であると判明した**。「正方形の窓」の角の部分から生じた亀裂が機体全体に広がり、最後には飛行機がバラバラになってしまうのだ。いまでは「丸窓」の飛行機しか見ないのは、そのためである。

だがそれ以上に重要なのは、この事故をきっかけに導入されるようになった、もうひとつの対策だ。事故の原因究明にたずさわった科学者のデビッド・ウォーレンが、**衝撃に強い「フライトレコーダー（飛行記録装置）」を定期航空便全機に搭載するよう提案し、そのアイデアが採用された**のだ。

コックピット内でのパイロットたちの会話など、毎秒膨大なデータを記録できるフライトレコーダー（のちに「ブラックボックス」と呼ばれるようになる）は、墜落原因の正確な分析に大きく役立っている。

問題の原因究明をこれほど重視するのは、航空業界ならではだ。

覚えておられるだろうか。奇跡的な生還劇と言われた「ハドソン川の奇跡」が起こったのは二〇〇九年。ハドソン川へのセンセーショナルな不時着をはたしたサレンバーガー機長は、事故後、こんなことを書いている。「現在の飛行に関するあらゆる知識や規制や手続きはすべて、どこかで誰かが墜落した事故から学んだ結果である」。

ひとつひとつの墜落事故で学んだことを、未来のフライトの安全性向上に役立てているのだ。**「失敗からの学習」**とでも言うべきこのアプローチは、すぐれた思考の道具として、人生のほかの領域でも活かすことができる。

たとえばイギリス人ジャーナリストのマシュー・サイドは「失敗から学習する」というコンセプトを自著のテーマとして取り上げ、そのテーマだけで一冊の本を書き上げている。

そんな航空業界と人間は、対極にある。

自分の脳をごまかしてみても、なんにもならない

たとえば、あなたには、数年前に、ひと株一〇〇ユーロで購入した持ち株があるとしよう。いまではその株の相場は惨憺たるもので、株価はたったの一〇ユーロ。そんなとき、どうするだろう？

あなたは当然、株価の急速な回復を願い、そのために祈りさえするかもしれない。人によっては、その会社の経営陣に激しい怒りを感じたり、酒を飲むことでその怒りを紛らわせようとしたりもするだろう。

だがそこで現実を受け入れ、「自分のフライトレコーダー」を分析しようとする人はほんのわずかに違いない。この場合必要なのは、（a）現実をありのまま受け入れ、（b）失

敗から学習する、というふたつだというのに。

人間の感情で、現実は動かせない。たとえ、あなたの銀行口座がマイナスだったとしても、あなたの気持ち次第でその事実が変わるわけではない。

いったん上司に送りつけてしまった怒りのメールは、飲んだワインの量を言い訳に使ったところで、なかったことにはできない。人間の身体に巣くう癌も、当人の希望的観測などはおかまいなしに増殖を続けるものなのだ。

ロンドン・スクール・オブ・エコノミクスの心理学者、ポール・ドーランは、こんな指摘をしている。「体重が増えつつある人は、たとえば仕事のように、体重とはあまり関係ないことにだんだんと興味の中心を移していく」と。

なぜなら、**気持ちを体重からそらすほうが、やせるよりもラクだからだ**。

けれども、あなたが気持ちの中心をどこに置こうが、どんな動機で何に興味を持とうが、事実は少しも変わらない。

また、あなたがその事実についてどう思おうが、どんな感情を持とうが、現実世界には何の影響も及ぼすことができない。自分の脳をごまかしてみてもなんにもならないのだ。

「自己欺瞞《ぎまん》をなくすことこそが、確実で長く続く幸せを手に入れるための絶対条件である」と、イギリスの哲学者バートランド・ラッセルは書いている。

確実で長く続く幸せなど存在しないことを考えれば、この言葉は大げさだが、自己欺瞞とよい人生は共存できないという点で、ラッセルの指摘は的を射ている。

「好ましい現実」を受け入れるのは簡単である。だが「好ましくない現実」もまた受け入れなくてはならない――いや、**「好ましくない現実」こそ、受け入れる必要があるのだ。**

ラッセルはこんな例を挙げている。「いつまでも芽が出ない劇作家は、自分の作品に価値がない可能性を冷静に検討してみたほうがいい」。

戯曲は書いていないかもしれないが、あなたにも思い当たる節があるのではないだろうか。語学の才能がないとか、経営に不向きだとか、生まれつき身体能力に恵まれていないとか、自分には何が不足しているかを考え、その「事実」をきちんと受け入れるべきなのだ。

「失敗の原因」を突き止めるたび、人生は上向く

だが、「自分に足りないところ」や「自分の失敗やつまずき」を率直に受け入れるには、具体的にどうすればいいのだろう?

それは、自分ひとりではなかなか難しい。往々にして私たちは、自分のことより他人のことのほうがよくわかる。そのため、他人に失望することは多くても、自分自身に失望することはめったにない。

一番いいのは、**あなたにありのままの真実を示してくれる「人生のパートナー」や「友人」を持つこと**だ。それでもあなたの脳は、好ましくない事実をどうにかして美化しようとするだろうが、時が経つにつれて、周りの人たちの声を素直に受け入れる姿勢が身についてくるはずである。

すでに述べたとおり、私たちはありのままの事実を受け入れるだけでなく、「失敗」から学ぶ必要もある。それには、**「あなた自身のフライトレコーダー」**をつくっておくことだ。重要な決断をするときには、想定できること、思考の過程、結果など、頭に浮かんだことをすぐに書き留めておこう。

自分の決断が間違いだったとわかったときには、そのフライトレコーダーを見直して（フライトレコーダーは墜落しても壊れないほど頑丈である必要はない。普通のメモ帳で十分だ）、あなたの考えのどこに問題があったかを細かく分析すればいい。

難しいことではない。失敗をして、その失敗の原因を突き止めるごとに、あなたの人生は向上する。失敗の原因がわからなければ、あなたはまた失敗をくり返すことになる。だが、粘り強い分析をして原因を解明しておけば、同じ失敗は避けられるのだ。

「失敗からの学習」は、プライベートなことだけでなく、ビジネスでも役に立つ。どの企業も、失敗から学ぶという手順を標準マニュアルとして取り入れるべきだろう。

素直に事実を受け入れて「失敗からの学習」ができたら、次に、今後のために突き止めた「失敗の原因」を取り除く努力をしよう。

この点に関して、チャーリー・マンガーはこんなことを述べている。「問題を処理せずにその問題が解決不能になるまで放っておくような人間は、大きな問題を抱えて当然の、大間抜けである」。

問題は、手に負えなくなるまで放置すべきではない。

「あなたが現実を飲み込まなければ、現実のほうがあなたを飲み込んでしまう」。作家のアレックス・ヘイリーも、そう警鐘を鳴らしている。

結論。現実を受け入れよう――ありのままの現実を。

すぐには難しいかもしれないが、現実の好ましくない面は特に受け入れたほうがいい。受け入れるための努力をすれば、その努力はやがて報われる。

人生は単純ではない。どんなによい人生であっても、たくさんの失敗がつきものだ。たまには失敗するのも仕方ない。

重要なのは、「失敗の原因」を突き止めること、そして、その「原因」を完全に取り除くことだ。問題というものは、かの有名なボルドーワインとは違い、長期間貯蔵しておいても質はちっとも上がらないのだ。

8

必要なテクノロジー以外は持たない

それは時間の短縮か？
浪費か？

あなたの車の「平均速度」から見えてくるもの

自動車は、「移動効率」という観点からいえば、徒歩で出かけたり馬車に乗ったりするのに比べて、間違いなく飛躍的に進歩している。

時速六キロで近所を散歩したり、障害物を乗り越えながら時速一五キロでガタガタと進んだりする代わりに、いまでは（ドイツの場合だが）アウトバーンでゆうに時速一六〇キロは出せるのだ。それもまったく労力を使わずに。

ときには渋滞に巻き込まれるとはいえ、**あなたは自分の車の「平均速度」は現実にどのくらいだと思うだろうか？**

この先を読む前に、このページの端にでもあなたの予想を書いてみてほしい。

さて、あなたはどんな計算をしただろう？

あなたの車の「年間走行距離」を「年間に走行すると思われる時間」で割ったのだとしたら、それはまさに車載コンピューターが平均速度を算出するときの計算方法である。

私が乗っているランドローバーのディスカバリーでは、およそ「時速五〇キロ」という結果が出る。しかし、この計算は正確ではない。

正確には、車の購入費を稼ぐための労働時間（a）とか、車の保険料や維持費とか、ガソリン代とか、交通違反の罰金を支払うために必要な労働時間（b）も考慮に入れ、この両方の労働時間（a＋b）と渋滞時間の合計（c）を走行時間に加える必要がある。

元カトリック神父の社会評論家、イヴァン・イリイチは、まさにこの方法を使って、アメリカにおけるさまざまな車の「平均速度」を算出した。その結果、**あるアメリカ車の平均速度は「たったの六キロ」程度だった**。つまり、歩く速度と変わらなかったのだ。

この計算が行われた当時、つまり七〇年代のアメリカには、すでに現在のような高速道路網が整備されていた。ただ、人口はいまより40パーセント少ない。そう考えると、現在では、平均速度が時速六キロを下回るのは確実だろう。

イリイチはこの現象を**「反生産性」**と名づけた。

「反生産性」とはつまり、「テクノロジーの多くは、一見それによって時間とお金を節約できているように見えても、実際にかかったコストを計算してみたとたんに、その節約分など消えてしまう」という事実を表している。

車は速くて便利だ。でも車は安くはないし、ガソリン代はかかるし、買うためにその分働かなくてはいけないわけで、それらのコストを厳密に計算していくと、車が本当に便利なのかはわからない。むしろ場合によっては、車を買わないほうが得なのかもしれない。

あなたがいつも、どんなふうにものごとを決めているにせよ、「反生産性」は、決断の際には見落とされがちだが、大きく回り道してでも避けたほうがいい落とし穴だ。

それは「本当に便利なのか」を厳密に考える

Eメールを例に考えてみよう。Eメールそれ自体は、実にすばらしいツールである。あっという間に打ち込んで、送信することができる。それも、ほぼ無料で！

だが、そんな表面的なことだけに惑わされてはいけない。メールアドレスを持てば、フィルターで排除しなければならない迷惑メールもついてくる。

もっと面倒なのは、送られてくる情報やお知らせだ。大部分は不要なのに、何らかの対応が必要かどうかを判断するためだけにそれらすべてに目を通さなければならない。それだけで膨大な時間がかかる。

また正確には、パソコンやスマートフォンの購入費の一部をEメールのコストとして計算に入れなければならないし、ソフトウェアのアップデートにかかる時間もある。

概算すると、本当に必要なメール一通あたりのコストは一ユーロという結果が出る。つまり、従来の手紙の郵送料とほぼ同じなのだ。

また、プレゼンテーションも同じことがいえるだろう。

以前は、その場に集められた経営陣や顧客を前に話をするときは、筋道立てて論点を述べるだけでよかった。手書きのメモを準備して、強調したいところがあれば、オーバーヘッドプロジェクター上でアンダーラインを引く程度で十分だった。

ところが、一九九〇年にパワーポイントが登場した。

一回のプレゼンテーションの準備に何百時間もつぎこんで、何百万人ものマネージャーやそのアシスタントたちが派手な色や風変わりな字体でスライドを飾りたてたり、ページをめくるように見せるために余計な仕掛けを付け加えたりするようになった。

その間《かん》生み出される純利益は、ゼロ。パワーポイントは、発売後急激に普及したため、その無駄な作業もすぐに当たり前の仕事の一部になってしまったが。典型的な「軍拡競争効果」（第45章参照）といえる。

そのうえ、ソフトウェアの使い方を習得するための無駄な作業と、ひっきりなしのアップグレードにかかる膨大な時間、ファイルの仕上げや改良といった反生産的なコストもかかる。パワーポイントは、一般的には生産性を向上させるためのソフトウェアということになっている。だが、正確には、反生産的ソフトウェアといったほうがいいのではないかと私は思う。

「反生産性」の視点で、生活を検討しなおす

このように、私たちは、「反生産性」がもたらすネガティブな効果にたびたび驚かされるが、生物学者たちにとっては意外なことでもなんでもないらしい。

自然は、数百年も前から、この効果について知っている。

たとえばクジャク。仲間と美しさを競う一種の軍拡競争をくり返すうちに、より長くて美しい羽を手に入れたクジャクの雄は、遅くともキツネに遭遇したときには、その羽の「反生産性」を実感させられることになる。羽が長くきらびやかであればあるほど雌の注意は引きやすくなるが、同時に捕食者に見つかる可能性も格段に高くなるからだ。

そのためクジャクは、数百年かけて、「性的魅力」と「確実に生き残るための質素さ」とのバランスをとってきた。

羽が一センチ長くなるごとに、「反生産性」も高くなる。同じことは、シカの角やスズメ類のさえずりによる求愛行動にも当てはまる。シカの雄は立派な角で、スズメ類の雄は美しいさえずりで、雌の気を引こうとするが、同時に捕食者の注意も引きやすくなる。

だからあなたも、「反生産性」には注意すべきだ。「反生産性」は、ものごとを検討しな

おしてこそ、見えてくる。

私たちはもっと、「反生産性」という視点で、生活を検討しなおすべきだろう。自分自身のことをいえば、私は一台のノートパソコンだけを使い（家にインターネット回線は引いていない）、スマートフォンのアプリは最小限に抑え、まだ使える古い電子機器はできるだけ新しいものと取り替えないようにしている。

そのほかのテクノロジーは、すべて生活から排除している。テレビも、ラジオも、ゲーム機も、スマートウォッチも、アレクサ（アマゾンが開発した人工知能音声アシスタント）も。スマートホーム（家の中の電化製品をインターネットで統合し、管理する住まい）は、私にとってはホラーでしかない。

家の電灯は、インストールしてネットにつないで頻繁にアップデートしなければならないアプリを使うより、自分の手で点けたり消したりするほうがいい。それに、手動のスイッチを使えばハッキングされることもない。それでまた、別の「反生産性」の要因が排除できるというわけだ。

「本当に必要なもの」以外は、思い切って排除する

デジタルカメラが市場に出まわりはじめた頃のことを、覚えているだろうか。「これはすばらしい！」。当時は誰もがそう思ったはずだ。

もう高いフィルムを買う必要もなければ、現像を待つ時間もいらない。写りの悪い写真ともおさらばできる。これからは何枚でも撮りなおしができるのだ。**とんでもなく便利になったかのように見えたが、いま振り返ると、これも反生産性の明らかな例であることがわかる。**

いまでは99パーセントの人々は不要な写真やビデオの山を抱え、それらを整理する時間もないままにローカルバックアップやクラウドに保存して、まるで巨大インターネット企業が悪用しやすいようにしているかのように、あちこちに持ち歩いている。

加えて、定期的なアップデートを要求してくる複雑なソフトウェアなしでは機能しない画像処理。そこにかかる時間もある。コンピューターを買い替えるときには、その同じソフトウェアを新しいコンピューターにインストールするための費用もかかる。

結論。テクノロジーというものはたいてい、登場したときにはすばらしく、とても便利になったかのように見えるが、人生の質という観点からいえば「反生産的」に作用することが多い。

よい人生の基本的なルールは、**本当は必要ないものを排除すること**。特にテクノロジーに関しては、このルールがぴたりと当てはまる。新しい電子機器に手を出す前に、まずは脳のスイッチを入れて、よく考えてみよう。

9 幸せを台無しにするような要因を取り除こう

問題を避けて手に入れる豊かさ

飛行機の操縦をするときに注意を払うことは？

「年老いたパイロットは存在する。向こう見ずなパイロットもいる。だが、向こう見ずで長生きしたパイロットはいない」

趣味で飛行機の操縦をしている私は、この格言をことあるごとに思い出す。いつかは私も年老いたパイロットのひとりになると想像するのは悪くない。向こう見ずで長生きできないパイロットになるよりはずっといい。

私が所有しているのは単発エンジン飛行機（一九七五年製造）なのだが、年季の入ったその機体のコックピットに座るとき、できるだけ派手な飛行はしないと決めている。心がけているのは、墜落を避けることだけ。

墜落を起こしかねない要因は明らかだ。悪天候や予備燃料不足、またチェックリストの確認を怠ったり、過度に疲労した状態で操縦したりした場合である。

一方、これが「投資」に関してとなると、命の危険があるわけではないものの、その代わりに多額のお金がかかっている。

投資家たちはよく「アップサイド」や「ダウンサイド」という言葉を口にする。**「アップサイド」**とは、ポジティブな投資結果全般を指す言葉（利回りが平均を上回った場合など）。対する**「ダウンサイド」**のほうは、考えられる限りの、あらゆるネガティブな結果（倒産した場合など）を指す言葉だ。

これらのふたつの概念を飛行機の操縦に当てはめてみると、こんな感じになる。

飛行前や飛行中、私は「ダウンサイド」に過剰なほど気を配る。何があってもダウンサイドを避けようと細心の注意を払う。

それに対して、「アップサイド」はほとんど意識しない。アルプスを覆う雪の眺めがどのくらい壮大か、どんな驚くような雲の形が見られるか、空気の新鮮な高所で食べるサンドイッチがどんな味がするか——そんなことは、考えなくてもじきにわかることだからだ。

ダウンサイドが取り除かれてさえいれば、アップサイドは自然に姿を現すものなのだ。

「勝つこと」ではなく「負けないこと」が大事

飛行機の操縦、投資、そしてテニスでも、同様のことがいえる。投資家のチャールズ・エリスは、趣味でテニスを楽しむ人たちに同じことを推奨している。

ほぼすべてのショットを思い通りに打ち込めるプロのテニスプレーヤーとは違い、アマチュアのプレイヤーは、打ったボールがネットにかかったり、長すぎたり高すぎたり、ショットが入らなかったりと、頻繁にミスをする。

プロのテニスの試合は、アマチュアの試合とはまったく別物である。プロは「ポイントを取って」勝敗を決めるが、アマチュアの場合はどちらが「ポイントを多く失ったか」で勝敗が決まる。

だからあなたが趣味でテニスの試合をするときには、**「ミスを避けること」だけに気持ちを集中させればいい**のだ。

無難なプレーを心がけ、できるだけラリーを続けるようにする。相手はあなたのように無難にプレーしようとは思っていないので、あなたよりも相手のほうがミスを犯しやすくなる。趣味のテニスの試合では、「勝つこと」ではなく、「負けないこと」が大事なのだ。

このように、「アップサイド」ではなく「ダウンサイド」に意識を集中させるアプローチ法は、思考の道具としても大いに役に立つ。

「否定神学」が私たちに教えてくれること

ギリシア人やローマ人や中世の思想家は、この思考法に名前をつけていた。その名も「否定神学《ひていしんがく》」。神でないものを特定し、除外していくことで神を語ろうとする、「否定の論理」である。

「神が何であるか」を言い表すことはできないが、「神が何でないか」は明確にできる。

たとえば、本書のテーマに沿っていえば、何がよい人生を保証するかを言い表すことはできないが、よい人生の妨げになるものなら特定できるということになる。それも、確実に。

実際、二五〇〇年前から、哲学者や、神学者や、医者や、社会学者や、経済学者や、心理学者や、脳科学者や、広告の専門家たちは、「何が人間を幸せにするのか」を突き止めようとしてきた。

それなのに、その成果はお粗末なもの。社会とのつながりは重要で、生きがいはあったほうがよく、セックスをしたり道徳的な行動をとったりするのも悪くない、という程度しかわかっていない。どれも私たちでも思いつきそうなことばかりで、曖昧きわまりない。具体的な幸せの要因――あるいは幸せのアップサイドといってもいいが――に関することは、いまだに暗中模索の状態なのだ。

それに対して、私たちの「幸せを大きく損なうものは何か」、あるいは「よい人生をおびやかすものは何か」と考えると、その要因をきわめて具体的に挙げることができる。

アルコール依存、麻薬、慢性的なストレス、騒音、長い通勤時間、嫌な仕事、失業、不安定な結婚生活、自分への過度な期待、貧困、借金や経済的依存、孤独、愚痴っぽい人たちとの付き合い、周りの評価を気にしすぎること、他人と常に比較されること、被害者意識、自己憎悪、慢性的な睡眠不足、怒りや嫉妬。

こうした要因を見つけだすのに、学問的な知識はまったく必要ない。こういうものが人を幸せにしないことは、自分自身の経験を通して、あるいは友人や隣人を見ていれば明らかだからだ。

そう、「ダウンサイド」は、常に「アップサイド」よりつかみやすい。花崗岩《かこうがん》のように不変で、具体的な形を持っている。アップサイドは、それに比べると空気のようなものだ。

「人生のマイナス要素」をはじめから避ける

だからこそ、よい人生を確実に手にしたければ、「あなたの人生のダウンサイド」を計画的に排除していけばいい。

もちろん、予想外の不運が降りかかる恐れは常にある。たとえば、隕石《いんせき》に家を粉々にされたり、戦争が勃発したり、子どもが病気になったり、あなたの会社が倒産したりといったことだ。しかし、「不運」というものは、基本的にあなたにコントロールできるものではない。だからそこは、考えてみても仕方がない。

先に列挙した「人生のマイナス要素」の中にいくつか欠けているものもある。**「病気」「身体的障害」「離婚」**だ。**これらのことで受けたショックが、思っているほど長続きしない**ことは、数多くの研究結果ですでに明らかになっている。

極端な例を挙げよう。無理もないことだが、半身不随になった人は、事故後数か月は自分が負った障害のことで頭がいっぱいになってしまう。当然、そのあいだは幸せには感じない。だが、その数か月が過ぎると、気持ちが落ち着いてくる。次第に日常の雑事が考えの中心を占めるようになり、障害に関することは頭の後方に押しやられる。離婚も同じような経過をたどる。数年も経つと、涙に暮れる最悪の時期は過去のことになっている。

ところが、アルコール依存、麻薬、慢性的なストレス、騒音、長い通勤時間などは――つまり最初に列挙したすべてのものには――慣れるということがない。これらの問題を処理するのはけっして容易ではないため、生活の一部として常に存在しつづけ、人生の質を低下させてしまう。

「何を手に入れたか」ではなく「何を避けるか」

ウォーレン・バフェットやチャーリー・マンガーのような、長期にわたって成功をおさめている投資家たちのビジネスにおける考え方や、思考のコツや道具は、人生においてもすばらしく役に立つ。

彼らが教えてくれること。それは、**「ダウンサイドを避ける」のが何よりも重要だ**ということだ。投資をする際、バフェットとマンガーは、アップサイドに目を向ける前に何を避けるべきか——つまり、何をすべきでないか——に特に気を配るという。

バフェットはこんなことを言っている。「私たちは、ビジネスにおける難問の解決法を見つけたわけではない。難問は避けたほうがいいと気づいただけだ」。

問題を避けるのに、特別な賢さが必要なわけではない。バフェットのビジネスパートナーであるチャーリー・マンガーはこうも言っている。「私たちのような人間が、これほど長期にわたって成功をおさめているのは驚くべきことだ。私たちはただ賢くあろうとする代わりに、愚か者になるのを避けているだけなのだが」。

結論。よい人生は、究極の幸せを求めた結果として得られるものではない。馬鹿げたことや愚かな行為を避け、時代の風潮に流されなければ、人生はおのずとうまくいく。**「何を手に入れたか」で人生の豊かさが決まるわけではない。「何を避けるか」が大事なのだ。**

ユーモアのセンスあふれるチャーリーは、こうも付け加えている。「一番知りたいのは私が死ぬ場所だ。そうすれば、その場所を常に避けていられるからね」。

10

謙虚さを心がけよう

あなたの成功は自ら手に入れたものではない

バフェットが「卵巣の宝くじ」と呼ぶものとは？

「運は生まれつきのものだが、成功は努力して手に入れるものだ」

一般的にそう言われている。これは、あなたの人生にも当てはまるだろうか？　これまでの人生を振り返って検討してみよう。

まず、あなたの「人生の成功度」に点数をつけてみてほしい。「＋10（スーパースター並み）」から「－10（完全な失敗）」のあいだで評価し、答えを書いておこう。

□あなたの人生の成功度……（　　　　）　※＋10〜－10

次に、あなたが手に入れた成功のうち、あなたが努力し、働いて手に入れた個人的な成果の占める割合と、あなたがかかわれない要因や偶然がもたらした成果が占める割合の配分を考え、それも書き留めてほしい。

□あなたが努力して手に入れた成果……（　　　）パーセント

□あなたがかかわれない偶然がもたらした成果……（　　　）パーセント

周囲の人にこの質問をしてみたところ、もっとも多かったのは「個人的な成果が60パーセント前後、偶然による成果が40パーセント前後」という答えだった。おそらくあなたも同じような数字を書いたのではないだろうか。

次は、ウォーレン・バフェットの言葉を借りて、ちょっとした思考実験をしてみよう。

母親のお腹の中にいる一卵性の双子を思い浮かべてみてほしい。二人の生命力も知力もまったく同じ。そこに妖精がふわりとやってきて、こう言ったとする。

「あなたたちのうちのどちらか一人はアメリカで、もう一人はバングラデシュで育つことになります。でもバングラデシュで育つ人には、税金の支払いは免除しましょう」

アメリカで生まれたほうの子が、生まれた場所に恵まれたおかげで獲得できる収入は、その子の将来的な収入のうち、どのくらいの割合を占めているだろうか?

□アメリカで生まれた子が、生まれた場所のおかげで獲得できる収入……将来的な収入のうちの（　　　）パーセント

バフェットは、生まれたときに運命づけられるこうした格差のことを、「卵巣の宝くじ」と呼んでいる。アメリカの代わりに、もちろんドイツやスイス、そのほかの先進国をこの話に当てはめてみてもいい。あなたはこの質問にどう答えるだろうか？

私がこの質問をすると、ほとんどの人は「80パーセント前後」と答えた。私もそう答えた一人だ。

つまり私たちは、「私たちの収入のかなりの部分は、恵まれた国に育ったおかげで手に入った」と思っている。先進国に生まれることは、それほどまでに経済的な優位をもたらすものなのだ。

そう考えると、「生まれた場所」が私たちの社会的な成功の大きな要因になっていることは、明らかではないだろうか。

すでにあなたは、途方もない幸運に恵まれている

生まれたときに運命づけられる格差、前述の「卵巣の宝くじ」の対象になるのは、「生まれる国」だけではない。その国の、どの地域の、どの家庭に生まれるかも、自分で選べない。

現在のあなたに有利にも不利にも働くあなた自身の価値観も、ものの見方も、思想も、あなたが自分で身につけたものではない。

気がつけば入っていた「学校」という制度の中で、あなたが勉強を教えてもらった教師たちも、あなたが選んだわけではない。

あなたが病気で苦しい時期を過ごさなければならなかったのも、悲劇的な出来事が起きたのも（もしくは悲劇的な出来事に遭わずにすんだのも）、あなたに責任はない。

そうはいっても、あなたは「これまでの人生には、さまざまな役割をこなしながら自分自身で選び取ってきたものがある」と言うかもしれない。

しかし、あなたがそれを選んだきっかけは何だっただろう？

ひょっとしたらあなたは、あなたの人生を変えてしまうような本を読んだのかもしれない。だとしたら、その本には、そもそもどうやって出合ったのだろう？

あなたのためにさまざまな世界のドアを開いてくれた、誰かとの出会いがきっかけだったという人もいるかもしれない。そのドアが開かなければいまのあなたは存在しなかったかもしれないが、その恩人と出会うことができたのも、ほかの誰かのおかげだったのではないだろうか？

たとえあなたが、いまの自分の運命に不満があったとしても、客観的に見れば、あなたは実は「途方もない幸運に恵まれている」という事実は頭に入れておいたほうがいい。

現代に生きている人間は、これまで地球上に存在した全人類のうちの「ほんの6パーセ

ント」にすぎない。ホモサピエンスが世界に誕生して以降、過去三〇万年の間に生まれたすべての人間の中で、いまの時代に生きているのはそのうちのたった6パーセントだ。

つまり、あなたがほかの時代に生まれていた可能性は「94パーセント」もあったというわけだ。

自分が、ローマ帝国の奴隷やエジプトの雑用係だったり、明の時代の後宮にいたりするところを想像してみてほしい。そんな境遇に生まれついていたとしたら、あなたの生まれもった能力はどのくらい活かせていただろうか?

「偶発的な遺伝子の掛け合わせ」で生まれてきた

私には、妻とのあいだに双子の息子がいる。二卵性だ。四〇秒早く生まれたほうはブロンドで目は青く、あとから生まれたほうは黒髪に濃い色の目をしている。

私たちは二人を平等に育てることに全力を尽くしているはずなのだが、二人の性格はまったく違う。

一人はいつも機嫌がよく人懐っこいが、もう一人は人見知りするタイプだ。だが、人見知りする内気な息子の小さな手は、生まれつきとても器用だ。私の妻の遺伝子と私の遺伝子が掛け合わさって、二人の新しい人間がつくりだされたのだ。

同じように、あなたの遺伝子は、あなたの両親の遺伝子の偶発的な掛け合わせの結果であり、あなたの両親の遺伝子は、あなたの祖父母の遺伝子の偶発的な掛け合わせの結果で……とどんどん過去にさかのぼることができる。

そうして、太陽王ルイ一四世の時代（日本では徳川家康の時代）までさかのぼると、あなたの祖先の人数は四〇〇〇人にまで増える。いまのあなたは、その四〇〇〇人の遺伝子の偶発的な掛け合わせの結果なのだ（今度ヴェルサイユを訪れる機会があったら、そのことを思い出してみてほしい）。

いまのあなたは、あなたの遺伝子と、あなたの遺伝子の設計図が実行された環境によってできている。あなたの知能も遺伝的な要素が大きい。

同じように、あなたが内向的か外向的か、大胆か臆病か、几帳面かだらしがないかというのも「遺伝子」によって決定づけられている。

あなたが、自分の社会的な成功は、猛烈に働き、夜勤もいとわず、何ごとにも積極的に取り組みつづけた結果として手に入れたものだと考えていたとしても、それはけっして間違いではない。

だが、その原動力であるあなたの強い意志の力は、**偶発的な遺伝子の掛け合わせと環境によってつくりあげられたもの**なのだ。

すべては、目に見えない偶然の結果である

ここでもう一度、はじめの質問に戻ってみよう。

あなたが手に入れた成功のうち、あなたの個人的な成果が占める割合はどのくらいだろうか?

そう、正しくは「ゼロパーセント」。あなたの成功は、本質的に、あなたが何も、本当に何ひとつ影響を及ぼせないことにもとづいて成り立っている。

あなたの成功は、本当の意味であなた自身が手に入れたものではないのだ。

このことから導き出せる結論は、ふたつある。

ひとつ目は、**謙虚であれ**ということ。あなたが社会的な成功をおさめている場合は、特に謙虚でなければならない。あなたがおさめている成功が大きければ大きいほど、周囲に吹聴することは控えるべきだ。

だが謙虚さはすでに流行らなくなってしまったようで、ネット上には自分のがんばりをひけらかす人々であふれ返っている。控えめになろう。表面だけ謙虚に見せるのではなく、心の底から謙虚でいよう。口に出す、出さないにかかわらず、おごりはただの錯覚にすぎない。おごっても何もならないだけでなく、おごる理由は何もないのだ。

おごりを持たない姿勢は、よい人生を送るための基本中の基本。このことについては、第49章でも詳しく見ていく予定である。

いまのあなたがあるのも、いまあなたが手にしているものも、いまのあなたにできることも、**すべては目に見えない偶然のおかげ**なのだということを、日々心に留めておこう。

あなたにとっても私にとっても、大事なのは幸運に恵まれたことへの「感謝」の念を忘れないこと。それに感謝の気持ちを持てば、すばらしい副次効果もついてくる。感謝の気持ちは人を幸せにしてくれるのだ。

ふたつ目は、あなたの（自分の手で勝ちとったわけではない）成功の一部を、恵まれない遺伝子を持って恵まれない地域の恵まれない家族のもとで生まれた人たちに、**惜しみなく分け与えるべき**だということだ。

自分を高潔な人物に見せるためではない。それが人間としての良識ある行動だからだ。寄付と租税はただの金銭的な支出ではない。それ以前に、人間としてのモラルの問題なのである。

11

自分の感情に従うのはやめよう

自分の気持ちから距離を置く方法

「見ているもの」と「感じていること」の違い

さて、まず質問。「いま、あなたが見ているのはなんだろう?」。あなたの視界に入っているものを、できるだけ具体的に書いてみてほしい。一分間、書き留めるための時間をとったら、次へ進もう。

次の質問。「いま、あなたはどう感じているだろう?」。いまあなたの中にある感情を、できるだけ具体的に書いてみてほしい。一分間、書き留めるための時間をとったら、次へ進もう。

最初の質問の答えは、すぐにすらすらと書けたに違いない。あなたの目の前には白地に黒い文字が印刷された本のページがあるはずだから。もしあなたが、本から顔を上げて部屋の中で視線をさまよわせたとしたら、目に入ったのは家具や、観葉植物や、壁に掛けられた絵だっただろう。いずれにせよ、それらを描写するのは簡単だったはずだ。

今度は、あなたの感情について尋ねたふたつ目の質問の答えを見てほしい。おそらくそこには、かなり曖昧な描写が並んでいるのではないだろうか。

もしかしたらあなたはいま、あまり機嫌がいいとは言えないかもしれない。だが、具体的にはどう感じているのだろう？　怒っているのか、落ち込んでいるのか、なげやりになっているのか、不満やいらだちを感じているのか。そしてもしそれらの感情のどれかが当てはまるとしたら、どうしてそう感じているのだろうか。

反対にいまあなたが上機嫌でいるなら、その理由はなんだろう？　中には、特にこれといって自覚している感情はなかったが、訊かれて初めて何かの感情がわいてきたという人もいるかもしれない。

もしあなたが自分の感情をうまく表現できなかったとしても、焦りを感じる必要はない。あなたの言語能力の問題ではないのだから。

「感情の言葉」は「色の言葉」よりも圧倒的に多い

ドイツ語には「感情を表す形容詞」が、およそ一五〇種類ある。英語になるとさらに多く、その倍はある。

感情を表す言葉は、色を表す言葉より多彩だ。それにもかかわらず、私たちは自分の感情をきちんと言い表すことができない。

「自分で分析してみせる自分の感情は、（中略）不正確で信頼性に欠け、当てにならない。偶然分析を間違うこともあるのではなく、必ず大きく間違っている。自分の心の中がはっきりつかめないのは私だけではないだろう。すべての人間に共通することなのだろう」と、スタンフォード大学教授のエリック・シュウィッツゲベルは、自分の感情を把握する難しさについて述べている。

それでも、世の中は常にこんな言葉であふれている。「あなたの感じたとおりに！」「あなたの心に従って！」「あなたの心の声を聞くように！」。

だが、こうした言葉には一切従わないほうがいい。

あなたの「感情」をコンパス代わりにしてはいけない。あなたの心の中のコンパスにはたくさんの磁針がついていて、そのすべてが違う方向を指しながら、常に不安定にぐるぐる回りつづけている。あなたはそんなコンパスを持って、航海に出ようとするだろうか？

そう、だからこそ、あなたの「感情」は人生のナビゲーションとしては使わないほうがいいのだ。

あなたの「過去の出来事そのもの」に注目する

心理学には、「自己内観における錯覚」という言葉がある。自分の思考を省みるだけで、自分が実は何に向いているかとか、何にもっとも幸せを感じるかとか、また自分の人生の目標や人生の意義までもが徹底的に究明できるという「思い込み」を表す言葉である。

自分の「感情」を分析してみても、よい人生にはつながらない。

多くの詩人が人間の心の中を「森」にたとえる。だが、実際に自分の感情に従って深い森の中に入り込めば道に迷うのは確実で、最後にたどり着くのは、気分と感情と思考の断片が集まって混沌としている泥沼の中でしかない。


もし、あなたに「就職の面接官」を務めた経験があるなら、面接者と三〇分間話しただけで採用の是非を決めなければならない難しさを感じたことだろう。

研究結果によると、**こうした面接は実はあまり意味がなく、面接者のそれまでの実績を仔細《しさい》に検討したほうがよっぽど役に立つらしい。**

考えてみれば当然だ。「三〇分間の表面的な会話」と、「三〇年間の実績」のどちらにより説得力があるかはいうまでもない。自分の感情を分析するのは、自分で自分の就職面接を行うようなもの。まったく当てにならないのだ。

「感情」の代わりにあなたが分析しなければならないのは、あなたの「過去」だ。

あなたの人生にくり返し起こる出来事はなんだろう？　出来事が起きた経緯を後づけで解釈するのではなく、起きた出来事そのものに注目して分析すれば、自分を知る手がかりになるはずだ。

自分の感情なんて、まったく当てにならないもの

それにしても、どうして自分の「感情」を分析するのは、これほどやっかいなのだろう？　理由はふたつある。

ひとつ目は、どれだけ自分の心の声に聞き耳を立ててみても、どんなに深く自分の内側を分析しても、その結果を遺伝子にコピーして次の世代に伝えることはできないからだ。

進化の観点からいえば、自分の感情を把握するより、他人の感情を読むほうがはるかに重要だ。**人間は、「自分の感情より他人の感情を読むほうが得意」**だということは、すでに事実として立証されている。

自分の感情を正確に把握したいと思えば、友人やパートナーにあなたの心の中で何が起きているかを聞いてみるといい。彼あるいは彼女は、あなたをあなた自身より客観的に分析してくれるだろう。

自分の感情分析がうまくいかない、ふたつ目の理由は、あなた以外にあなたの心の決定権を持つ人がいないからだ。

心の中で自分がどんな感情を持っていると判断しようが、それに異を唱える人は誰もいない。そのときに自分が唯一の権力者でいるのはとても居心地がいいが、修正機能が働か

ないために的確な自己分析などできない。
「感情」とは、これほど当てにならないものなのだ。

そう考えると、自分の感情を深刻にとらえすぎないほうがいい。特に**ネガティブな感情は重く受けとめなくていいのだ。**

ギリシアの哲学者たちは、ネガティブな感情を取り除いた心の状態を「アタラクシア」と呼んだ。落ち着き、心の安らぎ、揺るぎのなさ、冷静さ、平静さを表す言葉である。アタラクシアに到達した人は、不運に見舞われても取り乱すことはない。

もうひとつ上の段階が、感情を完全に排除した状態を意味する「アパティア」である（古代ギリシア人も現代人と同じくこの状態を目指していたようだ）。

アタラクシアもアパティアも、なかなか到達できない「理想の境地」だ。

でも、安心してほしい。私はあなたにそういう境地に達することをおすすめしようとしているわけではない。それよりむしろ、人間は自分の感情にもっと疑いを持ち、感情から距離を置き、遊び心のある新しい関係を自分の心と築くべきではないかと思う。

「感情」は、飛んで来ては去っていく鳥のようなもの

たとえば私は自分の感情を、どこからともなく私のところにやって来てはまたどこかへ

消えていく、まるで自分とは関係ない何かのように扱うことにしている。

具体的にたとえたほうがわかりやすいかもしれない。私は自分のことを、「感情というありとあらゆる種類の鳥たちが飛んで来ては去っていく、開けていて風通しのいい屋内市場」のようにとらえているのだ。

鳥たちは室内の広場を飛び回っているだけのこともあれば、しばらくそこにとどまっていくこともある。ときには何かを落としていくときもある。でも、結局は、どの鳥もいなくなる。私がお気に入りの鳥もいればあまり気に入らない鳥もいる。

私はこの市場のイメージを頭の中でつくりあげてから、**「自分の感情」が自分の一部とは感じられなくなった**。まるで私に属していないかのように感じるのだ。

やってくることを歓迎できない鳥もいるが、さほど気にならない。実際に屋内市場に飛んできた鳥に対するように、無視するか、遠くから眺めているだけだ。

感情を鳥のイメージに置き換えるこの方法には、もうひとつ利点がある。感情を鳥の種類になぞらえて分類すれば、さらに遊び心を持って感情と付き合うことができるのだ。「やっかみ」は、私のイメージの中ではチュンチュンと鳴く小さなスズメだ。「いらだち」は木をつつくキツツキ、「怒り」は猛スピードで飛ぶハヤブサ、「不安」は羽をばたつかせるツグミである。ほかにもまだまだある。

私のいう「感情との新しい関係」が、なんとなくおわかりいただけただろうか。

「ネガティブな感情」は自分の意志では取り除けない

あなたにも経験があるはずだ。「ネガティブな感情」を意志の力で取り除こうとしても、かえってその感情はエスカレートしてしまう。

だが反対に、遊び心を持って、ネガティブな感情との「リラックスした付き合い方」を見つければ、完全な心の安らぎを得られるとまではいわないものの（実際にそんなものを得られる人はそもそも存在しないだろう）、ある程度の落ち着きを手に入れることはできる。

ただし、中にはとても毒性が強く、遊び心を持った付き合い方だけでは処理できない感情もある。「自己憐憫《れんびん》」「苦悩」「嫉妬」などがその例だ。

それらの感情に対するさらなる対処法については、第30章、33章、41章で見ていくが、基本的には、自分の感情は信用しないほうがいい。私たちは、ビッグマックを食べてどんな気持ちになるかより、ビッグマックの中に何がはさまっているかのほうが正確に描写できるものなのだ。

「周りの人の感情」は常に真剣に受けとめるべきだが、「自分の感情」とは真面目に向き合う必要はない。自分の感情は、あたりを羽ばたかせておけばいい。どっちみち、感情というものは、自由気ままに行ったり来たりをくり返すものなのだから。

12

本音を出しすぎないようにしよう

あなたにも
「外交官」が必要なわけ

本音は「どの程度」オープンにすべきか？

あなたは「オープンな人」が好きだろうか？　嫌いだという人はあまりいないだろう。オープンな人はわかりやすい。これから何をしようとしているか、何を考えたり感じたりしているか、いまどんなことをしていて、腹の内では何を企んでいるかまで、すべて手にとるように読めてしまう。

ありのままの自分を隠そうとしないオープンな人は、隠しごとができない。だからオープンな人とは、親密で心地よく効率のいい付き合い方ができる。

自分の本音をオープンにすることが、世間でこれほど持てはやされるのも無理はない。コーチングセミナーでは「オープンな人付き合い」が必ずといっていいほどテーマになる。リーダーシップについて書かれた本にはいつも、本音での指導をすすめる章がある。成功の秘訣を扱うブログでも、できるだけ本来のあなたのままで正直であれ、というアドバイスはつきものだ。ピカソの贋作に投資をしても意味がないのと同様に、見せかけだけの人間に時間やお金を投資しても無駄になるだけだともいわれている。

だが、**自分の本音を「どの程度まで」オープンにすべきなのだろう？** ひとつ例をとって考えてみよう。

あなたは、桁《けた》はずれにあけっぴろげな性格のリサと、昼食をとる約束をしている。だが、約束の時間になっても彼女は現れない。二〇分も遅刻してリサはようやくやってくるが、髪は猫にひっかきまわされたのかというほどぼさぼさだ。

彼女はもごもごと申し訳程度に遅刻したことを謝ると、すぐにレストラン中に響き渡る大声で「全然、ランチに出かける気分じゃなかったのよ。ひと昔前に流行ったようなこんなレストランじゃなおさらね」と口にする。唖然とした周りのテーブルの客たちの手がとまる。

するとリサは、ほんの一瞬沈黙したかと思うと、甲高い声であなたの服装を褒めはじめるが、それと同時に、「でも腕時計が全然洋服に合ってないわ。少なくともそのタイプのものは違うわよ」とダメ出しすることも忘れない。

さらにリサはそう言いながらテーブルに身を乗りだし、彼女が来る前にあなたが注文していたグラスワインをさっとつかんで一息に飲みほす。「ごめんなさいね、あたし、とーっても喉が渇いちゃって！」。

前菜が終わると、今度はテーブルに突っ伏して眠り込んでしまい、あなたはほかの客たちの視線の集中砲火にさらされる。五分後、注文したパスタが出されたとたんに目を覚まし、猛獣のようなあくびをしてにやりと笑う。「こうやってパワーを充電しないと調子が出ないのよ」。

リサは指で直接パスタを一本つまみあげ、ソースにからませてから、顔を上向きにして大口を開けた中に落とし込む。「こうやって食べたほうがずっと楽しい」から。

さらに彼女は「誰かに話してとにかくすっきりしたかった」と口走ったかと思うと、前夜に見たまったく意味のない夢についてこと細かに話して聞かせ、その間にお勘定まで頼んでしまう……。

自分の本音をまったく隠そうとしない人を具体的に描き出してみると、だいたいこんな感じだろう。

周囲に不快感を与えない「気遣い」が前提

イギリスの哲学者、サイモン・ブラックバーンの著書『Mirror, Mirror（ミラー・ミラー）』（未邦訳）の中に、ロンドンのウエストミンスター寺院で行われた、チャールズ・ダーウィンの葬儀についての記述がある。

ダーウィンの長男である（そして葬儀の重要な出席者でもあった）ウィリアムは、葬儀のときに最前列に座っていた。

だが葬儀の最中、不意に自分の髪の薄い頭にすきま風が当たるのを感じた彼は、**はめていた黒い手袋を両方外して毛のない頭の上に載せた**。世界中が注目する葬儀のあいだ中、手袋はずっと頭の上に置かれたままだったらしい。

このウィリアム・ダーウィンのしたことは、架空のランチデートの相手、リサの言動よりはましかもしれない。

だが、このふたつのケースで明らかなことがある。自分の本音をオープンにしすぎるのも考えものだということだ。

どんな場合も、一定の礼儀やマナーや自制心はあってしかるべきなのだ。周囲に不快感を与えないための気づかいといいかえてもいいだろう。

インターネット上では、もうとっくに私たちはリサのレベルまで落ちてしまっているが、せめて誰かと面と向かっているときぐらいは気をつけたいものだ。

ネットの世界では、たとえば寝る前に自撮り動画とともに本音を吐露して周りと共有しようとしない人は、内にこもった閉鎖的な人のように扱われる。だが実際には、本音といいながらもネットで公開しているものはただのパフォーマンスにすぎない。見るほうもそのことはちゃんと承知している。

ネットの世界の本音は、本当の意味での本音ではない。では、「本当の本音」は、どのように扱えばよいのだろう?

本音をさらけ出さないほうがいい理由

いずれにしても、本音をあけすけに語ることをあまり重視しすぎるのはやめたほうがいい。理由はいくつかある。

まず、私たち自身、**自分のことを本当にわかっているとはいえない**。前章で見てきたように、私たちの心の声は信頼のおけるコンパスとはいいがたく、ちぐはぐな動きでいつも私たちを混乱させる。私たちには自分のことがわからない。そんな私たちが自分の本音を語ることにどんな意味があるだろう?

本音を語っていい相手は、あなたをよく知るあなたのパートナーやごく身近な友人たちで、表面的な付き合いしかない知り合いに本音を語ってみても何もならない。ましてや、公共の場で本音をさらけ出すなどもってのほかだ。

ふたつ目の理由は、**本音をあけすけに語っても、自分をこっけいに見せるだけ**だからだ。有名政治家や、軍の司令官や、女性哲学者や、経済界の大物や研究者など、あなたが大いに尊敬している著名人の中で、折に触れて公の場で胸中を打ち明けている人物がいるだろうか？　おそらく誰も思いつかないだろう。

自分の心のうちを語っても尊敬は得られない。口にした約束を果たすからこそ尊敬されているのだ。

三つ目の理由は、細胞のつくりを考えてみるとよくわかる。細胞は生命の基本単位。どの細胞も、細胞膜に包まれている。有害な物質の進入を防ぎ、バリアを通過させる分子を正確に選別するのが細胞膜の仕事である。生物レベルでもやはり、同様の働きを持つ同じような仕組みがある。動物には皮膚があり、植物には樹皮がある。**外側との境界のない生物は長くは生きられない**。

人間の本音をさらけ出すオープンさの度合いは、すなわち心理的なレベルでの「バリアの厚み」のようなものだ。バリアをまったく持たずに本音をむき出しにするのは、周りの人に、「自分を都合のいいように利用してください」と差し出しているようなものであり、自分をこっけいに見せるだけでなく、周りから攻撃されやすくなるだけだ。

意識的に「二番目の人格」をつくりあげる

第二次世界大戦の英雄で、のちに大統領にもなった米軍司令官のアイゼンハワーは、「意識的に『外の世界に向けた人格』をつくりあげていた」という。

『ニューヨークタイムズ』紙のコラムニスト、デイヴィッド・ブルックスは、アイゼンハワーがつくりあげたのは「二人目の自分」であって、今日一般的に信じられている、「本当の自分」は唯一無二という考えとは対極をなすと評している。

この「二番目の人格」は、作為的につくりあげた虚像というわけではない。**安定した信頼を勝ち得るための、「職業上の外向きの顔」**だ。

この人格には、迷いや挫折感や失望感はない。そういうものは日記やパートナーや枕に向けて吐き出すものと切り離されているからだ。

私はあなたに、アイゼンハワーのようにこうした「二番目の人格」をつくりあげることをおすすめしたい。それには、本音を出しすぎず、約束したことを守り、あなた自身の信条に従った行動をとれば十分。それ以外のことは、他人からはほとんど注目されない。

もしあなたがこの「二番目の人格」をつくることに違和感を持つなら、こう考えてみてはどうだろう。どの国にも「外交政策」があって、「外務大臣」がいる。あなた自身を「ひとつの国」と考え、外の世界に向けたあなたの外交方針を詳細に書き出してみるのだ。**「外交官」を務めるのは、あなた自身だ。**あなたの「内政」と「外政」の両方を、いわばあなた自身が兼務するのである。

人々は、「外務大臣」が胸のうちをさらけ出すことを求めていない。外務大臣が弱みを見せることも、自信をなくしたからといって大げさに嘆いてみせることも望んでいない。

人々が外務大臣に期待するのは、約束を実行すること、協定を守ること、大臣にふさわしい態度をとること、陰口をたたかず、不平を言わず、少なくともある程度の礼儀はわきまえていることである。ときどき外務大臣としての自分の出来を評価し、次も自分を再選させたいかどうかまで考えてみるといい。

「二番目の自分」を選んでも「外務大臣」を選んでも、あなたは皮膚や樹皮のような役割を果たすそのバリアの効用は、自分を有害な影響から守ってくれるだけではないと気づくはず。

そういうバリアがあれば、あなたの内面も安定する。どんな境界線にも当てはまることだが、「外の世界」との区切りが明確になれば、「内側の世界」のこともはっきりと理解できるようになる。

たとえ世間の人たちや、あなたの同僚や、見せかけの友人から「もっと本音をさらけ出す」よう求められることがあっても、その言葉に乗ってはいけない。犬なら感情をすべてさらけ出してもかまわない。でも、あなたは人間なのだ。

13

ものごとを全体的にとらえよう

特定の要素だけを過大評価しない

マイアミビーチに住んだら「幸福度」はアップする？

ちょっと想像してみてほしい。あなたは、ドイツに住んでいる。季節は冬。路上には排気ガスで黒く汚れた雪が残っている。

あなたはいま、車のフロントガラスの氷をそぎ落としているところだ。そぎ落としたばかりの氷のかけらが、風であなたの顔に吹きつけられる。雪解けのぬかるみのせいで靴はどろどろ、かじかんだ指先は針でも刺さっているかのように痛む。

力をぐっとこめてあなたは凍結した車のドアを開ける。氷のかたまりのような革張りのシートに座り、冷凍保存でもされていたかのように冷たいハンドルに両手をのせる。吐く息が白い。

さて、ここで質問。もしあなたが、太陽がさんさんと降り注ぎ穏やかな海風が吹く、気温二六度のマイアミビーチに住んでいたとしたら、あなたの幸福度はどのくらいアップするだろう？

ここで、0（まったく幸福度は変わらない）から10（はてしなく幸福度がアップする）のあいだで点数をつけてみてほしい。

私がこの質問をすると、ほとんどの人は4から6のあいだの点数をつける。

そして、あなたはいま、駐車場を出て職場へ向かって車を走らせている。でもすぐにアウトバーンで渋滞に巻きこまれ、三〇分遅れで職場に到着する。職場で待ちかまえているのは、大量のEメールと、上司とのいつものごたごただ。

仕事の後は、一週間分の食料品をまとめ買いする。家に帰ると、夕食に好物を料理して食べ（すばらしくおいしかった）、ソファでのんびりした後、スリルたっぷりの映画を観て、眠りにつく。

では、もしマイアミビーチに住んでいたとしたら？　マイアミでの一日も同じようなものだ。車で家を出て、高速で渋滞に遭い、職場では大量のEメールと上司とのいつものごたごたに対応し、その後に食料品をまとめ買いして、おいしい夕食をとり、スリルたっぷりの映画を観る。

それではここでもう一度、同じ質問をしてみよう。あなたがもしマイアミビーチに住んでいたとしたら、あなたの幸福度はどのくらいアップするだろうか？

この話の後に同じ質問をしてみると、ほとんどの人は、今度は0から2のあいだで点数をつける。

「フォーカシング・イリュージョン」に惑わされない

私は以前、一〇年ほどマイアミビーチに住んでいたが、その前とその後はスイス住《ず》まいだ。スイスでは、雪解けのぬかるみやフロントガラスの凍結と縁の切れない生活である。

だが、マイアミビーチにいたときに、私がいまよりどのくらい幸せだったかというと、その度数は「ゼロ」だ。これが、「フォーカシング・イリュージョン」である。

ノーベル経済学賞を受賞した心理学者のダニエル・カーネマンは、次のように説明している。フォーカシング・イリュージョンとは「特定のことについて集中して考えているあいだはそれが人生の重要な要素のように思えても、実際にはあなたが思うほど重要なことでもなんでもない」という錯覚を表す言葉だと。

つまり、**人生における「特定の要素」だけに意識を集中させると、その要素が人生に与える影響を大きく見積もりすぎてしまう。**

最初に私たちは、「寒いドイツ」と「日の光がさんさんと降り注ぐマイアミビーチ」という、「気候」についてだけ焦点を合わせた。すると、このひとつの要素だけが、ドイツとマイアミの生活満足度を評価する際の基準になる。

だがその後で、朝の通勤から夜のソファでくつろぐまでの一日の流れを追ってみると、「天気はその日全体のほんの一部の要素にすぎない」とわかってくる。

それから、一週間、一か月、一年、一生ともっと長い目で見てみると、天候など、人生の満足度においてほとんど取るに足らないことになってくる。

特定の要素だけに意識を集中させないほうがいい。フォーカシング・イリュージョンへの対処法も、よい人生のための思考の道具箱に入れておいたほうがいいだろう。そうすれば、いろいろな場面で決断を誤らずにすむ。

冷蔵庫にビールがなくても私たちは泣き叫ばない

たとえば、車を購入するときや、就職先を選ぶとき、夏休みをどこで過ごすかを決めるときなど、「何かを比較して、選択しなければならない」状況では、私たちは「たったひとつの要素」だけに注目し、そのほかの要素はなおざりにしがちだ。

フォーカシング・イリュージョンの影響で、そのたったひとつの要素を重視してしまうのだ。その要素が、決めるときの重要なポイントだと必要以上に思い込んでしまう。

では、そうならないためには、どうすればいいのだろう?

無数にある要素のすべてを一つひとつ比較してもいいが、いくらなんでも効率が悪すぎる。実用的な方法は、「比較しようとするふたつのものを、それぞれ大きなまとまりとして認識する」方法だ。**特定の要素だけを過大評価しないよう、十分な距離を置いて比べてみる**のだ。

言うは易く行うは難し。ここで、「距離を置いたものの見方」のイメージをつかむために、ひとつ例を挙げよう。

たとえば、幼い子どもは、目の前にあることしか考えられない。三歳になる息子からおもちゃを取り上げると、息子はこの世の終わりでもあるかのように泣き叫ぶ。おもちゃはほかにもたくさんあって、そのうえ、私が取り上げたおもちゃは少し前まで放ったらかしにされていたというのに。

だが、年を重ねていくうちに、目の前の状況から意識をそらす術を学んでいく。

暑い夏の夜、ビールを飲もうと冷蔵庫を開けてみたら一本も残っていない場合でも、私は泣き叫んだりはしない。空っぽの冷蔵庫から受ける精神的ダメージを最小限にするために、ビールから意識をそらすことができる。だから、ビールがないという事実だけでその夜を台無しにされることもない。

とはいえ、残念ながら私たちは、こうした考え方に関して、まだまだ未熟だ。目の前の状況を大きく距離を置いて全体的にとらえることはなかなかできない。もしそれができていたら、些細なことでいら立ったりはしていないはずだ。

「広角レンズ」を通して、自分の人生を眺める

あなたも、こんなふうに考えたことがあるのではないだろうか。もしほかの仕事を選んでいたら、別の場所に住んでいたら、ヘアスタイルが違っていたら……「自分の人生はどのぐらいよくなっていただろうか」と。

たしかに少しは違っていたかもしれない。でも、何かひとつの要素が変わったとしても、その結果生まれる違いは、あなたが思っていたよりずっと少ない。あなたもいまでは、そのことをわかっているはずだ。

自分の人生を、できるだけ距離を置いてとらえてみてほしい。いまはとても重要に思えるものが、全体図にはほとんど影響を与えないほどの小さな点になっていくのがわかるだろう。

よい人生を手に入れたければ、ときには「広角レンズ」を通して、その全体を眺めてみることだ。

前回、パリを訪れたときにこんなことがあった。トロカデロ庭園に面したシャングリラ

ホテルでチェックインをしていると、私のすぐ隣に立っていた男が、フロント係の女性をどなりつけた。フロントがエッフェル塔の見える部屋を用意できなかったかららしい。その男は「あんたのせいでこのパリ旅行は台無しだ！」と（英語で）悪態をついていた。

私はあきれて首を横にふった。ホテルのベッドからエッフェル塔が見えるかどうかなど、どうだっていいではないか。それよりも、ぐっすり眠れることのほうがずっと大事だ。ホテルの部屋から見えるエッフェル塔の眺めは、パリ旅行を楽しむという全体図から見れば些細な要素にすぎない。おまけにエッフェル塔はホテルから一歩外に出ればいくらでも見られるのだ。

それなのに、顔を真っ赤にしてくってかかるそのアメリカ人は、怒りではちきれんばかりだった。彼の「フォーカシング・イリュージョン」は、アリのように小さなことを象のように大きくしてしまっていたのだ。

あなたが億万長者なら、どんな生活を送るだろう？

「フォーカシング・イリュージョン」の影響を特に受けやすいのは、なんといっても「お金」に関してだろう。

あなたがもし億万長者だったら、どれぐらい幸福度がアップするだろう？

世界でもっとも裕福な人のひとりであるウォーレン・バフェットは、自分の生活を平均的な市民の生活と比較してみせたことがある。

バフェットの暮らしは、一般市民の暮らしとなんら変わりがない。バフェットは、あなたや私と同じように人生の三分の一を普通のマットレスの上で寝て過ごし、あなたや私の洋服と変わらない値段の既製服を買っている。

彼の好きな飲み物はコカ・コーラだ。学生が食べているものよりも高級なものや健康的なものを食べているわけでもない。

普通の机と普通の椅子を使って仕事をしていて、彼のオフィスは一九六二年からずっと同じ場所にある。ネブラスカ州オマハの、どこにでもあるようなオフィスビルの中だ。

バフェットの生活をこと細かにあなたの生活と比べてみると、**彼が裕福であることは日々の暮らしにほとんど影響を与えていないのがよくわかる。**

唯一の違いは、飛行機での移動の仕方だ。飛行機に乗るとき私たちはエコノミークラスに押し込まれるが、バフェットはプライベートジェットを持っている。

しかしこの章で見てきたように、人生のたかだか「0・1パーセント」を過ごすだけの飛行機のシートの狭さよりも、狭い考え方のほうがずっと始末が悪い。つまらないことに意識を集中させていては、人生を浪費するだけなのだ。

14

買い物は控えめにしよう

「モノ」より「経験」にお金を使ったほうがいい理由

車を「所有」する喜びと、車を「運転」する喜び

あなたは、車を所有しているだろうか？　もしくは、家（マンション）を持っているだろうか？　パソコンを持っているだろうか？

それを持っていることに、どれぐらい「喜び」を感じているだろうか？

あなたが持っているものなら何を対象にしてもいい。0から10のあいだで点数をつけてみてほしい。

心理学者のノーベルト・シュヴァルツ、ダニエル・カーネマン、徐菁《シイージン》は、車を所有している人たちにこの質問をし、持っている車の価格と答えを比較する研究を共同で行った。

すると、**「車が高級であればあるほど、所有者の喜びも大きい」という結果**が出た。

高級車であるBMWの7シリーズの持ち主が感じている喜びは、小型大衆車のフォードのエスコートを持っている人が感じている喜びよりも約50パーセント大きかった。妥当な結果だろう。車に多額のお金を投資すると、少なくとも「喜び」という形で投資に対する十分な利益を受け取ることができるのだ。

次に少し違う質問をしてみよう。前回、その車を運転したとき、運転中にあなたはどれぐらい喜びを感じていただろうか？

これもやはり、心理学者たちが研究の中で、車の所有者たちに尋ねた質問である。心理学者たちはこの質問に対しても同じように、車の所有者がつけた点数と車の価格を比較した。

だがこの質問に対しては、車の価格と答えに、まったく相関関係は認められなかった。高級車でも使い古しの車でも、喜びを感じる度合いは共通して低く、最低レベルにとどまったのだ。

モノの喜びはどんどん小さくなってしまう

最初の質問では、「車の価格」と「喜び」のあいだに相関関係があった。高級車であればあるほど喜びを感じる度合いも高かった。だが二番目の質問では、高級車だからといって、運転することに喜びを感じるわけではなかった。

この差はどこから生まれるのだろう?

理由は簡単だ。**最初の質問では、私たちは「車そのもののこと」を考えるが、二番目の質問では、「車以外のいろいろなこと」が頭に浮かんでくるからだ。**運転中の電話でのやりとりや、仕事中のある場面、渋滞や前を走る車の無茶な運転など、さまざまなことが連想される。

つまり、「車のことだけを考えているうちは喜びを感じられるが、車の運転をしていることまで考えると、その喜びは失せてしまう」。前章で見てきた「フォーカシング・イリュージョン」の影響である。

フォーカシング・イリュージョンはもちろん、車に限ったことではない。フォーカシング・イリュージョンは、私たちが「お金を出して手に入れたモノに感じる喜び」に常に作用する。

ひとつのモノに思考を集中させているあいだは、それが人生に与える影響を極端に過大評価しがちである。同様に、何かを買って間もないうちはそれについてばかり考え、そのモノに対して大きな喜びを感じる。

だが日常生活で使っているうちに、そのモノの存在は思考の海の奥深くに沈んでしまい、喜びを感じる度合いはだんだんと小さくなっていく。購入するのが別荘でも、巨大プラズマテレビでも、クリスチャン・ルブタンの新しい靴でも、同じことが起きる。

それに加えて、ぜいたくな買い物をした場合には、「反生産性」の問題もある（第8章参照）。贅沢品には、隠れた副作用がある。目に見えないコストとでもいうべき、それを維持するための手間ひまやお金がかかるからだ。

この両方の要素を考慮に入れると、喜びの収支としては、結局損失となることもある。**大きな買い物をした場合の実質的な満足度は、結果的にマイナスになってしまうのだ。**

信じられないって？　では、ひとつ例を挙げてみよう。

郊外の邸宅を手に入れたら、どれくらいうれしいか？

あなたは郊外にすばらしい邸宅を購入した。最初の三か月間、あなたは一五もある部屋のひとつひとつを楽しみ、邸宅内のすみずみまで満喫する。

だが半年も経つと、そのすばらしさにも慣れてしまう。また以前のように日常の雑事に飲み込まれ、あなたはもっと急を要することへの対処に追われるようになる。

それに、以前あなたが住んでいた「都心の四部屋の賃貸マンション」と、「一五部屋ある庭付きの邸宅」とではいろいろと事情が違う。

たとえば、いまの邸宅では、清掃してくれる人や庭師が必要で、買い物は歩いては行けず、以前は自転車で二〇分だった通勤時間はいまや往復二時間。つまり、そのすばらしい邸宅を購入してから、あなたの実質的な満足度には損失が出ている。「喜びの収支」はマイナスなのである。

これは私が考えた例だが、現実に、私の周りには実例がいくつもある。

友人のひとりは、ヨットを持っている。いや、正確にいえば所有していた。彼はちょうどヨットを手放したところなのだ。

それでも、ヨットを買った経験はどうやら無駄ではなかったらしい。**「ヨットを所有していて一番嬉しかったのは、買った日と手放した日だった」**と彼は言った。

おわかりいただけただろうか。よい人生を手にしたければ、モノを買うときには控えめにしたほうがいいのだ。

「モノ」の喜びは消えるが、「経験」の喜びは残る

ところが、フォーカシング・イリュージョンの作用を受けない「高級品」も存在する。それは、「経験」だ。**すばらしい何かを経験すると、その喜びは、頭の中にも心の中にもとどまりつづける。**

だからあなたも、「モノ」を買うよりも、何かを「経験」することに投資をしたほうがいい。たいていのことはさほどコストをかけずに経験できるし、「反生産性」も生まれないという利点がある。よい本を読むこと、家族とのお出かけ、友人とのカードゲーム。どれも大してお金はかからない。もちろん、世界旅行や宇宙への個人旅行など、大金を払わ

なければ経験できないこともある。

でも、もしあなたに本当にそれだけのお金があるなら、そういった経験のほうが、ポルシェのコレクションにお金を使うよりずっと質のいい投資である。


ちなみに、覚えておいたほうがいいのは、**「仕事も経験のひとつ」**だということ。たとえば、ポルシェの運転中は、それがポルシェだという意識は思考の奥深いところにしまい込まれてしまうのと同じように、仕事中はその仕事の存在をとりたてて意識することはない。

けれどもその間、あなたはずっと多大な労力を注ぎ込まなければならないため、あなたの頭の中は仕事のことでいっぱいになる。あなたが好きな仕事をしているなら、こんなにすばらしいことはない。だが反対に自分の仕事が嫌いな場合には、問題は深刻である。嫌いな仕事から意識をそらすわけにはいかないからだ。

私が物書きになったのは、それまでの仕事が嫌いだったからではない。物を書くのが好きだからだ。私にとっては、「書いた結果として出版される本」より「書くという行為」のほうがずっと大事である。

もちろん、新刊の見本を手にしたときにはいつも喜びがこみあげる。カバーをそっと撫で、ぱらぱらとページをめくり、まだ新しい膠《にかわ》の香りを深く吸い込む。だがしばらくするとその本は本棚にしまいこまれ、私はほとんどその本のことを考えなくなる。その頃にはもう、私は次に書く本のことばかり考えるようになっているからだ。

たとえ大金は稼げても、喜びをもたらさない仕事に就くのは馬鹿げている。稼いだ多額のお金を、何かを経験することにではなくモノに投資している場合はなおさらだ。

ウォーレン・バフェットはこんなふうにいっている。「胃が痛くなるような人たちのために働くのは、お金のために結婚するようなものだ。どんな理由があろうとそれは惨めな行為だが、すでに裕福な人間がそんなことをするのはまったく愚かとしかいいようがない」。

一緒にいて喜びを感じる人を「結婚相手」にする

すばらしい経験を重ねることが、幸せな人生につながる。ついでにいえば、**「結婚生活」においても大事なのはやはり、その生活を通してよい経験が得られるかどうかだ。**

もはや一緒にいても喜びを感じられないのに、ただ単に長く一緒にいたからという理由で、あるいはほかの選択肢がないからという理由で、結婚生活を続けるのは意味がない。「フォーカシング・イリュージョン」で大事なことから目をそらしたところで、問題の解決にはならないはずなのだ。

もちろん、晴れの日ばかりの結婚生活などありえないが、影を落とす日のほうが多いようでは、よい経験が得られているとはとうていいえない。雲が出てきたら、状況を変える努力をしてみるといい（第2章参照）。そして、どうがんばっても状況を変えられないとわかったら、脱出用のパラシュートを開こう。

人間関係における問題のすべてに当てはまるが、人生のパートナーとの問題の場合は特に、その問題が思考の奥に消えてしまうことはない。

結論。私たちは「モノ」が与えてくれる幸せの効果を過大評価し、「経験」が与えてくれる幸せの効果を過小評価している。

モノで得られる喜びは時間とともに消えていく。あなたが家のことで頭をいっぱいにしていたとしても、その思考はやがて、日常におけるさまざまな思考の中に紛れてしまう。だが**経験で得られる喜びは、ずっと心に残りつづける**。

「そうはいっても私はもうクリスチャン・ルブタンの靴を買ってしまった」という人はどうすればいいだろう？　その場合は、意識的にそのモノで喜びを感じる機会を持つようにしよう。毎朝磨いてツヤを出し、寝る前にはルブタンのトレードマークの赤い靴底のことだけを考える。そこまですれば、ひょっとしたらフォーカシング・イリュージョンも例外的に、あなたの喜びを後押ししてくれるかもしれない。

15

貯蓄をしよう

経済的な自立を維持する

砂漠の中で「一リットルの水」にいくら払うか？

太陽の光がじりじりと背中に照りつけ、砂の上には蜃気楼が揺らめいている。あなたの口の中は渇きすぎて、紙やすりのようにざらざらだ。水は二日前に最後の一滴まで飲み干してしまった。それ以来、あなたは地平線に見えるオアシスに向かって、這うように進んでいる。

「いま誰かがあなたに水を売ってくれると言ったら、あなたは一リットルの水にいくら払うだろう？」

あなたは水を買い、それを飲んだ。渇きはほんの少しおさまった。

「次にまた水を一リットル買うとしたら、あなたは今度はいくら払うだろうか？　そして、そのまた次の一リットルには、いくら払う？」

修行を積んだ苦行僧のように超人的な忍耐力を備えていない限り、あなたは最初の一リットルには全財産をはたいても惜しくないと思うだろう。貯金だけでなく、企業年金や別荘まで明け渡そうとするかもしれない。

次の一リットルには、ロレックスの時計ひとつ分くらいの金額だろうか。さらにその次になると、ヘッドフォンひとつ分くらい。そしてまた次になると、あなたはもう靴の中敷程度のお金しか出さないかもしれない。

これは、経済学者が「限界効用逓減《ていげん》の法則」と呼ぶ現象である。**消費する水が増えるごとに水によって得られる満足感は小さくなっていき、一定量を過ぎると満足感はまったく得られなくなってしまう**のだ。

この法則は、水、衣服、テレビのチャンネルなど、ほぼすべてのものに適用できるが、なかでもこの法則が当てはまるのは「お金」に関してである。

「年収がいくらあれば幸せなのか」を考える

ではこの「限界効用逓減の法則」を踏まえたうえで、私たちが数千年前から問いつづけているこの質問について考えてみることにしよう――「お金は、果たして人を幸せにするのだろうか?」。

まずは、次の質問に答えてみてほしい。**「年収がいくらあれば、追加収入があっても幸福度が変わらないだろうか？」**

先を読む前に、この本のページの端にあなたの予想を書いてみてほしい。

答えは、すでに調査研究によって明らかだ。

貧しい人々にとって、お金は重要な意味を持っている。経済的に困窮している暮らしはみじめそのものだ。年収五万ユーロ（約六〇〇万円）の人にとっても、お金はそれなりに重要だ。

だが**世帯年収が一〇万ユーロ（約一二〇〇万円）を超えると、追加収入が幸福度に与える影響はゼロになる**（ただしこの境界額は、スイスのチューリヒではもう少し高く、ドイツのイェーナではもう少し低い）。そしてそれ以降はずっとゼロのまま、年収が一〇〇万ユーロに達しても結果は変わらない。

よく考えてみれば、それは意外でもなんでもない。億万長者の一日を朝から晩まで細かく思い浮かべてみるとよくわかる。

億万長者でも、歯は磨かなくてはならない。億万長者でも、よく眠れないことや気がふさぐことはある。億万長者でも、家族のごたごたに巻き込まれることがある。億万長者でも、年をとることや死ぬことは怖いはずだ。

そのうえ億万長者には、億万長者ならではのやっかいごとがある。お付きの人を大勢引き連れなければならなかったり、うるさいマスコミを追い払わなければならなかったり、次々とお金を無心にやってくる人たちをさばいたりしなければならない。

そうした煩わしさは、果たしてオリンピックが開けそうな大きなプール付きのお屋敷に住んでいれば帳消しになるのだろうか？

「宝くじの高額当選者たち」は本当に幸せか？

一九七八年に行われた有名な調査がある。何人かの研究者が、「宝くじの高額当選者たち」の幸福度を調べたのだ。

その結果、**「高額当選を果たした数か月後には、当選者たちの幸福度は、すでにそれ以前とあまり変わらなくなっていた」ことがわかった。**

経済学者のリチャード・イースターリンは、「一九四六年のアメリカ人の幸福度」を「一九七〇年の幸福度」と比較する研究を行った。

すると、その間、生活水準は50パーセント近くアップしていたにもかかわらず（一九七〇年には、ほぼすべての家庭に車と冷蔵庫と洗濯機があり、蛇口からお湯も出るようになっていた）、幸福度にはほとんど差がなかったのだ。そのうえ、この結果は、イースターリンがデータを比較した、アメリカ以外の一八か国すべてにも共通していた。

つまり戦後すぐ、人々はすでに一九七〇年の人たちと同じくらい幸福な生活を送っていたことになる。物質的な進歩は幸福度に影響をおよぼさなかったのだ。

この現象は「イースターリンのパラドックス」と呼ばれている。**基本的な需要が満たされてさえいれば、生活がより豊かになっても幸福度は変わらない**のである。

それなのに、なぜ私たちはいつも少しでも収入を増やそうと躍起になるのだろう？　お金があっても幸福度が変化しないことは、すでに研究で明らかだというのに。

その答えは、豊かさとは、「絶対的な価値」ではなく、「相対的な価値」だからだ。

「お金がもたらす幸福度」は何によって決まるのか

たとえば、あなたとあなたの同僚が、それぞれ大口の契約をまとめたとしよう。あなたに対して報奨金としてボーナスが支払われるとしたら、次のどちらを選ぶだろう？

（a）あなたひとりが一万ユーロ（約一二〇万円）のボーナスを受け取る。

（b）あなたが一万五〇〇〇ユーロ（約一八〇万円）、同僚が二万ユーロ（約二五〇万円）のボーナスを受け取る。

あなたが大多数の人と同じように考えたとしたら、あなたは（a）一万ユーロのボーナスのほうを選んだはずである。実際にあなたに支払われる金額は、（b）のほうが多いのにもかかわらず。

今度は、あなたが十分な広さの土地を買って、そこに家を建てたと仮定してみよう。完成した家には、あなたが必要とする部屋数より少なくとも三つは余分に部屋がある。だがその一年後、誰かが隣の区画を買って、そこに堂々とした立派な邸宅を建てる。いまやあなたの家は、使用人の宿泊所にしか見えない。

そうなると、あなたの血圧は上昇し、幸福度は下がってしまう。あなたの家自体には、何の変化も起きていないのに。


お金の相対的な価値が決まるのは、「他者」との比較によってだけではない。「あなたの過去」によっても変化する。


社会人になってからの人生の前半の年収が五万ユーロ（約六〇〇万円）で、現在の年収が一〇万ユーロ（約一二〇〇万円）だという人は、キャリアの初期の年収が一〇万ユーロ（約一二〇〇万円）で、現在は年収が六万ユーロ（約七二〇万円）に落ちてしまった人よりも幸福度が高い。これまでの年収の合計額は、後者のほうが多いにもかかわらず。

要は、貧困ラインを上回る所得のある人々にとって、「お金がもたらす幸福度の度合い」は本人の解釈次第でどうにでもなるということだ。これはよい知らせだろう。お金があなたを幸せにするかどうかは、あなた自身で決められるのだから。

「お金との上手な付き合い方」四つのルール

お金との付き合い方に関しては、いくつかの基本的なルールがある。

ひとつ目は、**ある程度の貯金をしておくこと**。

英語には、率直なものの言い方をする人がよく口にする「ファック・ユー・マネー」という表現がある。上司ともめたあげく、「ファック・ユー（くそったれ！）」と捨てゼリフを吐いてオフィスから飛び出し、結果的に会社を辞めざるをえなくなってもかまわないと思えるだけのお金、という意味である。つまり、いつ上司にたてついて会社を辞めても、経済的に困らないだけの貯金ということだ。

たとえば、年収と同じだけの貯金があれば、それはファック・ユー・マネーと呼ぶことができる。年収分の貯金は、あなたの経済的な自立を保証してくれる。さらに重要なことに、ファック・ユー・マネーがあればものごとを客観的に見て、客観的に考えることができる。

もし、まだ年収分の貯金の用意がないなら、出費はできるだけ低く抑えるようにしよう。そうすれば、まとまった額をためるまでの時間を短縮できる。十分なお金は持っているが使うお金は少ないというのが理想的な状態だ。

ふたつ目のルールは、**所得額や資産額のわずかな変動に、いちいち反応しないこと**。

あなたの株式ポートフォリオが1パーセント上がったり下がったりしたからといって、一喜一憂しなくていい。そもそもお金のことはあまり考えてもしようがない。しょっちゅうお金のことを考えたからといって、お金の増え方が早まるわけではないのだ。

三つ目は、**裕福な人と自分を比較しないこと**。そんなことをしても幸せにはなれない。もし誰かと比べるなら、自分より豊かでない人とにしたほうがいい。でも一番いいのは、誰とも自分を比較しないことだ。

そして四つ目は、**もしあなたが大金持ちでも生活は質素にすること**。

裕福な人はねたまれる。それに、億万長者にとっては、豪華なヨットを手に入れるよりも、質素に暮らすことのほうがずっと価値がある。豪華なヨットを買うのは難しくもなんともない。十分なお金さえあれば誰にでも買うことができるのだから。

結論。あなたの所得が貧困ラインを超えて金銭的な余裕ができたら、よい人生を手に入れられるかどうかは「お金以外の要素」で決まる。

お金を増やす代わりに、別の要素に意識を向けよう。最終章で取り上げるが、本当の成功は経済的な成功とはまったく別のところにあるのだ。

16

自分の向き不向きの境目をはっきりさせよう

「能力の輪」をつくる

「能力の輪」を意識しながらキャリアを築く

世界を完全に理解している人はいない。人間ひとりの脳で理解するには、世界はあまりにも複雑すぎる。

たとえあなたが一流の教育を受けたとしても、理解できるのは世界のほんの一部にすぎない。だがほんの一部にすぎなくても、世界を理解することにはやはり意味がある。その小さな一部が、成功に向けて高く飛び上がるためのスタート地点になるからだ。スタート地点がなければ離陸はできない。

投資家のウォーレン・バフェットは、「能力の輪」というすばらしい表現を用いている。**人間は、自分の「能力の輪」の内側にあるものはとてもよく理解できる。だが「輪の外**

側」にあるものは理解できない、あるいは理解できたとしてもほんの一部だ。

バフェットは人生のモットーとして「自分の『能力の輪』を知り、その中にとどまること。輪の大きさはさほど大事じゃない。大事なのは、輪の境界がどこにあるかをしっかり見きわめることだ」と述べている。

バフェットのビジネスパートナーであるチャーリー・マンガーは、さらにこんなふうに補足している。「自分に向いている何かを見つけることだ。自分の『能力の輪』の外側でキャリアを築こうとしてもうまくいかない。請け合ってもいい」。

ＩＢＭの初代社長トーマス・Ｊ・ワトソンは、この主張の正しさを裏づける生きた証拠だ。ワトソンは自身についてこう述べている。「私は天才ではない。私にはところどころ人より優れた点があって、そういう点の周りからずっと離れないようにしているだけだ」。

自分の「能力の輪」を意識しながらキャリアを築くことは、いい人生を送るためのコツのひとつだ。

自分の「能力の輪」に常にピントを合わせていれば、そこからもたらされるのは金銭的な成果だけではない。感情的な成果も得ることができる。自分には人より抜きんでた能力を持つ分野があるという、お金では買えない自信である。

そのうえ時間も節約できる。「能力の輪」の境界がわかっていれば、仕事上で何かを承諾したり断ったりしなければならないときでも、そのつど判断しなくてすむからだ。

それに「能力の輪」の境界が明確なら、たとえどんなに魅力的な仕事のオファーでも、自分にふさわしくないと思えばきっぱりと断ることができる。自分の「能力の輪」をけっして越えないようにすることが重要だといえる。

魅力的な仕事のオファーが舞い込んできたら？

ずいぶん前のことだが、大金持ちのある企業家から、一〇〇万ユーロ（約一億二〇〇〇万円）で彼の伝記を書いてくれないかと頼まれたことがある。このうえなく魅力的なオファーだったが、私は断った。**伝記の執筆は私の「能力の輪」の範囲外だったからだ。**優れた伝記を書きあげるには、大勢の人への取材と綿密なリサーチが欠かせない。それには小説や実用書を書くのとは別の能力が必要だ。でも、その能力は私にはない。

もしあのオファーを受けていたら、私はきっと無駄に労力を使うばかりで、大きな挫折感を味わっていただろう。それより問題なのは、あのオファーを受けていたとしても、私にはせいぜい平凡な本しか書けていなかっただろうということだ。

感情心理学に関する本を多く執筆している、イギリス人著述家のディラン・エヴァンズは、平凡からはほど遠い彼の著作『Risk Intelligence（リスクインテリジェンス）』（未邦訳）の中で、ＪＰという名前のプロのバックギャモン（ボードゲーム）プレイヤーについて書いている。

「ＪＰはわざといくつかミスをした。相手がその機会を活かせるかどうかを見きわめるためだ。そして相手がそれを巧みに利用してみせると、試合を打ち切った。見込みのない試合にエネルギーをつぎ込むのをやめるためだ。

つまりＪＰには、ほかのプレイヤーたちに見えていないことがちゃんと見えていたのだ。彼は、自分がかなわない対戦相手の条件をきちんと把握していたのだ」

ＪＰはどんな相手が自分を「能力の輪」から押し出すかを理解して、そういう対戦相手に当たったときには自ら身を引いたのだ。

魅力的な仕事のオファーを受けて自分の能力の輪を「越えたくなる」誘惑のほかに、もうひとつ同じくらい強い力で私たちを引きつけるものがある。自分の能力の輪を「広げたくなる」誘惑である。

この誘惑は、あなたがこれまでの輪の中で成功をおさめ、そこで快適に過ごしている場合には特に大きい。だが、「能力の輪」をむやみに広げようとするのはやめておいたほうがいい。**人間の能力は、ひとつの領域から次の領域へと「転用」が利くわけではない**からだ。

能力には、それぞれ決まった「専門領域」がある。たとえ、すばらしいチェスのプレイヤーだからといって、自動的にビジネスの優れた戦略家になれるわけではない。心臓外科医だからといって、自動的によい病院長になれるわけでもない。不動産投機で能力を発揮しているからといって、自動的に政治力のある大統領になれるわけではないのだ。

ゲイツもジョブズもバフェットも「同じ」だった

それなら、「能力の輪」はどうやってつくりあげればいいのだろう?

それは当然、ウィキペディアで調べてみても説明は見当たらない。大学で学んでみても身につくものでもない「能力の輪」の形成に必要なのは、**「時間」**である。それも、とても長い時間がかかる。

「価値のあるものをつくりあげようと思えば、時間がかかるのは当然でしょう」。アメリカ人デザイナーのデビー・ミルマンは、自分の信条をそういう形で表した(彼女がデザイナーとして成功しているのはいうまでもない)。

それからもうひとつ。**「執着」**が必要である。執着は一種の中毒だ。

私たちがある状態を「執着」という言葉で表すときには、たいてい侮蔑的なニュアンスが含まれている。ビデオゲームやテレビドラマや模型飛行機に熱中する若者たちの執着っぷりについて書かれたものを読んでみればよくわかる。

だが、執着はよい方向に働くときもある。何かに執着している人は、そのひとつのことに何千時間も費やせる。

若い頃のビル・ゲイツは、プログラムを組むことに執着していた。スティーブ・ジョブズはカリグラフィーとデザインに。ウォーレン・バフェットは一一歳のとき、初めてもらったおこづかいで株を買い、それ以降ずっと投資中毒になっている。

だがゲイツやジョブズやバフェットが「青少年期を無駄にした」などといい出す人は、いまではいないだろう。**彼らは、それらに執着して何千時間も費やしたからこそ、その分野のエキスパートになれたのだ。**

執着とは、エンジンが故障した状態を指すのではない。執着そのものがエンジンなのだ。

ちなみに、「執着」の対義語は「嫌悪」ではなく「興味」である。何かに対する感想を求められたときに、「それは興味深いですね」と返すのは「私は大してそれに興味がない」と遠まわしに言いたいときの常套句《じょうとうく》だ。

「欠点」よりも「能力」のほうに目をむける

しかしなぜ、「能力の輪」という考え方にはこれほどの影響力があるのだろうか？「能力の輪」を知ることが人生の成功にもつながるのはなぜなのだろう？

答えは簡単。平均的なプログラマー（能力の輪の外側）と比較したときのすばらしいプログラマー（能力の輪の内側）の優秀さの度合いは、二倍や三倍や一〇倍どころではないからだ。

何か問題が起きたとき、すばらしいプログラマーは平均的なプログラマーが必要とする一〇〇〇分の一の時間でその問題を処理してしまう。

同じことは弁護士にも、外科医にも、デザイナーにも、研究者にも、販売員にも当てはまる。**「能力の輪」の内側と外側の能力差には、一〇〇〇倍もの開きがあるのだ。**

ほかにもある。「人生は計画できるもの」というのは錯覚だ（第2章参照）。

予想外の出来事は人生のいたるところにころがっているし、ときには大暴風クラスの出来事が待ち受けていることもある。

だが一か所だけ、穏やかな風がそよいでいる場所がある。それは、「能力の輪」の内側である。その内側でも海面は凪《なぎ》の状態とまではいえないものの、波のうねりはそう高くない。少なくとも安全に航行を続けられる程度だ。

素っ気ない言い方をすれば、自分の「能力の輪」の内側でなら、間違った思い込みや考え違いに対しても適切な対応措置がとれる。それどころか、従来の慣習を打ち破るようなリスクを冒すことだってできる。

「能力の輪」の内側では、必要なだけ先を見通し、その後に起こる事態を予測することができるからだ。

結論。「自分に不足している能力」に不満を感じるのは、やめよう。

踊りが不得意なら、サルサのレッスンはやめればいい。描いた絵を自分の子どもに見せてそれが馬か牛かわかってもらえないようなら、画家を夢見るのはやめればいい。おばさんが訪ねてきただけでてんてこ舞いなら、レストランを開く構想など頭から締め出せばいい。

あなたが、いくつの分野で「平均的」だろうとあるいは「平均以下」だろうと、そんなことはどうでもいい。大事なのは、あなたが少なくとも「ひとつの分野」で抜きんでているということだ。

それが世界レベルの優秀さならいうことなし。もし何かの分野で秀でた能力を持っているようなら、あなたはすでによい人生の前提条件を備えていることになる。

ひとつでもすばらしい能力があれば、欠点がいくつあろうと帳消しになる。

同じ一時間を費やすなら、「能力の輪」の外側よりも内側のことにしたほうが一〇〇〇倍も価値がある。

17

静かな生活を大事にしよう

冒険好きな人より、退屈な人のほうが成功する

「証券トレーダーたち」と「バフェット」の対比

ワイシャツの襟元のボタンを外して腕まくりをした証券トレーダーたちが、まるで生死をかけた一大事でも起きているかのように、何台もの電話に向けて同時に何かをまくして、腕を振り回している。張りつめた空気から、いまにもパチパチと音が聞こえてきそうだ。

そのうち、あちらこちらから受話器が壊れそうなほど強くたたきつけられる音がしたかと思うと、トレーダーたちは今度は、移動遊園地の光みたいに株式相場をちかちかと点灯させているブルームバーグのスクリーン越しに、怒鳴り合う——メディアを通して見られる証券会社のトレーディングフロアやトレーディングルームのイメージだ。

ところ変わって、ここはアメリカの中でもさほど重要とは言えない場所、ネブラスカ州ののんびりとした町、オマハである。

どこにでもあるようなオフィスビルの一四階にある飾り気のないオフィスには、ブルームバーグのスクリーンもコンピューターの端末もなく、当然Eメールも使えない。そこにあるのは古風な書き物机と電話だけ。

これは、史上もっとも成功している投資家のウォーレン・バフェットが、五〇年間毎日仕事をしてきたオフィスである。

これ以上ないほどの極端なコントラストだ。大げさな動きで汗をかきながら働く、男性ホルモンみなぎる証券トレーダーと、静かな環境で働く白髪頭のウォーレンおじさん。

対照的なのは仕事ぶりだけではない。証券トレーダーが行っているのは「投機」だが、バフェットが行っているのは「投資」だ。

このふたつの違いが理解できるようになると、役に立つ思考の道具をひとつ手に入れられる。人生のあらゆることがらにおいても、同じような区別をつけられるようになるからだ。

「投資家」だけが大きな成功を手にできる理由

両者の違いはどこにあるのだろう?

証券トレーダーは、活発に有価証券を売買して利益を生み出そうとする。その有価証券がカリフォルニアのソフトウェア企業のものであろうと、ペルーの銅山のものであろうと関係ない。有価証券の価格を、短期的に、望ましい方向に変動させるのが彼らの目的だ。

それに対して、バフェットをはじめとした従来型の投資家たちは、自分のズボンのポケットの中身と同じくらい熟知している、少数の企業の有価証券だけを買う。そして市場の動きとは関係なく、それらを長く保有する。取引費用を節約するために、売買はできるだけ行わない。

バフェットと彼のビジネスパートナーであるチャーリー・マンガーは、これまで一度も自分たちから投資の機会を求めたことはないそうだ。誰かから投資を求められるのを、ただ待っているだけらしい。

バフェットは文字通り、次のように述べている。「チャーリーと私は、電話が鳴るのをただ座って待っているだけだ」。

「投機家」と「投資家」を比較したとき、結果的に大きな成功を手にしているのはどちらだろう?

もちろん、どちらにも勝者と敗者がいるが、大きな成功をおさめている勝者は、「投資家」にしかいない。その理由はなんだろう?

両者のもっとも大きな違いは、「費やす時間の長さ」である。投資家は利益を手にするのに長い時間をかけるが、証券ディーラーはそうではない。

そもそも、**私たちの脳は、「短期間に一気に状況が変わるような展開」を好むようにできている。**

何かがピークに達したときやどん底に落ち込んだとき、急激な変化、世の中が騒然とするようなニュースなどに大げさに反応する。一方、ゆったりとした展開にはほとんど気づかない。

そのため、私たちは「何もしない」よりは「している」ほうを、「思案する」よりは「せっせと働く」ほうを、「ただ待つ」よりは「積極的に動く」ことのほうを、高く評価してしまう。

なぜ「カローラ」がもっとも売れた車となりえたのか

これまでで一番よく売れている本はなんだか、ご存じだろうか?

最新のベストセラーリストにある本でも、本屋に大量に平積みされている本でもない。

答えは、何十年、もしくは何百年も前から途切れなく出版されつづけているもの——聖書、毛沢東の『毛主席語録』、コーラン、マルクスとエンゲルスの『共産党宣言』、トールキンの『指輪物語』、サン＝テグジュペリの『星の王子さま』といった、いわゆる「ロングセラー」と呼ばれる本だ。

どんな出版社も、ロングセラーなしでは立ちゆかない。同じことはブロードウェイのショーにも、観光名所にも、歌にも、そのほかの多くのものにも当てはまる。

これまでにもっともよく売れている車は、トヨタのカローラだ。一九六六年の販売開始以来、継続的に新型車が発売されている。現在のモデルで一一代目だ。**カローラは、発売一年目の売り上げで人気車になったわけではない。長期にわたって売れつづけているからこそ、人気車の座を獲得できたのだ。**

こうした長期にわたる成功には、もうひとつ目に見えない要素が含まれている場合が多い。ベーキングパウダーのように、「時間をかけて少しずつ成長していく」要素である。

たとえば、「投資」を例にとって考えてみよう。

あなたが利回り5パーセントの商品に一万ユーロ（約一二〇万円）投資したとする。一年後、あなたが手にする利益は五〇〇ユーロ（約六万円）だ。まだそう大きな額ではない。だが、このささやかな利益をずっと投資に回しつづけると、一〇年後、あなたの資本は一万六〇〇〇ユーロ（約二〇〇万円）になる。二〇年後には二万六〇〇〇ユーロ（約三一〇万円）とかなりまとまった額になり、五〇年後にはなんと約一一万五〇〇〇ユーロ（約一四〇〇万円）というものすごい額になる。

資本は「一定の割合で増えていく」のではなく、「飛躍的な増え方をする」のだ。長期にわたる変化を認識できない私たちの脳は、長期にわたって起こる飛躍的な変化を感じとることもできないのである。

これが、**「長い時間をかけて一貫して何かに取り組んだほうが、大きな成功が得られる」**という理由である。ケーキのベーキングパウダーのように、成果は時間とともにどんどんふくらんでいく。

緩慢で、退屈そうに見えて、時間のかかるプロセスが、もっとも大きな成果を生み出すのである。同じことは人生にも当てはまる。

ひとつのことに「長期的」に取り組もう

現在、「積極性」や「多忙さ」や「せわしなさ」が、かつてないほど褒めそやされている。そして「破壊すること」を崇める現代の風潮は、私たちのキャリアや会社や人生までも、完全に破壊して、また新しく創りあげるようにとせきたてようとする。そうしなければ、競争力を維持できないというのだ。

そのうえ多くの人々は、よい人生には冒険や旅行や引っ越しや、さらには人生の絶頂期がつきものだと思い込んでいる。

だが私は、よい人生とはその真逆をいくことだと思っている。**人生は、静かなほうが、生産性が高い。**

バートランド・ラッセルも、「静かに過ごす時間」について同じ見方をしている。彼は次のように書いている。

「ほんの少しの華々しい時期を除けば、偉人たちの人生はとても刺激的といえるようなものではない。

ソクラテスはときには友人たちを招いて豪華な食事でもてなすことがあったようだが、一日のほとんどの時間は妻のクサンティッペと静かに過ごし、午後の腹ごなしの散歩の途中でせいぜい一人か二人の友人に会うくらいだった。

カントは自分が住むケーニヒスベルクの周囲一五キロより遠くに出かけたことはなかったといわれている。ダーウィンは世界旅行から戻って以来、死ぬまでずっと自宅で静かな暮らしを送った（中略）。

つまり、偉人たちは得てして静かな生活を送っているものなのだ。人から見れば、たいした楽しみもない人生のように見えただろう」

歴史に名を残す女性の偉人たちにも、もちろんこのことが当てはまる。派手に動き回ればよい考えが浮かぶとか、休みなく何かに取り組めばその何かに対する理解が深まるとか、積極的に働けば結果がともなうとかいうような相関関係は、存在しないのだ。

それでは、あなたの人生を向上させるには、いったいどうすればいいのだろう？

それには**せわしなく動き回るのを控え、何ごとにも落ち着いて、長期的に取り組むことだ**。そしていったん「能力の輪」（前章参照）をつくりあげたら、その内側にとどまったほうがいい。それも、できるだけ長く。

よい人生のパートナーや、理想的な住まいや、充実感を得られる趣味を見つけた場合でも同じだ。

根気、長期的な考え、ひとつのことに取り組みつづけること。どれも非常に価値があるにもかかわらず、過小評価されている美徳である。改めて評価されてしかるべきだろう。

チャーリー・マンガーはこんなことをいっている。「何も優秀である必要はない。ほかの人間よりもほんの少し賢くあればいい。ただし、長い長い期間にわたってね」。

18

天職を追い求めるのはやめよう

できることを仕事にする

自分の使命を一生涯まっとうした偉人たち

二五一年、聖アントニウスは、裕福な地主の息子としてエジプトで生まれた。

一八歳のときに両親が亡くなり、教会へ行くと、マタイの福音書の一節が聞こえてきた。「もし完全になりたいのなら、行って持ち物を売り払い、貧しい人々に施しなさい。そうすれば、天に富を積むことになる。それから、わたしに従いなさい。」（日本聖書協会『新共同訳 新約聖書』マタイによる福音書19章21節）

その言葉どおりに、聖アントニウスは財産をすべて貧しい人々に分け与え、砂漠の果てへ旅に出て、隠者としてそこで長い年月を過ごした。

そのうち、彼に続く者が現れ、その数はどんどん増えていった。同じように神の呼びかけに応じた若者たちだ。

こうして、同じ場所に暮らしながらもそれぞれが隠者として別の生活を送るという、キリスト教の「修道院制度」ができあがった。今日、聖アントニウスが「修道士の父」と呼ばれるゆえんである。

一〇〇〇年後、イタリアの裕福な織物商の息子にも、同じようなことが起きた。

アッシジのフランチェスコは享楽的な生活を送っていたが、ある日、夢で神からのお告げを受ける。彼は自分の全財産を人々に分け与え、着ていた衣服を物乞いと取り替え、修復された修道院で隠者として暮らすようになった。その後、だんだんと彼に賛同する者が集まり、フランチェスコ会が結成された。

今日、私たちが「天職」という言葉を聞いたときに頭に思い浮かべるのは、聖アントニウスやアッシジのフランチェスコのような人々だ。

彼らは「天の声」を聞き、それに従うのが自分の務めだと直感したのだ。キリスト教の伝道者パウロ、神学者のアウグスティヌスやブレーズ・パスカルも同じような経験をしている。

「作家になるために生まれてきた」トゥールの話

この「天職」という言葉、とてもよく耳にする。「自分の天職を見つけるにはどうすればいいですか?」これは、若者から頻繁に受ける質問のひとつだ。そう訊かれるたびに、私は言葉に詰まってしまう。

「天職」という概念は、キリスト教の遺物にすぎない。私のように神の存在を信じていない者にとっては、妄想がかった考えに思えてしまうのだ。

もちろん、天職を求める現代の人たちは、俗世間から背を向けようとしているわけではない。人生において自分たちが進むべき道を、はっきりと示してほしいだけだ。

彼らの頭の中には、「人間はみんな、いつか花開く何かしらの才能の芽を持っているものだ」というロマンチックな幻想がある。そのために、彼らは自分の心の声に一心に耳を傾ける。人生を充実させるための仕事が何かを告げる声が聞こえないかと期待して。

だが、**天職を追い求めるのは危険である。**一般的に考えられているこうした「天職」のイメージは、実は大いなる錯覚にすぎない。

アメリカ人のジョン・ケネディ・トゥールは、「自分は作家になるために生まれてきた」と思っていた。

二六歳になって出版社のサイモン&シュスターに原稿を送ったとき、「自分は一〇〇年に一度の名作を書きあげた」と固く信じていた。

だが、サイモン&シュスター社からは出版を拒否された。ほかの出版社にも何社かあたったが、どこも彼の作品を出したがらなかった。

自分の存在の核となるものを揺さぶられたようなショックを受けたトゥールは、アルコールに溺れるようになった。そして六年後の一九六九年、ミシシッピ州のビロクシで車の排気管にホースを差し込み、車内に排気ガスを引き込んで自殺した。

しかしその死後、彼の母親がとうとう原稿を出版してくれる出版社を見つける。そして一九八〇年に彼が書いた『A Confederacy of Dunces（まぬけたちの連合）』（未邦訳）が出版されると、「アメリカ南部文学の傑作」と高く評価される。

トゥールはすでに亡くなっていたにもかかわらず、その年のピューリッツァー賞（フィクション部門）を獲得。本の売り上げは一五〇万部を超えたという。

重点を置くべきは「アウトプット」より「インプット」

「神経衰弱に陥りやすい人の特徴のひとつは、自分の仕事を極端に重視していることだ」と、イギリスの哲学者バートランド・ラッセルは書いている。

まさにこれこそが「誰にでも天職があるはず」という考え方に潜む危険だ。天職を追い求めるあまり、自分自身と自分の仕事を、重要なものとしてとらえすぎてしまうのだ。

前述のジョン・ケネディ・トゥールのように、「自分が天職だと思い込んでいる仕事を追求することだけが人生の重要課題になってしまう」と、よい人生は手に入らない。

もしトゥールが「小説を書くこと」を自分の唯一の天職としてではなく、単に得意とする特技と見なしていたなら、それほど大きなショックは受けなかっただろう。特技であれば、そこまで重く受けとめずに、愛情とほんの少しの執着を持って続けていくことができるはずだ。

ただしその場合も、重点は常に、成功や成果といった「アウトプット」にではなく、行為そのものや作業といった「インプット」に置かれていることが大事だ。つまり、「明日こそはノーベル文学賞をもらえるはず」と考えるより、「今日は少なくとも三ページは書こう」と考えるほうがずっと健全だからだ。

天職を見つければ幸せになれるというのは、空想にすぎない。執念深く天職を追い求めても、ただの執念深い人間になるだけだ。そしてかなり高い確率で、すぐに失望するだろう。

なぜなら天職という言葉には、たいてい非現実的な期待が含まれているからだ。一〇〇年に一度の名作を書いたり、世界記録を打ち立てたり、新興宗教の開祖になったり、貧困を撲滅したりといった理想を描いても、目標を達成できるチャンスはおそらく一兆分の一程度だろう。

ただし、誤解しないでほしい。私は大きな目標を追求する行為自体が悪いといっているわけではない。冷静に客観的に判断しながら目標を追求するのであれば、なんの問題もない。しかし盲目的に天職だけを追い求めても、絶対に幸せにはなれない。

「得意」「好き」「評価される」ことを仕事にする

何かを観察しようとするときに、私たちはもっとも成功した「天職」の例だけを目にしてしまう。全体を反映していない偏りのある対象をサンプルとして選んでしまう**「選択バイアス」**の影響である。

たとえば、一五歳で研究者の道に進もうと決め、長じてから実際に二度もノーベル賞を受賞したマリー・キュリー。一〇歳のときに美術学校への入学を許可され、のちに美術界に革命を起こしたピカソ。

こうしたサクセスストーリーをつづった伝記やインタビューやドキュメンタリーは、いくらでもある。

だが、**大勢いるはずの「挫折した人たち」の物語を目にすることはない**。たとえば、発表した研究報告を読んだ人間が二人しかいなかったことに絶望する研究者（おまけにその二人は自分の妻と母親だった）。世間に認めてもらえず、小さな村で音楽教師をしながら自分の「天職」を追い求める今世紀最高のピアニスト（実は彼女に才能などまったくないのだが)。どちらも天の声の甘いささやきに従って道を誤った人たちだ。

だが、そうした人たちが地元の新聞に取り上げられることはけっしてない。彼らのことを記事にして、天職を追い求める危険性を広く知らしめてもらったほうが、世の中のためになると思うのだが。

「それ以外に選択肢がなかった」という言葉をよく耳にする。聞こえはいいが、実際にはそれはただの言い訳にすぎない。世の中が狩猟採集社会だった頃には選択肢はなかった。エジプトの奴隷にも、中世の農婦にも選択肢はなかった。

だがいまの時代、たとえば、自分の心の声がギターに人生を捧げる以外の選択肢を告げてくれなかった、などという人はどこかおかしい。たとえ「天職」というものが存在していたとしても、無条件にそれを追い求めることはまったくおすすめできない。

ハッカーや、詐欺師や、テロリストなどは、「天の声」を聞いたと信じ込んでそれを実際に職業にした人たちだ。ヒトラーも間違いなく「天の声」に従った一人だし、ナポレオンも、スターリンも、ウサマ・ビンラディンもそうだろう。

道義的に考えても、「天の声」は有意義とはいえそうにない。

では、どうするのが一番いいのだろう? とりあえず、「心の声」に耳を傾けるのはよそう。

「天職」は「あこがれの職業」の同義語だ。夢見るような「天職」は存在しない。あるのは才能と生まれついての嗜好《しこう》だけ。

だからあなたも、誤った思い込みではなく、実際の自分の能力にもとづいて仕事を選んだほうがいい。幸い、**「得意なもの」**と**「好きなもの」**は同じであることが多い。

もうひとつ重要なのは、あなたの才能をほかの人々が**「高く評価してくれること」**だ。そうであればあなたは生活の糧《かて》を得られる。

イギリス人の政治哲学者、ジョン・グレイが言っているように「誰からも必要とされない才能を持つ人ほど不幸な人間はいない」からである。

19 SNSの評価から離れよう

自分の中にある基準を見つける

ボブ・ディランとグリゴリ・ペレルマンの共通点

「実は誰よりも頭がいいのに、人から誰よりも頭が悪いと思われる」のと、「実は誰よりも頭が悪いのに、人から誰よりも頭がいいと思われる」のとでは、あなたはどちらがいいだろう？

二〇一六年にノーベル文学賞を受賞した歌手のボブ・ディランは、受賞が決まった後、何週間も沈黙したままだった。受賞コメントは出さず、インタビューにも応じず、スウェーデン・アカデミーにすら連絡をとらなかった。

ディランには、あらゆる方面から非難が浴びせられた。「感謝ってものを知らないのか！」「傲慢きわまりない！」「ノーベル賞をなんだと思ってるんだ！」と。そのうちようやくイギリスの新聞のインタビューに応じたが、「とても栄誉なことだと思ってるよ」とまるで彼のPR担当者が用意したかのような型通りのコメントを返しただけだった。

受賞式にも姿を現さず、ディランが賞やメダルを受け取ったのは、式の後三か月も経ってからだ。世界でもっとも名誉ある賞だというのに、ディランはノーベル賞にはまったく興味がなかったようにしか見えない。事実、興味がなかったのだろう。

一九六六年生まれのグリゴリ・ペレルマンは、「現在生きているもっとも偉大な数学者」と評される人物である。

数学の世界にはいまだ証明されていない未解決問題が数多くあるが、そのうち、今後解くべき七つの難問をアメリカのクレイ数学研究所が選び、「ミレニアム懸賞問題」として二〇〇〇年に懸賞金をかけて発表した。七問あるうちの六問はいまでも未解決のままだが、そのうちのひとつを、二〇〇二年にペレルマンが解決してみせたのだ。

ペレルマンにはその功績によって、数学界のノーベル賞といわれるフィールド賞が授与されることになったが、彼は受賞を辞退した。懸賞金の一〇〇万ドルですら、ペレルマンは受け取らなかった。サンクトペテルブルクの質素な団地で母親と同居している無職のペレルマンには、お金は必要だったはずなのだが。

彼にとって重要なのは、「数学」だけなのだ。**世の中が彼をどう思おうが、彼の成果をどう評価しようが、本人にとってはまったくどうでもいいことだった。**

「内なるスコアカード」と「外のスコアカード」の違い

書く仕事を始めて間もない頃、私は、本を読んでくれた人たちの感想が気になって仕方なかった。好意的な書評を見れば喜び、少しでも批判されると気分を害した。世間の人々の褒め言葉を、本の出来の目安にしていたのだ。

だがそのうち、四〇代も半ばに差しかかった頃、私にもボブ・ディランのような「悟りの瞬間」が訪れた。**「世間の評価を気にしても、私の本の出来が変わるわけではない」とわかったのだ。**

いちいち反応したところで、私が書いた本の質が上がるわけでも下がるわけでもない。そう気づいてから、私は自分でつくりあげていた「他人の評価」という監獄から自由になることができた。

さて、ここでまた最初の質問に戻ろう。「実は誰よりも頭がいいのに、人から誰よりも頭が悪いと思われる」のと、「実は誰よりも頭が悪いのに、人から誰よりも頭がいいと思われる」のとでは、あなたはどちらがいいだろう?

ウォーレン・バフェットは、同じ意図の質問を、こんなふうに表現している。世界一すばらしい恋人なのに、他人からはひどい恋人と思われるほうがいいか、それとも、実はひどい恋人なのに、他人からは世界一の恋人だと思われるほうがいいか？

この質問でバフェットが伝えようとしているのは、よい人生を手にするためのきわめて重要な意識のあり方だ。

バフェットはさらに「内なるスコアカード」と「外のスコアカード」の違い、という言い方をしている。わかりやすくいえば、**「自分の内側にある自分自身の基準が大事か、それとも周りの人の基準が大事か」**ということである。

バフェットはこう説明を加えている。「子どもは非常に早い段階で、親の価値基準を学びとる。あなたの両親が、あなたが実際に何をするかより、あなたが世間にどう思われるかを優先させれば、あなたは世間の評価を気にしながら育つことになる」。

しかし、おそらくもうお気づきだと思うが、これではよい人生の芽をはじめから摘みとっているようなものだ。

他人の評価から自由になったほうがいい理由

残念なことに、他人からよく思われようとするのは、私たちの中に深く根ざした「本能」なのである。

狩猟採集社会に生きていた私たちの祖先にとって重要だったのは、「内なるスコアカード」と「外のスコアカード」のどちらだったろうか？　答えはもちろん、後者だ。私たちの祖先の生死は、周りからどう思われるかにかかっていたからだ。

好印象を持たれれば周りから助けてもらえるが、嫌われれば集団からつまはじきにされる。外のスコアカードに無関心だった祖先の遺伝子は絶えてしまったのだ。

一万年ほど前に町や村が形成されはじめると、誰もが誰をも個人的に知っている共同体ではなくなった。そのため、人々は周りの「評判」を気にするようになったのだ。

そして、直接顔を合わせることなく、人々の「評判」を知るためのうわさ話がさかんになっていく。それ以降、うわさ話はずっと私たちの世界で幅を利かせている。今度、友人たちと集まる機会があったら、会話の内容に注意してみるといい。おそらくその90パーセントはうわさ話だ。

私たちがこれほどまでに自分が「他人からどう思われているか」を気にするのは、人間の進化にその理由がある。だからといって、そのことが現代でも大事とは限らない。むしろその逆だ。

「周りがあなたをどう思うか」は、あなたが思っているよりもずっと、どうでもいいことだ。自分の面目や評判や名声に傷がつくことを恐れるあなたの「感情のスイッチ」が、必要以上に強くセットされすぎているだけ。スイッチの設定が、いまだに石器時代のままなのだ。

周りがあなたを褒めちぎろうが、反対に中傷しようが、そのことがあなたの人生に与える影響は、あなたが思うよりずっと小さい。あなたのプライドや羞恥心《しゅうちしん》が大げさに反応しすぎているだけだ。

だから、他人の評価からは自由になったほうがいい。そうしたほうがいい理由はいくつかある。

ひとつ目は、感情のジェットコースターに乗っている時間を節約できるから。どんなにがんばっても他人からの評判は操作できるものではない。

「年をとれば、その人にふさわしい評判がおのずとついて回る」というのはフィアット社の元会長、ジャンニ・アニェッリの言葉だが、つまり、こういうことだ。「周りにはそのつど好きなように言わせておけばいい。あなたが年を重ねて評判を固めれば、もう好き勝手なことは言えなくなるのだから」。

そしてふたつ目の理由は、面目や評判を気にしすぎると、自分が本当は何に幸せを感じるのかがわからなくなってしまうことにある。

三つ目は、ストレスを感じていてはよい人生にはならないからだ。

気をつけないと「承認欲求の塊」になってしまう

いまのような時代には特に、「自分の中の基準」をしっかりと持っておいたほうがいい。

ジャーナリストのデイヴィッド・ブルックスはこう述べている。

「ソーシャルメディアを使うと、みんな自分のイメージを演出するちょっとしたブランドマネージャーのようになってしまう。誰もがフェイスブックや、ツイッターや、ショートメッセージサービスや、インスタグラムを使って、元気で楽しげな外向けの自分をつくりあげている」

ブルックスは、**気をつけないと、私たちはいずれ「アプルーバル・シーキング・マシン（他者からの承認を求める機械）」になってしまうと警告を発している。**

フェイスブックの「いいね！」や、★の数や、フォロワーの数など、ソーシャルメディアの世界には、自分のランクを即座に数値化できるシステムが網の目のように張りめぐらされている（どれも実体のない名ばかりのランクなのだが）。いったんこの網に捕らえられてしまうと、自分の意思で自由に動いてよい人生を送るのは難しくなってしまう。

結論。世間の人々は、あなたについて好き勝手なことを書き、ツイートし、投稿する。あなたに隠れてひそひそ話をしたり、うわさ話をしたりする。あなたを極端に褒めあげたり、ひどい厄介ごとに巻きこんだりもする。

どれも、あなたにはまったくコントロールできないことばかり。だが幸いなことに、コントロールする必要もないのだ。

あなたが政治家や有名人であったり、自分のイメージを使って仕事をしていたりするのでもなければ、自分の評判なんてそれほど気にすることはない。

「いいね！」を押したり押されたり合戦はもうやめよう。自分をグーグルで検索したり、誰かの承認を求めたりするのもやめよう。それよりも、自分で何かを成し遂げたり、胸を張れるような生き方をしたりすることに、注力したほうがいい。

ウォーレン・バフェットはこんなことを言っている。「私のしたことが周りの人間にとって気に入らないものであっても、私自身がそれを気に入っていればそれで満足だ。だが周りが褒めてくれたとしても、私自身が自分の仕事に納得できなければ、不満を感じる」。

まさに「内なるスコアカード」そのものではないか。あなたも、周りからの褒め言葉や非難は穏やかに受け流すようにしよう。一番大事なのは、あなた自身がどう判断するかなのだから。

20

自分と波長の合う相手を選ぼう

自分は変えられても、
他人は変えられない

久しぶりに訪れた場所で感じたこと

スイスのチューリヒの空港に行くたびに、感じることがある。いつも必ず何かが変化しているのだ。突然新しい店ができていたり、新しいカフェがオープンしていたり、上のほうに光り輝く巨大な広告のディスプレーが取りつけられていたり、新しいぴかぴかの自動チェックイン機が兵士のようにずらりと並んでいたり。

新しい立体駐車場の中で出口が見つけられなくて無駄に車を走らせるときもあれば、建てかえられたターミナルの中で必死にプラグを探しまわるときもある。

三〇年来、私は平均すると月に一度はこうした空港の迷宮に入り込んでいる。でもすぐに私の脳は施設内のわずかな変化に順応し、すんなりとゲートにたどり着けるようになる。

私が初めてチューリヒの空港を訪れたのは、子どもの頃、母と手をつないで出張から帰ってくる父を迎えに行ったときだった。飛行機のタラップを降りてくる父を見つけて手を振ると、父も手を振り返してくれたのを覚えている。

そのときのことを思い返すと、当時の空港はいまの便利な空港とはまったく別物だった。当時の「チューリヒ・クローテン空港」にはロビーはひとつしかなく、出発便や姿を見せない乗客たちの名前を告げる単調なスピーカーの声と（フランス語でも告げられていた）、空港掲示板の文字や時間が変わるときのパタパタいう音が聞こえるだけの、殺風景な建物だった。だが現在の「チューリヒ国際空港」は、滑走路付きのショッピングセンターとでもいえるほどのにぎやかさだ。

駅でも街でも大学でも、くり返し訪れているあいだは大して気にとめていなくても、久しぶりに訪ねたらすっかり変わってしまっていた場所を、あなたもいくつか知っているだろう。

では、あなた自身はどうだろう？　時間の流れとともにどのぐらい変わっただろうか？

「二〇年前の自分」と「二〇年後の自分」の変化

「二〇年前の自分のこと」を思い出してみよう。仕事や住まいや、容姿といった外面的なことではなく、あなたの性格や気性、価値観、好みなどが二〇年前にはどうだったかを考えてみてほしい。

いまのあなたと比較して、その違いに0（まったく変化なし）から10（まるで別人のように変わってしまった）までで点数をつけるとしたら、どうなるだろう？

私がこの質問をすると、ほとんどの人は「ここ二〇年のあいだに、自分の性格や価値観や好みが少し変化したこと」に気づく。一番多い答えは、2から4のあいだだ。チューリヒの空港ほど極端ではないが、それでも人間もある程度は変化するということになる。

それではあなたは、「これからの二〇年」で自分はどのくらい変わると思うだろうか？

そう尋ねると、点数はずっと低くなる。だいたい0から2の間だ。

つまり**ほとんどの人は、空港や駅や街とは違って、自分の性格がこれから変わるとは思っていない、あるいは変わるとしてもごくわずかだと思っている。**

本当にそうだろうか？　私たちの性格は、ちょうどいま、変化し終えたばかりなのだろうか？　もちろんそんなはずはない。

ハーバード大学の心理学者、ダニエル・ギルバートはこの錯覚を「歴史の終わり幻想」と呼んでいる。

実際には、私たちはこれからも、ほぼこれまでと同じように変わりつづける。どんなふうに変わるかはわからないが、将来のあなたの性格や価値観がいまとは違っていることだけは確かだ。研究によってこれははっきりと示されている。

私たちの「好み」は驚くほど変わりやすい

「性格」や「価値観」といった概念は曖昧でつかみづらいため、ここではわかりやすい「好み」の変化について考えてみることにしよう。

「二〇年前の自分」を思い出してみてほしい。当時、あなたのお気に入りの映画はなんだっただろう？　では、いまのお気に入りは？　その頃慕っていた人たちは誰で、いま慕っている人たちは誰？　当時大事だった友人はどんな人で、いま大事にしている友人はどんな人？

一分間かけて、これらの質問に答えてほしい。

ダニエル・ギルバートは、こうした好みの変化に関してすばらしい実験を行った。好みがどのくらい変化したかを測定できるよう、人々に次のふたつの質問をしたのだ。

（a）一〇年前、あなたはどのバンドのファンでしたか？　いまそのバンドのコンサートのチケットを買うとしたら、あなたはいくら払いますか？

（b）いまあなたはどのバンドのファンですか？　一〇年後にそのバンドのコンサートのチケットを買うとしたら、あなたはいくら払いますか？

結果、（a）と（b）の金額の差は驚くほど大きかった。**現在好きなバンドを一〇年後に見るために支払う金額は、一〇年前に好きだったバンドをいま見るために支払う金額より、平均して61パーセントも高かったのだ。**「歴史の終わり幻想」の作用と、私たちの好みの変わりやすさを実によく表している。

自分以外の人間の性格はけっして変えられない

「性格の変化」については、よいニュースと悪いニュースがある。まずはよいほうから見ていこう。

自分の性格の変化をコントロールするのは難しい。性格の変化の大部分は、遺伝子に組み込まれたプログラムに沿って起きているからだ。

だが、ほんのわずかでも性格の変化に影響をおよぼせる可能性があるなら、それを試してみる価値はある。**もっとも効果が期待できるのは、「あなたが、自分自身の性格を、あなたの慕っている人に近づくように意識すること」**だ。だが、誰をモデルにするかは慎重に選んだほうがいい。

悪いニュースは、相手があなたのパートナーであろうとあなたの子どもであろうと、「自分以外の人間の性格は変えられない」ということだ。本人が望まなければ性格は変わらない。強制してみても論理的に説明してみても、けっしてうまくいかない。

よい人生にするために、私がもっとも大事にしているルールのひとつに**「誰かの性格を変えなければならないような状況を避ける」**というのがある。このルールのおかげで、私はこれまでたくさんの厄介ごとやお金の無駄づかいを避けてこられた。誰かに失望させられることもなかった。

たとえば私は、性格の改善が必要な人間は雇わない。私がその人間の性格を変えようとしても、むなしいだけだとわかっているからだ。

そして、どんなに多額の利益が見込める場合でも、**自分と波長の合わない人たちとはビジネスをしない。**そこで働く人たちの考え方や物の見方を変えなければならないような組織の運営も、引き受けないことにしている。

最初から「信頼できる相手」とだけ付き合う

賢い企業家はずいぶん前から、これを実行している。

順調な黒字経営を続けるアメリカのサウスウエスト航空は、すでに創業時に「社の気質に合う人を雇い、スキルはトレーニングで身につけさせる」という企業理念を社旗に書き込んでいる。

人間の気質は変わらない。少なくとも適正な時間内では無理だし、そもそも周りからの働きかけで変わるものでもない。**だがスキルは違う。いくらでも身につけることができる。**

この単純なルールを無視する人が多いことに、私はいつも驚かされる。

たとえば、大の社交家でパーティー好きの私の知り合いは、美しい内向的な女性と結婚した。彼はその静かな女性をなんとかパーティー好きに変えようと画策したのだが、もちろんうまくはいくはずがない。結局彼は、すぐに高い慰謝料を払って離婚した。

似たような処世訓に**「好感があって、信頼のおける相手としか、仕事をしてはならない」**というのもある。

チャーリー・マンガーもこんなことを言っている。「信頼できる相手とだけ付き合って、それ以外の人間はすべて追い払ってしまえば、とても快適になる。賢い人間は害虫みたいなやつらからは距離を置くものだ。そういう連中は大勢いるがね」。

自分と波長の合わない人たちにあなたの人生から出て行ってもらうためには、どうすればいいだろう？

私はこんなことをしている。毎年一二月三一日になると、妻と私は、一枚のメモ用紙に一人ずつ、「今後は付き合いをやめたい人たち」の名前を書いていく。そしてそれを一枚一枚、もったいぶった仕草で投げ捨てる。だまされたと思って一度やってみてほしい。気分が爽快《そうかい》になって心の健康に役立つ恒例行事である。

21

目標を立てよう

人生には「大きな意義」と「小さな意義」がある

自分のことを簡潔に説明するのはむずかしい

アメリカ人の著述家、テリー・ピアースは、ある日、仕事仲間のゲイリーに電話をかけた。すると、こんなメッセージが聞こえてきた。

「はい、ゲイリーです。これはただの留守番電話ではありません。いまからあなたにふたつ質問をします。ひとつ目、『あなたは誰ですか?』。そしてふたつ目、『あなたは何がしたいのですか?』」

それから長めの間をおいて、またゲイリーの声が聞こえてきた。

「なんてつまらないことを訊くんだと思うあなた、95パーセントの人は、どちらかひとつの質問の答えさえ、一生かけても見つけられないって覚えておいてくださいね」

「あなたは誰ですか？」と訊かれたら、あなたはどう答えるだろう？

たいていの人は名前と職業を言うだろう。中には「二人の子どもの母親です」と家族について言い足したり、「私は○○が好きです」と自分の性格について少し付け加えたりする人もいる。

だが、そんな答えがいったいなんの役に立つだろう？　そのような表面的なことだけを聞いても、その人の本質は何もわからない。

けれどもそういう答え方をされたからといって、腹を立ててはいけない。そもそも自分のアイデンティティをたったひとつのフレーズにまとめろと言うほうが無理な話なのだ。一段落使ったとしても難しい。一〇ページあってもまだ足りない。

あなたが誰であろうと、あなたの本質と人生を正確に描き出そうと思えば、プルーストばりの深みのある小説一冊分くらいは必要なのだ。

人生には、数えきれないほどいろいろな要素がつまっている。だから自分のことを一行詩のようにまとめてみても、自分を正確に表せているとはとうてい言えない。

それなのに、私たちはいつも自分のことを簡潔な言葉でまとめようとする。ゲイリーに電話するときだけでなく、自分自身の中にも極端に単純化した自分像をつくりあげている。まるでアニメのキャラクターのように、馬鹿馬鹿しいほどシンプルで、単純明快で、ポジティブすぎる自分のイメージを頭の中に持っているのだ。

それどころか私たちは、自分がどんな人間でどんなことをしてきたかという、自分の人生すら頭の中で創作してしまう。

このことに関しては第24章で詳しく取り上げるが、前もってひとつ忠告しておこう。「自分は誰か」という問いに、きちんとした答えを出そうとあまり深刻に悩みすぎないほうがいい。そう簡単に答えの出る問題ではない。考えてみても時間の無駄なのだ。

目標そのものがなければ、達成することはできない

それでは、「あなたは何がしたいのですか？」というふたつ目の質問はどうだろう？ ひとつ目とは違い、この質問にならば答えが出せる。というよりむしろ、この質問に答えることは意味がある。

なぜならこれは、人生の目標を問う質問だからだ。「人生の意義」といいかえてもいい。だが、「意義」とは意味の広い曖昧な言葉だ。「人生の意義」の答えを見つけようとするときは、**まず「人生の大きな意義」と「人生の小さな意義」を区別して考えよう。**

「人生の大きな意義」を見つけるには、「私たちはなぜこの世に生まれてきたのか？」「私たちはなぜ存在するのか？」「そもそも、この世とは何か？」という問いの答えを探さなくてはならない。

だが、いまのところ、そういう問いにきちんと答えを出しているのは、どんな文化でも神話くらいのものである。なかでも特にインパクトがあるのは、「この世は巨大な亀の甲羅だ」という説だが、同じような話は中国でも南米でも伝えられている。

キリスト教では、神は六日かけて世界をつくり、最後の審判の日に世界は終わると言われている。だが神話の世界と違って、科学の世界では「人生の大きな意義」の答えは見つけられていない。はっきりしているのは、十分な物資と体力さえあれば、目標はなくても人生は進んでいくということだけ。この世が存在する理由が解明されているわけでもなく、学術的な見地からは「この世はまったく無意味」ということになる。

だから、最初の質問と同じように、「人生の大きな意義」の答えを探すのはやめたほうがいい。時間を無駄にするだけだ。

だがそれに対して、「人生の小さな意義」の答えを見つけるのは大事だ。

「人生の小さな意義」とは、あなたの個人的な目標や、あなたが意欲的になれることや、あなたがすべきことを意味する。ゲイリーの留守番電話にあったふたつ目の質問がこれに当たる。個人的な目標がなければよい人生にはならない。

古代ローマの哲学者、セネカはすでに二〇〇〇年前にこう言っている。「すべての行動は、ひとつの目標に向けられていなければならない。そのためには、常にその目標をしっかり見据えておくことだ」。

目標を必ず達成できるとは限らないが、はじめから目標そのものがなければ何も達成できない。「人生の目標」の意味はきわめて大きい。

幸福度は「目標を達成できたかどうか」で決まる

アメリカの研究チームが行った、こんな調査がある。

一七歳と一八歳の学生に「経済的な成功をどのくらい重視するか」と質問し、「(a) 重要ではない」「(b) 少しは重要」「(c) 非常に重要」「(d) 経済的な成功は不可欠」の四つから選んでもらう。

そして数十年後に、その学生たちが実際に得ている「収入」と人生に対する「幸福度」を調べたのだ。

その結果、確認できた事実がふたつあった。

ひとつ目は、**若い頃に経済的な成功を重視していた人のほうが、数十年後の所得額が多いこと**。つまり、目標の有効性が裏づけられたのだ！　心理学者だけはこの結果に驚いた。彼らは、人間はパブロフの犬みたいに外からの刺激にしか反応しないと思いこんでいたからだ。

ふたつ目の事実は、**社会に出たら高収入を稼ごうと若い頃に目標を立て、のちにその目標を達成した人は、人生に対する満足度も非常に高かったことだ。**

一方、同じように金銭面をとても重視していたにもかかわらず、経済的な成功を得られなかった人たちは人生に大きな不満を抱えていた。

あなたはこの結果を当然だと思うかもしれない。お金があれば幸せになれるに決まってるじゃないか、と。

だが、彼らの「幸福度の高さ」は「所得の高さ」によるものではないのだ。というのも、経済的な成功を人生の目標にしていなかった人たちの場合には、所得の高さは人生の幸福度にほとんど影響を与えていなかった。

つまり、**人が幸せを感じるかどうかは所得の額によって決まるのではなく、目標を達成できたかどうかで決まる**のである。人生の目標がお金以外の場合でも、同じような傾向が確認されている。

どうして、「目標」がこれほど大きな意味を持つのだろう?

答えは明確だ。なぜなら、目標を持っている人は、持っていない人より、目標達成のために努力しようとするからだ。それに、目標があれば、正しい決断を下しやすくなる。

人生には、無数の分かれ道がある。分岐点に差しかかるたびに、そのときの気分でどちらに進むか決めてもいいだろうが、目標があれば、それに適した道を選ぶことができる。

調査研究の対象となった学生のうち、経済的な成功が「不可欠」と答えた学生がその後、収入のよい仕事（医者、弁護士、コンサルタントなど）に就いたのは偶然ではない。

だから、人生の目標は持ったほうがいい。ただ目標を立てるときに気をつけなければならないこともある。

「非現実的な目標」を立てても幸せにはなれない

ノーベル賞受賞者のダニエル・カーネマンが指摘しているように、**「達成困難な目標を立てている人は人生に不満を感じるもの」**だからだ。

あなたも目標を立てるときには、「それがどのくらい実現可能なものか」をよく考えてほしい。たとえば、小太りの人がプロのバスケットボール選手になりたいと夢見るのはあまりにも無謀だ。また、人類で初めて火星に降り立つことや大統領や億万長者になることを目標に据えるのもやめたほうがいい。こうした目標に到達できるかどうかは、99パーセント、あなた自身ではコントロールできない要因で決まるものだからだ。非現実的な目標を立てても幸せにはなれない。

それから、**目標はわざと少し曖昧《あいまい》にしておいたほうがいい**（たとえば「億万長者になる」ではなく「裕福になる」というように）。

目標を達成できればそれに越したことはないが、たとえ達成できなくても、目標が曖昧なら、（少なくとも部分的には）目標に達したと思うこともできるからだ。あなたが意識してそう思い込もうとしなくても、おそらくあなたの脳は自然にそう解釈してくれるだろう。

結論。目標は役に立つ。目標は大事だ。

だが、ほとんどの人は「人生の小さな意義」についてあまり真剣に考えようとしない。まったく目標を持たないか、せいぜい、そのときトレンドになっている何かを目標として拝借する程度だ。

一方で、目標を持っていたとしても、そのハードルを高く設定しすぎている人にとっては、ハードルを下げて実現可能な目標を立てなおすのも、よい人生に近づく方法のひとつだ。

大事なのは、少しでも早くどこかにたどり着くことではない。自分がどこに向かっているかをきちんと把握しておくことだ。

22
思い出づくりよりも、いまを大切にしよう

人生はアルバムとは違うわけ

人生における「一瞬」とは、何秒だろう?

これからあなたに二人の人物を紹介しよう。どちらもあなたがとてもよく知る人物だが、この名前で会ったことはまだないはずだ。

その名前とは**「体験している私」**と**「思い出している私」**である。

ちょっとややこしいかもしれないが、説明しよう。

「体験している私」は、いまこの瞬間に起きていることを体験している〝意識の部分〟だ。

あなたの場合は、ちょうどこの文章を読んでいるあなたの意識がそれに当たる。

しばらくするとその意識は、あなたがこの本を閉じて片付けることを体験するだろうし、ひょっとしたらその後、立ち上がってコーヒーを淹れるという体験もするかもしれない。

あなたの「体験している私」はあなたがそのときしていることを体験するだけでなく、

体験しながら考えたり、感じたりもする。疲労や歯痛や緊張感といった、体の感覚を認識するのもこの部分だ。あなたの意識はこれらをすべて混ぜ合わせて、ある「瞬間」に体験するひとつの出来事として認識する。

だが、「瞬間」とはどのくらいの長さを指すのだろう？　心理学者たちは、それは**「約三秒間」**だという。それが、私たちが「現在」と感じる長さらしい。

つまり、私たちが「いま」体験していると感じるのは、約三秒の間に起きた出来事ということになる。それ以上のスパンで起きることは、いくつもの「瞬間」の連続として体験する。

そう考えていくと、睡眠時間を差し引くと、私たちは一日当たり約二万の「瞬間」を体験し、平均寿命まで生きたとすると、一生のうちには約三億の「瞬間」を体験することになる。

では、ひとつひとつの「瞬間」に脳内を流れていった膨大な量のイメージはどうなるのだろうか？　実は、それらのほとんどは完全に忘れ去られてしまう。

試しに、「二四時間一〇分三秒前」に自分が具体的に何をしていたか、思い出してみるといい。あなたは、ちょうどくしゃみをしようとしていたかもしれない。窓の外を眺めていたかもしれない。ズボンについたパンくずを払っていたかもしれない。

そのとき何をしていようと、あなたはそれをもう覚えていない。私たちの記憶には、体験したことの一〇〇万分の一も残らない。私たちは壮大な体験の無駄づかいをしている。これが、あなたの「体験している私」だ。

「あなたは幸せですか?」この質問からわかること

紹介したいのは、あなたの「思い出している私」である。「体験している私」が捨てなかったほんのわずかな記憶を集め、評価し、整理する意識の部分だ。

「二四時間一〇分三秒前」のあなたが、ちょうどチョコレート菓子をひとつ口に入れたところだったとして、それがこれまで食べた中で一番おいしいチョコレート菓子だったとしたら、「思い出している私」がまだその記憶を保管しているかもしれない。

この二人の「私」の違いは、次のシンプルな質問に答えてみるとよくわかる。

あなたは幸せですか? 少し時間をかけて、この質問に答えてみてほしい。

さて、質問の答えは出ただろうか? 自分がどう感じているかを答えた場合には、あなたが意見を求めたのは「体験している私」だ。

あなたは質問について考えていた「三秒間の自分」の精神状態を答えたことになる(あ

なたがたったいま読んでいる文章を書いている私としては、それがポジティブな答えであることを祈るばかりだ）。

それに対して、ここ最近のあなたはどう感じているか、人生にどのくらい満足しているかといった、あなたの最近の気分について答えた場合には、あなたが意見を求めたのは「思い出している私」ということになる。

まずいことに、この二人の「私」の意見はめったに一致しない。

「休暇中の学生たちの幸福度」について調べた、こんな研究結果がある。

最初に、研究対象とする学生を無作為に選んで、夏休み中の精神状態を調べた。夏休みのあいだ、一日に何度か電話をかけていくつか質問をしたのだ。そして夏休みが終わると、その学生たちに夏休みはどうだったかを尋ねた。

すると、**夏休みに対する学生たちの幸福度は、「夏休みを終えた後」のほうが、「夏休みを過ごしている最中」よりも高い**という結果が出た。つまり、「体験している私」の幸福度は、「思い出している私」の幸福度よりも低かったのだ。

もっともこの結果自体は驚くには値しないかもしれない。あなたもきっと、「思い出は美化される」という言葉を耳にしたことがあるだろう。何ごともあとになって振り返ったほうがよく見えるのだ。

だが、この研究結果はもうひとつ、私たちが「思い出す力を信用してはいけない」ということも示している。あとで振り返ったほうが幸福度が高かったのは、事実を間違って記憶しているせいだと考えることもできるからだ。

ダニエル・カーネマンの「ピーク・エンドの法則」

人間がどのくらい大きな「記憶違い」をするものかは、次の実験結果を見ればよくわかる。

はじめに、学生たちに一四度の冷たい水に一分間手をつけたままにするという不快な体験をしてもらう。次に、一四度の水に一分間手をつけた後、今度は続けて三〇秒間、一五度の水に手をつけてもらった。

その後すぐに学生たちに、「もう一度同じ体験をしなければならないとしたら、どちらがいいか」と尋ねた。すると、80パーセントの学生は、後者を選んだのだ。とても理にかなっているとは思えない選択である。

客観的に見れば、後者のほうがより不快なのは明らかなはずだ。一度目と同じ不快さを味わったあとに、さらに三〇秒間、やはりあまり快適とはいえない体験をしなければならないのだから。

いったいどうしてこのようなことが起きるのだろう？

ノーベル賞を受賞した心理学者のダニエル・カーネマンはこうした現象に法則性を発見し、**「ピーク・エンドの法則」**と名づけた。

何かを体験したとき、おもに私たちの記憶に残るのは、その出来事の一番印象深い「ピーク」部分と、その「終わり」だけなのだ。それ以外のことは、ほぼ記憶に残らない。

前述の学生たちの例でいえば、水に手を入れる実験の場合、「ピーク」の体験はどちらも同じ、一四度の冷たい水だ。だが「終わり」は違う。

一度目（一四度の水）のほうが二度目（一五度の水）よりも不快な終わり方をしている。二度目は一四度の水に手をつけた後、もう少し快適な温度の一五度の水に手をつけた体験で締めくくられているのに対して、一度目のほうは、一四度の水に手をつけたところで終わっている。

そのため、「体験している私」は、二度目のほうが不快な思いをしているにもかかわらず（そして客観的に見てもやはり二度目のほうが不快な体験なのだが）、脳は二度目のほうが快適だったと記憶してしまうのだ。

体験する出来事の「長さ」さえ、脳の認識には影響を与えない。

実験の長さが六〇秒間でも、九〇秒間でも、学生たちの答えは変わらなかった。どんな出来事の記憶に対しても、時間の長さは意味を持たないのだ。

旅行に出かけた期間が一週間だろうと三週間だろうと、旅行の思い出に差は出ない。刑務所で過ごしたのが一か月だろうと一年だろうと、同じくらい強烈に塀の中の記憶は残る。

こうした時間の長さの誤認は、**「持続の軽視」**と呼ばれている。「ピーク・エンドの法則」に次いで記憶に大きな影響をおよぼす、脳の勘違いである。

私たちが「バンジージャンプ」に魅せられる理由

「体験している私」は無駄づかいが多いが（ほとんどすべての記憶を捨ててしまう）、「思い出している私」には勘違いがとてつもなく多く、そのせいで私たちは間違った判断を下しやすい。

私たちが**「短期間」に集中して得られる喜びを過大評価し、「長期」にわたって手に入る静かで平穏な喜びを過小評価しがち**なのも、「思い出している私」の勘違いが原因だ。

その誤った判断のために、私たちは勘違いしてしまう。「長時間のハイキング」より「バンジージャンプ」のほうが、「パートナーとの定期的なセックス」より「ぞくぞくするような一夜限りの関係」のほうが、「良書」より「ユーチューブの動画」のほうが、得られる喜びが大きいと。

たとえば「極限を生きる」をテーマに出版されている書籍はたくさんある。それらの本の著者は、ほぼ例外なく戦場レポーターや冒険登山家、起業家、パフォーマンス・アーティストといった人々。彼らは著書を通してこう訴える。

「短い人生、穏やかな喜びしか経験しないのではもったいない。生きている実感は、極端な高さや極端な深さに挑んでこそ、得られるものだ。静かで起伏のない日々など、人生を無駄にしているようなものだ」と。

こうした本の著者やその読者たちは、「思い出している私」の落とし穴の犠牲になっている。

裸足で走ってアメリカを横断したり、記録的な速さでエベレスト登頂を果たしたりするのがよい体験だと思えるのは、あとから振り返ったときだけだ。それらを実行している「瞬間」は、ただの苦行でしかない。危険度の高い状況下で行うエクストリームスポーツをする人などもそうだが、彼らは思い出を増やすために現在の幸せを犠牲にしている。

ところで、「体験している私」と「思い出している私」とでは、どちらのほうが大事なのだろう？　答えはもちろん、両方だ。

けれども私たちは、よい思い出をつくりたいと思うあまり、「思い出している私」のほうを重視してしまいがちだ。「現在」に目を向けるより、ついつい将来の思い出づくりを意識した行動をしてしまう。だが、意識の向け方は、逆のほうが望ましい。

本当に充実した人生を送りたいか、それともアルバムだけを充実させたいか。そのどちらがいいかを考えてみればわかるだろう。

23

「現在」を楽しもう

「経験」は「記憶」よりも
価値がある

「人生最高の経験」に、いくらまでなら払うか？

あなたにとって、想像できる限りの「最高の経験」とはなんだろうか？
一〇年かけてカリブ海でゆったりクルージングを楽しむことだろうか？　それとも銀河を横断する宇宙旅行？　超一流レストランでヴィンテージワインを飲みながら、あこがれの人と個人的にディナーをしたいという人もいるかもしれない。

そうした経験に、あなたはいくらまでなら払えるだろうか？　少し時間をかけて、あなたが思う「最高の経験」と「金額のリミット」をメモしてほしい。

では今度は、その最高の経験をしても、何一つあなたの記憶には残らないとしたら、あなたはいくら払うだろうか？

どんなヨットでカリブ海をクルージングしたかわからず、宇宙船を降りた後は星が光っていたかどうかすら思い出せず、あこがれの人が男だったか女だったかも、ヴィンテージワインの味も一切覚えていないとしたら？　いくら頭の中を探ってみても、まったく、かけらほどの記憶も残っていないとしたら？

この質問をすると、ほとんどの人は「そんな経験にお金を払う価値はない」と答えるだろう。おそらくあなたもそう答えるに違いない。

では、「一日だけ」は覚えていられるとしたらどうだろう？　「一年」覚えていられるとしたら？　あるいは「一〇年」覚えていられるとしたら、あなたはいくら払うだろうか？

残念ながらこのことについて調べた学術研究はまだない。だからこれは私が個人的に尋ねてまわった結果でしかないのだが、どうやら「経験の価値」は、どのくらい記憶に残るかで決まるらしい。長期預金のほうが利子がついて資産が増える銀行口座と同じように。ここでは「記憶の口座」と呼ぶことにしよう。

記憶に残らなくても、その経験には価値がある

多くの人に聞く限り、**「記憶の口座」**に残る期間が、長ければ長いほど、その経験の価値は上がっていく。

つまりもっとも価値のある経験は、「人生の最後まで記憶に残りつづけた（ポジティブな）経験」ということになる。残りの人生の半分まで記憶が残れば価値はその半分。そして「記憶の口座」に残る期間が短くなればなるほど価値も下がり、まったく記憶に残らなければ価値がなくなると感じられるようだ。

だが私に言わせれば、このとらえ方は実に馬鹿げている。**何も経験しないより、すばらしい何かを経験できたほうがいいに決まっている**ではないか。どのくらい記憶にとどまるかにかかわらず、それを経験しているあいだはすばらしい時間を過ごせたのだから！

そのうえあなたも私も、**いずれにせよ死んでしまえば、記憶を持ちつづけることはできない**。死んだ後には「あなた」も「私」ももう存在しないからだ。

死はあなたの記憶を消し去ってしまう。それなのに、死の瞬間まで記憶を保ちつづけるのがそんなに大事なのだろうか？

もし、「認知症」の人たちの感覚世界を調べることができたら、注目を集めるに違いない。認知症の人たちは、一瞬一瞬、記憶をともなわないそのとき限りの経験をくり返しながら生きている。

私たちが知る限り、動物の多くもやはり記憶を持っていない。その瞬間を生きるだけで、経験したことの記憶はまったく残らないか、残ったとしてもごくわずかだ。

だがこの記憶のなさを理由に、介護施設などでは、認知症の人たちをぞんざいに扱う介護士があとを絶たない。「どっちみち覚えていないから」というのが、彼らが自分の行為を正当化するときの言い分だ。

だが、覚えていないからといって、認知症の人たちがぞんざいに扱われていい理由にはならない。**なぜなら記憶には残らなくても、その瞬間は、認知症の人たちも確実に経験しているからだ。**

「体験している私」はその時点で起きていることをきちんと感じとっている。記憶に残らないからといって、その経験に価値がないことにはならないのだ。

同じことは、あなたの経験に対しても当てはまる。

何かの「思い出」を掘り起こそうとしなくていい

「過去のすばらしい経験を思い返しているときに、人間が幸せを感じる」ことは、すでに研究で明らかにされている。そのときをなつかしむ気持ちがあれば、感じる幸せはさらに大きくなるらしい。

この研究結果を受けて、「意識的に、過去のよい思い出を思い返す時間をつくるべきだ」と結論づける心理学者もいるほどだ。ずいぶんと思い切った結論だが、その成果のほどは疑わしい。わざわざ過去を思い出す時間をつくるくらいなら、その時間を、いまこのときにすばらしい何かを経験するために使ったほうがいいではないか。

いまこの瞬間を意識的に楽しむ労力が、昔の記憶を思い返す労力よりも大きいとは私には思えない。むしろその逆ではないだろうか。それに、靄《もや》のかかった古い記憶よりも、いまこの瞬間に経験することのほうが力強く、鮮明で、生き生きと感じられるに決まっている。

いまを楽しむために、わざわざパラシュートで飛び降りるとか、完璧な夕日を見るとか、何も特別なことをする必要はない。ちょうどいまのあなたのように、椅子にすわってこの章を読んでいるだけでも、幸せな時間を経験することはできる（著者としてはそう願うばかりだ）。

何かの思い出を掘り起こそうとするより、そうした時間を意識して体で感じるようにすればいい。いずれにせよ、過去を振り返ったところで、たいした記憶が掘り起こせるわけではない。

たとえば、夏休みの旅行に出かけたときのことを思い出そうとしても、記憶に残っているのはそのピーク（あるいは最悪の出来事）と終わりだけだ（ピーク・エンドの法則）。ひょっとしたら、ほかにも二つ三つは記憶に残っている場面があるかもしれないが、せいぜいがその程度だ。

私たちは、前に観た映画をもう一度観るような感覚で過去を思い出せると考えがちだが、記憶はもっと直線的で、味気なく、抽象的だ。そのうえ記憶違いも多く、一部はあとから継ぎ足された創作であると思えば、結局、記憶なんてそれほど意味のあるものではない。

私たちは「記憶の価値」を過大評価し、「いまの経験の価値」を過小評価している。

夕日の写真を撮るより、夕日そのものを楽しもう

私たちのこうした「偏ったものの見方」を正すための動きが生まれたのは、一九六〇年代になってからのことである。「いま経験していること」に注意を向ける思考に光が当たるようになったのだ。

当時、まず若者たちが、ハプニング（パフォーマンスアート）やフリーセックスやLSD（幻覚剤）など、いまこのときを楽しむための実験的な試みを始めた。

一九七一年には、ハーバード大学の教授職を追われたリチャード・アルパート（インドでのグルとしての名前、ラム・ダスのほうが有名だが）が著した、「いま、ここにいること」という意味のタイトルの本、『ビー・ヒア・ナウ——心の扉をひらく本』がベストセラーとなった。いま現在の経験に価値を見出す人生観を表すのに、これ以上ふさわしいタイトルはないだろう。

インド放浪の旅に出て意識の覚醒を得たラム・ダスは、古くからある仏教の修練法を広め、西洋社会になじみやすいようアレンジした。六〇年代の「いま、このときの経験を大

事にする」思想は、「マインドフルネス」という別の名前で、いままたトレンドになっている。流行に敏感な都会のエリート層や、ヨガのインストラクター、ライフスタイルコーチなどが、いまやさかんにこの思想を取り上げている。

この思考法の普及自体はいいことなのだが、「マインドフルネス」は「未来について考えないこと」と混同されてしまうことも多い。だが、両者は別物である。いまに意識を向けるからといって、先の備えをしなくていいということにはならない。

カレンダーなどで「その日その日をあなたの人生最後の日だと思って生きること」という格言を見たことはないだろうか。すぐにでも病院や墓場や刑務所に飛んでいけと言わんばかりの馬鹿げた生き方指南といえる。その日その日を最後だと思わずに、先のことはきちんと考えたほうがいいに決まっているではないか。

よい人生の大事な条件のひとつは、「将来のために備えること」なのだ。危険な落とし穴は早い段階で見きわめ、大きく迂回しなければならない。

結論。私たちの脳は、私たちが意識しないままに、「過去、現在、未来」と、時間の三つのレベルすべてにかかわっている。難しいのは、どのレベルに焦点を定めるかだ。

私は折に触れて**「長期的な計画を立てること」**をおすすめしたい。そして計画ができたら、そのうちの「いま」だけに完全に意識を集中させよう。**「未来の思い出」より、「いま**

現在の経験」を存分に楽しもう。夕日を写真に撮るより、夕日そのものを楽しんだほうがいい。

すばらしい瞬間を積み重ねてできた人生は、たとえそれらの記憶が残らなくてもすばらしい人生に違いない。

経験を「記憶の口座」への入金作業にするのはやめよう。人生最後の日にはその口座はどのみち消えてしまうのだから。

24

本当の自分を知ろう

あなたの「自分像」が間違っている理由

「第一次世界大戦」はセルビアから始まった？

あなたは「第一次世界大戦」についてどのぐらい知っているだろうか？　一般に浸透している第一次世界大戦の流れは、おおよそこんな感じである。

一九一四年、セルビア人民族主義者の若者が、サラエボでオーストリア＝ハンガリーの帝位継承者を射殺し、それをきっかけにオーストリア＝ハンガリーはセルビアに宣戦布告する。

ヨーロッパでは当時ほぼすべての国がどこかの国と同盟関係にあったため、ほんの数週間のうちに多くの国が参戦するも、すぐに戦線は膠着《こうちゃく》状態に陥る。各同盟間の軍事力が拮抗していたのが原因だ。

その結果、未曾有《みぞう》の数の兵士と兵器が戦地に送り込まれることになり、なかでもフランスのヴェルダンでは、この戦争の悲惨さを象徴するような激しい塹壕戦が展開される。四年後、計一七〇〇万人もの死者を出し、戦争はようやく終結する。

あなたが知っているのも、だいたいこんなところではないだろうか。

ただ、あなたが歴史学者ならすでにご存じだとは思うが、事実はもちろんこの通りではない。あの戦争には、もっといろいろな事情が絡んでいた。戦争の経過ももっと複雑で、偶然に左右されるところも大きかった。

実際には、戦争が始まったのがなぜセルビアだったのかさえ、実は、いまだにはっきりしていない。当時、暗殺事件は珍しくなかった（少なくともいまよりは多かった）。それに状況を考えれば、ドイツがフランスに宣戦布告していても、逆にフランスがドイツに宣戦布告していてもおかしくなかった。塹壕戦がなぜあれほど長引いたのかもわかっていない。

あの戦争が勃発する少し前、数々の兵器に技術革新がもたらされたことを考えれば（機関銃、戦車、毒ガス、潜水艦、戦闘機は、第一次世界大戦で初めて兵器として導入された）、戦線ははるかに流動的であってもよかったはずだ。

「脳の記憶領域」には限りがある

私たちの脳は、よくコンピューターにたとえられる。だが、このたとえは的確ではない。

コンピューターは、生データを最小の情報単位であるビットで保存する。それに対して脳は、生ではなく加工したデータを保存する。お気に入りの保存単位も「ビット」ではなく、「ストーリー」だ。

なぜ脳はわざわざそんな手間をかけるのだろう？　なぜなら、**私たちの頭の中にある脳の記憶領域には、限りがある**からだ。

八〇〇億という脳細胞の数だけを聞くとずいぶん多いという印象を受けるが、私たちが見るもの、読むもの、聞くもの、匂いや味わうもの、考えることや感じることをすべて保存するにはまったく足りない。

そこで脳は、データを圧縮するコツを生み出した。それが、「ストーリー」をつくることである。

現実の世界に「ストーリー」はない。ルーペを手に一〇年かけて世界をくまなく歩き、石という石をひっくり返してまわっても、「ストーリー」はただのひとつも見つからない。見つかるのは、小石や虫や植物やきのこばかりだ。高精度の顕微鏡を持ち出してみれば、細胞や分子や原子や、最終的には素粒子まで見えるかもしれないが、それでも「ストーリー」は見つからない。

第一次世界大戦に参戦していた人たちも、おそらく自分たちが世界戦争のただ中にいるとは思っていなかっただろう。目に入るのは、見慣れない形の鉄製のヘルメットをかぶった人間でいっぱいの塹壕や、まともな木が一本も残っていない森や、音を立てながら空中を飛んでいく鉄の弾や、無数の人間と馬の屍《しかばね》ばかりだったはずだ。

出来事をつなげて「ストーリー」として記憶をつくる

脳は、ひとつひとつの出来事をどのようにより合わせて、記憶をつくり出すのだろうか？　そのポイントは、**「ストーリー」**だ。

脳は、ひとつひとつの出来事をつなげて、コンパクトで筋の通った、因果関係のはっきりした「ストーリー」に仕立てあげる。ＡからＢへ、ＢからＣへと、原因から結果までの展開が明確で、穴や矛盾がなく、短く簡略化された「ストーリー」。それを記憶として保存するのだ。

私たちが意識しなくても、脳は自然にその作業を行っている。戦争や、株式市場の動向や、流行の変遷のような出来事に対してだけでなく、私たちの人生に関しても「ストーリー」をつくり出す。

「ストーリー」をつくるのは、前章と前々章で取り上げた「思い出している私」のメインの仕事だ。あなたがどんな人間で、これまで何をしてきて、これから何をするのか、そしてあなたにとって大事なことは何か、こうしたことを「ストーリー」としてまとめあげる。

これが、一般的に「自分」もしくはその人の「自分像」と呼ばれるものだ。

そこには、あなたの人生が簡潔にまとめられている。誰かにあなたのことを尋ねられてもすぐに説明できるような、わかりやすい答えが用意されている。

人生の「ストーリー」に矛盾はない。つじつまが合わないことがらは都合よく忘れられ、思い出せない部分は（あなたも気づかないうちに）驚くべき独創力で穴埋めされる。ものごとの因果関係も実にはっきりしている。人生で起こることにはすべてきちんとした理由があり、筋が通っている。短くきれいにまとまった「ストーリー」だ。

だが、あなたの頭の中にあるこの人生の「ストーリー」にはどのくらいリアリティがあるのだろう？　その正確さは、おおよそ私の三歳の息子たちが家の壁にチョークで描いた私の似顔絵と同程度だ。それでもあなたは、「たしかにリアリティには欠けるかもしれないけれど、だからといって問題はないだろう」というかもしれない。

だが、問題は大ありなのだ。その理由は四つある。

「日記」をつけて読み返すことの効用とは？

記憶の「ストーリー」にリアリティが欠けていると、大きな問題が起きる。

まず、私たちが変化するスピードは、自分で思っているよりずっと速い（第20章参照）。私たちの好みだけでなく、一見変わらなさそうに思える私たちの個性や価値観すらも、時がたてばどんどん変化してしまう。

二〇年後や四〇年後のあなたは、いまのあなたが頭の中で描いているのとは、まったく別の人間だ。

将来に備えてあなたが仕事を身につけ、子どもを育て、週に七〇時間あくせく働き、別荘を購入したとしても、「未来のあなた」はひょっとしたら別荘などいらないと思っているかもしれない。「未来のあなた」は、週七〇時間も社員を働かせた見知らぬ雇い主と、それが原因であなたが患った心筋梗塞を、信じられない気持ちで振り返っているかもしれない。

ふたつ目は、頭の中の「ストーリー」のせいで、人生が実際より「計画可能なもの」に見えてしまうからだ。

私たちの人生は、私たちが思うよりずっと、偶然に左右されている。

数千年にわたって私たちは、人生に思いがけないことが起こるのは運命の女神フォルトゥナの仕業だと信じてきた。フォルトゥナは凶事をもたらすこともあると思われていたため、私たちの中には常に災いに対する心の準備があった。

だが、フォルトゥナの存在はここ一〇〇年のうちに私たちの中から消えてしまい、今では人生が偶然に左右されると信じている人はほとんどいない。突然降りかかる災いは「システムの機能不全」のように受けとめられるので、私たちは、事故や、癌や、死といった何かよくないことが起きるたびに大きなショックを受ける。よい人生のための思考の道具として、頭の中には常にフォルトゥナが訪れる余地を持っておこう。

三つ目は、頭の中で「ストーリー」をつくりあげると、起きたことに対して何か特別な意味づけをしたり、背後の事情や言い訳を考えたりして、個々の事実をありのままに評価することが難しくなってしまうからだ。人間は、言い訳をすると、失敗から学べなくなってしまう。

そして四つ目は、私たちは「実際の自分」より優秀で、美しく、頭がよく、成功した自分像をつくりあげがちだからだ。

自分を高く評価しすぎる「自己奉仕バイアス」が働くと、許容範囲を超える大きなリスクをおかしてしまうばかりか、自分のことを重要人物のように勘違いしてしまう。


結論。私たちの中にある「自分像」は間違っている。

実際の私たちは、私たちが考えているより、多面的で、複雑で、矛盾の多い存在だ。**誰かがあなたを「間違って」評価しても驚いてはいけない。あなただって、自分を正しく評価できていないのだ。**

本当のあなたを知りたければ、人生のパートナーや長年の友人のように、あなたをよく知っていて、あなたに気をつかわずに正直な意見を聞かせてくれる誰かに尋ねてみるといい。それよりもっといいのは、「日記」をつけること。

何年も前の自分が書いたことをときどき読み返してみると、きっとその内容に驚くに違いない。あなたの矛盾や欠点や闇の部分も含め、できるだけありのままの自分を見つめるのも、よい人生にするための条件のひとつだ。

自分が誰かがわかっていれば、なりたい自分になれるチャンスも大きくなる。

25

死よりも、人生について考えよう

人生最後のときに
思いをめぐらせても
意味がない理由

よい死を迎えるよりも、よい人生を過ごす

「いつか、私が死の床で人生を振り返ったら……」

こういうセリフはあなたもどこかで耳にしたことがあるだろう。なんだか崇高な思索のように思えるが、そこに思いをめぐらせてみても、実はほとんど意味がない。

まず、死の床にあって、そこまで意識がはっきりしている人はまずいない。

現代の三大死因は、「心筋梗塞」と「脳卒中」と「癌」だが、最初のふたつの場合、死の直前に哲学的な思いをめぐらす時間はない。癌の場合も、ほとんどの人が多量の鎮痛剤を投与されているため、はっきりとものを考えるのは難しい。

そして死の床にある人がアルツハイマーのような認知症を患っている場合も、やはり人生を振り返る何かに思い至るのは不可能だ。

それに、たとえ死ぬ前にいくらかこれまでの人生を振り返る時間があったとしても、前章までで見てきたとおり、呼び起こされる記憶は正確ではない。私たちの「思い出している私」は、物語を新たにつくり出す創作者にすぎないからだ。

それに、こちらのほうがもっと重要なのだが、死の直前にどう感じるかは「それまでの人生とはまったく無関係」なのだ。

だから、**死ぬときのことを考えてみても何もならないし、死の瞬間についてばかり考えていたら、よい人生を過ごすことから意識がそれるだけだ。**

前述したように、ノーベル賞受賞者のダニエル・カーネマンは、記憶の誤りをいくつか指摘している。そのうちのひとつが**「持続の軽視」**である。

起きた出来事の長さは、記憶に影響しない。つまり、旅行をした期間が三週間だろうと一週間だろうと、あとから振り返れば残っている記憶に差はない。そして旅行全体の印象は、そのピークと終わりの部分だけで決められてしまう（第22章で取り上げた「ピーク・エンドの法則」である）。

映画でも、観ている最中は楽しめたとしても、結末に満足できなければいい映画としては記憶に残らない。同じことはパーティーにも、コンサートにも、本にも、講演にも、住まいや人間関係にも当てはまる。

キャリアのピークに亡くなった俳優が印象に残るわけ

人生の場合も、やはりその「最後」がどうだったかで、よい人生かどうかが決まるのだろうか？　例を挙げて考えてみよう。

まずは、次の女性、アンナの人生を評価してみてほしい。

「アンナは一度も結婚せず、子どももいなかった。だが好きな仕事をし、休暇や休日を楽しみ、たくさんの友人たちに囲まれてとても幸せな日々を送っていた。

三〇歳のときに不慮の事故に遭い、痛みを感じる間もなく亡くなった」

あなたがアンナの人生をどのくらい魅力的に感じるかを、5を中間値（まあまあの人生）として、１（悲惨な人生）から９（すばらしい人生）のあいだで点数をつけてみてほしい。

次に、別の女性、ベルタの人生を見てみよう。

「ベルタは一度も結婚せず、子どももいなかった。だが好きな仕事をし、休暇や休日を楽しみ、たくさんの友人たちに囲まれてとても幸せな日々を送っていた。

最後の五年間は、以前と比べればあまり順調ではなかったが、それでも十分快適な暮らしをしていた。

そして三五歳のとき不慮の事故に遭い、痛みを感じる間もなく亡くなった」

ベルタの人生も、同じように1（悲惨な人生）から9（すばらしい人生）のあいだで評価してみてほしい。

アメリカの研究チームが、学生たちを対象に同じような質問をした。すると、アンナの人生のほうが明らかにベルタの人生より評価が高かった。

二人とも最初の三〇年間は非常に幸せな人生を送っていたことを考えれば、この結果は理にかなっているとは言えない。ベルタはその後五年も長く生きているし、以前ほど順調ではなかったとはいえ、その五年間も快適に過ごせているのだ。

合理的に考えれば、ベルタの人生のほうが評価が上でなくてはならない。だが、アンナの人生はピークで終わりを迎えているのに対して、ベルタのほうは少しピークから下がったところで終わっている。

つまり、**「ピーク・エンドの法則」は人生に対しても作用する。**驚いたことに、ピークを過ぎたとはいえ快適に過ごした最後の五年間は考慮されないのである。

研究者たちはこの結果に「ジェームズ・ディーン効果」という気の利いた名前をつけている。

ジェームズ・ディーンは、俳優としての輝かしいキャリアのピークに二四歳の若さで事故に遭って亡くなった。彼がその後何年も、あるいは何十年も、それなりに成功したそれなりに幸せな俳優として生きていたとしたら、彼の人生がこれほどまでに人々の目に魅力的に映っていなかったのは確実だろう。

脳は「継続した時間」を判断できない

さて、ここでもう一度、アンナとベルタの人生を評価してみてほしい。

ただし今度は事故に遭った年齢を六〇歳（アンナ）と六五歳（ベルタ）と仮定する。それ以外の条件はすべて同じだ。二人の人生に、あなたは今度は何点つけるだろうか？

「アンナは一度も結婚せず、子どももいなかった。だが好きな仕事をし、休暇や休日を楽しみ、たくさんの友人たちに囲まれてとても幸せな日々を送っていた。

六〇歳のときに不慮の事故に遭い、痛みを感じる間もなく亡くなった」

「ベルタは一度も結婚せず、子どももいなかった。だが好きな仕事をし、休暇や休日を楽しみ、たくさんの友人たちに囲まれてとても幸せな日々を送っていた。

最後の五年間は、以前と比べればあまり順調ではなかったが、それでも十分快適な暮らしをしていた。

そして六五歳のとき不慮の事故に遭い、痛みを感じる間もなく亡くなった」

この先を読む前に、少し時間をかけて答えてみてほしい。

実験に参加した学生たちの答えはまったく変わらなかった。アンナの人生はベルタの人生よりもやはり（「ピーク・エンドの法則」通りに）ずっと評価が高く、驚いたことに、アンナが幸せに過ごした時間は三〇年も延びたというのに、それでアンナの人生の評価が上がることもなかった。

アンナが三〇歳で亡くなろうと、六〇歳で亡くなろうと、彼女の人生の魅力度に差はないのだ。ベルタの場合も同様である。前の質問以上に合理的とは言えない結果だが、継続した期間を問題にしない、脳の「持続の軽視」の典型的な例だ。

「加齢」と「死」は、よい人生の代価である

つまり、まとめるとこうなる。ある人生が魅力のある人生かどうか、私たちにはきちんと判断ができない。脳が、事実を客観的に認識できないからだ。

これがアンナやベルタのような架空の人物の人生ならば問題はないが、あなた自身の人生となると話は別だ。あなたの人生が、ジェームズ・ディーンのようにピークで終わりを迎える可能性はかなり低い。

多くの人は、長い年月をかけて、体力や精神力がだんだんと衰えた後に死を迎える。そして身体機能の衰えが大きければ大きいほど、完全な健康体だったそれまでの数十年よりも日々感じる幸福度は低くなる。

では、私たちは「死」とどう向き合えばいいのだろう？

まず気をつけなければならないのは、人生最後の体の衰えた時期だけで、あなたの人生を評価してはいけないということだ。ひどい人生を送った後に理想的な死を迎えるよりも、よい人生を過ごした後に死の床でつらい数日を過ごすほうがずっといい。

「加齢」と「死」は、私たちがよい人生を過ごせたことに対する代価だと思えばいい。

おいしいディナーには、高額な請求書がつきものだ。カリーヴルスト（カレーソーセージ）に高いお金を出すつもりはないが、一級品のワインを飲みながら、すばらしい人たちとともに味わう星付きレストランのフルコースになら、私は喜んで代価を払おう。


結論。「どれだけ長生きできるか」を競うのは品がない。**よい人生を過ごすほうが、よい死を迎えるよりずっと大事だ。**

だから、よい人生の条件については考えてみる価値があるが、死については考えてみても意味がない。死について考える意味があるのは、せいぜい、あなたの一番嫌な敵の死を願うときくらいだ。そう言うとあなたは驚くかもしれないが、敵の死を願うのはただの精神衛生上の問題にすぎない。

古代ローマの哲学者、セネカが指摘しているとおり「心配することはない。あなたが小指一本動かさなくても、あなたの敵もいつかは死ぬ」のだから。

26

楽しさとやりがいの両方を目指そう

快楽の要素と意義の要素

「楽しいこと」と「有意義なこと」、どちらが大切？

次に挙げる行為は、あなたにとって、どのくらい楽しいだろうか？　少し時間をかけて、考えてみてほしい。0（楽しさゼロ。そんなことしたくもない）から10（このうえなく楽しい。これ以上楽しいことはほかに思いつかない）までで点数をつけてみてほしい。

（a）大好きなチョコレートを食べること。
（b）祖国のために戦争で戦うこと。
（c）趣味に没頭すること。
（d）子育て。
（e）アフリカに病院を建てること。
（f）地球の温暖化を止めること。

(g) セックス。
(h) サッカーのワールドカップを観ること。
(i) 高齢の女性が道路をわたる手助けをすること。
(j) カリブ海での休暇。

この質問をすると、ほとんどの人は「セックス」「チョコレート」「サッカー観戦」「休暇」を9もしくは10、「子育て」を2もしくは3と評価する。

では次の質問。先に挙げた行為は、どのくらい「有意義」だと思うか? 0(まったく無意味)から10(これ以上ないほど有意義)までで点数をつけてみてほしい。

すると、ほとんどの人は、今度は前とは違う行為を高く評価する。「子育て」は「休暇」よりもずっと点数が高く、「高齢の女性が道路をわたる手助けをすること」は、「チョコレートを食べること」より有意義という結果が出る。

人生において、本当に重要なこととはいったいなんだろう? 私たちは何を一番大切にすればいいのだろう? **よい人生に必要なのは、「楽しめる」行為か、それとも「有意義な」行為か?**

ギリシアの思想家は、すでに紀元前五世紀にこの問いについて思索をめぐらせている。いわゆる「快楽主義者」と呼ばれる少数の哲学者は、「よい人生の条件とはできるだけ多くの直接的な楽しみを持つこと」だと主張した。

「快楽主義（ヘドニズム）」という言葉は古代ギリシア語で喜びや楽しみ、享楽、性的欲求を意味する「hēdonē」に由来している。「スマートフォンでちょうど面白いユーチューブの動画を見ているところなのに、どうして高齢の女性が道路をわたる手助けをしなければいけないのか？」というわけだ。

だが、**ほとんどの哲学者たちは、「直接的な楽しみは低俗で、退廃的で、動物じみている」という立場をとった。**よい人生にはもっと高尚な喜びが必要だと考えたのだ。

「欲求の要素」と「意義の要素」が存在する

この高尚な喜びを求める思想は「幸福主義（エウダイモニア）」と呼ばれた。そして、この空疎な言葉ができるとすぐに、その中身をどう定義するかの論争が始まり、多くの哲学者たちは、人間に必要なのは美徳だという結論を出した。つまり、「尊敬に値する人生」こそが、よい人生とされたのだ。

たとえれば、サッカーのワールドカップより、アフリカの病院建設のほうが大切ということだ。そう考えると、美徳の中でも特に人間を幸せにするのは、プラトンやアリストテレスが主張したように、勇敢さと、強靭な精神と、公正さと、賢明さということになる。

こうしてまたつくりだされた四つの空疎な言葉を、カトリック教会は数百年後にありがたく借用し、ほんの少しだけ変えて、信心深さ、勇気、正義、思慮深さというカトリックの美徳としている。

だがこの論理にいつでも忠実でいようとすると、不条理な結論にたどり着く。ハーバード大学の心理学者、ダニエル・ギルバートが述べているように、「アルゼンチンの砂浜で日光浴をしているナチスの戦争犯罪者は大して幸せではなく、たったいま生きている人間を食べ終えたばかりの信心深い人食い宣教師は幸せ」ということになるからだ。

なかなかややこしい。ロンドン・スクール・オブ・エコノミクスの心理学者、ポール・ドーランはこの問題を次のように解釈しようとした。

音に、「音の高さ」と「音量」というふたつの要素があるように、人間が体験するひとつひとつの瞬間にも、ふたつの要素があると考えたのだ。

それは、「欲求の要素（あるいは快楽の要素といってもいい）」と、「意義の要素」である。**「快楽の要素」は直接的な楽しみであり、「意義の要素」はその瞬間に意義を感じる私たちの感情だ。**

たとえば、チョコレートを食べるのは多くの人にとって快楽の要素が大きいが、意義の要素はごくわずかだ。それに対して高齢の女性が道を横断する手助けをするときには、快楽の要素はわずかだが、意義の要素は大きい。

ポール・ドーランは「意義の要素」についてこれ以上は踏み込んでいないが、ドーランがもしこのテーマをもっと深く探究していたら、二五〇〇年前から連綿と続いている美徳の砂上の楼閣《ろうかく》を知らないうちに崩壊させていたはずだ。「見ればわかる」という言葉があるが、目の前の出来事に「意義」があるかどうかは人間誰しもすぐに判断がつく。

いま、あなたはこの文章を読んでいる。そのことに対するあなたの「欲求の要素」はおそらく高級ワインを口にしているときよりも小さいだろうが、その分、「意義の要素」はワインを飲んでいるときより大きいだろう（と、私は願っている）。

著者である私の場合はもっと極端だ。正直に言おう。この章を書く作業は楽しくはない。いま私は、ここで取り上げる思考法をどうすればわかりやすく伝えられるかで、さんざん頭を悩ませているからだ。

だが一方で、この思考法について書くのはとても意義のあることだと思っている。意義と楽しみを幸せの基盤と見なす考え方は「大胆で斬新な発想だ」と、ノーベル賞を受賞したダニエル・カーネマンだって認めているくらいなのだ。

「快楽主義的」でない映画がヒットする理由

ハリウッドでは毎年、四〇〇本から五〇〇本の映画が制作される。ハリウッド映画は巨額の資金が動く大規模ビジネスだ。確実にヒット作をつくる方法を求めて、人々が映画を観に行く理由が研究対象になるのも無理はない。

長いあいだハリウッドでは、いわゆる「快楽主義的」な映画制作論が支配的で、「平凡な日常を忘れさせるような、退屈すぎずストレスも少ない、観客が十分に楽しめる映画をつくること。大事なのは面白いストーリーとハッピーエンド。そして美しい俳優が出演していることだ」と考えられていた。

だが、**こうした成功の法則に当てはまらない、快楽主義では説明のつかない映画がヒットすることもたびたびある。**『ライフ・イズ・ビューティフル』『シンドラーのリスト』『ビューティフル・マインド』などがそのよい例だ。

映画に必要なヒットの要素が、映画研究者によって裏づけられたのはつい最近だ。**映画には「純粋な娯楽」だけでなく、「意義の要素」も必要なのだ。**優れた監督や作家ならずっと前から気づいていることだ。悲しい映画や粗末な低予算の映画でも、十分に意義のある作品であればよい映画になれるのだ。

仕事に関しても、「意義」の果たす役割は大きい。特に若い人たちの場合、給与が少なくても、「意義のある」プロジェクトに参加できる仕事を選ぼうとする。

理想を掲げて起業したばかりの新しい会社にとってはありがたい話だが、規模の大きいコンツェルンにとっては都合が悪い。意義のなさを、欲求の要素（要はお金）を高めることで補わなくてはならないからだ。

そして言うまでもなく、「欲求」と「意義」の矛盾を抱えやすいのは芸術家だ。芸術だけを追い求めて美しく死ぬか、大衆の好みに迎合して金を稼ぐかで頭を悩ませるのは、昔から芸術家の常である。

あなたには、**「欲求」と「意義」のバランスよい配分を心がけるようおすすめしたい。**

どちらか一方に偏るのは避けよう。なぜなら、一度バランスを失ってしまうと、どんどん極端な方向に走りやすくなるからだ。チョコレートもテレビもセックスも、二キロ分のチョコレートを食べ、二四時間ぶっつづけでテレビを観て、五度もオーガズムに達した後ではただの不毛な行為でしかない。

同じように、昼夜の別なく世界の救済のために奔走し、自分の楽しみを一切持とうとしないのも、やはり幸せとはいえない。一番いいのは、「意義」のある何かと「楽しみ」のための何かを、交互にくり返すことかもしれない。ちょっと世の中のためになることをした後には、一杯のビールを楽しむというように。

27

自分のポリシーをつらぬこう

「尊厳の輪」をつくる　その1

イギリス将校が送った電報「そうでなくとも」の意味

一九三九年、ドイツがポーランドに侵攻した少し後、つまり第二次世界大戦の勃発後。イギリスは、近々フランスに侵攻してくるはずのドイツ軍との戦いに備え、英仏海峡の向こうへ兵士を送りこみはじめた。一年後の一九四〇年には、三〇万人ものイギリス軍兵士が、フランス北部の港町、ダンケルクとその周辺に駐屯していた。

だが、ベルギーとオランダを攻略したドイツ軍が、フランスにも兵を進めたわずか数日後には、イギリス軍はドイツ軍に包囲されていた。状況は絶望的で、イギリス軍の兵士たちがドイツ軍に虐殺されるのは時間の問題だった。

そんな中、あるイギリス人将校は、ロンドンに向けて電報を打った。**電文は、「そうでなくとも」。たったこれだけである。**

あなたなら、この電報をどう解釈するだろうか？

聖書になじみのある人ならば（当時はなじみがあって当然だったのだが）、この言葉の意味するところはすぐにわかったはずだ。**これは旧約聖書に登場する言い回しである。**

バビロニアの王ネブカドネツァルは、三人の敬虔なユダヤ人にこう申しつける。

「……わたしの建てた金の像を拝むつもりでいるなら、それでよい。もしも拝まないなら、直ちに燃え盛る炉に投げ込ませる……」（日本聖書協会『聖書 新共同訳』ダニエル書3章15節）

王は三人に考える時間を与えたが、彼らはすぐにこう答えた。

「このお定めにつきまして、お答えする必要はございません。わたしたちのお仕えする神は、その燃え盛る炉や王様の手からわたしたちを救うことができますし、必ず救ってくださいます。そうでなくても、御承知ください。わたしたちは王様の神々に仕えることも、お建てになった金の像を拝むことも、決していたしません」（日本聖書協会『聖書 新共同訳』ダニエル書3章16‐17節）

一九四〇年五月にその知らせを受け取ったロンドンの無線通信局は、イギリスの軍上層部に電報の内容をこう伝えた。「ここ、ダンケルクの状況は暗澹たるものです。奇跡でも起きない限りここから脱出するのは不可能でしょう。けれども私たちは、何があろうと降伏しないと心を決めています」。

これだけのことが、「そうでなくとも」という短い電報で伝わったのだ。つまり**この言葉は当時、「全面的なコミットメント」を表すときの一般的な表現だった。**

その数日後、イギリスは駆逐艦や漁船や貨物船や遊覧船やフェリーを八〇〇隻投入する緊急作戦を展開し、三三万八〇〇〇人のイギリス軍兵士とフランス軍兵士を撤退させることに成功した。この作戦の成功は、現在にいたるまで「ダンケルクの奇跡」として語り継がれている。

聖書の言葉が一般的でなくなってしまった現在では、「そうでなくとも」の意味がわかる人はほとんどいない。その代わりいまは、英語やドイツ語では「(〇〇をするなら)私の死骸を乗り越えてからにしろ(「死んでも〇〇させない」の意)」という言い方をする。意図するところは同じである。

「どんな事情があっても妥協できないこと」とは?

さて、話は変わるが、あなたがどうしても譲れないこと、いわば「主義」は何だろうか?「ポリシー」と言い換えてもいい。

私には、まったく交渉の余地のない、私の主義ともいえることがいくつかある。たとえば、いくらもらおうと、私は自分の考えに合わない仕事はしないが、自分の考えに合う仕事なら通常の一〇分の一の金額でも引き受ける。私にとってお金は何かを決めるときの基準にはならない。

また、私はけっして子どもの写真はネットで公開しないし、よく知らない誰かにけっして私の家族や友人の悪口を言ったりはしない。それを周りに知ってもらうために、私はこれまで「全面的なコミットメント」によって断固とした姿勢をつらぬいてきた。

どんな事情があろうと妥協できない、個人的な優先事項や主義の明確な領域を、私は（「能力の輪」にならって）「尊厳の輪」と呼んでいる。

第6章では「誓約」について取り上げたが、あなたの誓約をすべてひとつの領域にまとめたのが「尊厳の輪」だ。

「尊厳の輪」は、（a）より筋の通った論理、（b）あなたの信念をおびやかす危険、（c）悪魔との契約、という三つの危険からあなたを守ってくれる。

この章ではまず、そのうちのひとつ目の危険、「より筋の通った論理」について見ていこう。ふたつ目、三つ目の危険については、次章とその次の章で詳しく述べる。

「能力の輪」と同じく、「尊厳の輪」の場合も、その大きさ、というのはあまり重要ではない。重要なのは、その境界がどこにあるかを、しっかりと把握しておくことだ。

小さくても、強固で境界のはっきりした「尊厳の輪」をつくりあげるのは、よい人生には不可欠である。どんな事情があっても譲れないマイルールの「境界線」を、自分でしっかり知っておくことが、自分の幸せにつながると言える。

「尊厳の輪」の中にある主義主張に、筋道だった論理は必要ない。いつもなら私は明快な考え方や合理性を重んじ、同じ論理なら「より筋の通った」ほうを優先させるところだが、この輪は、通常私がよしとするものすべての対極にある。

輪の中にあるものに合理的な説明がつけられないのは、「尊厳の輪」の絶対条件だと言ってもいい。たしかに、論理的にものごとを構築して検討をくり返せば、そのつど新しい発見があり、どんどん進化していく。

だが、もし「尊厳の輪」の中にある主義主張を論理的に構築してしまうと、誰かがより筋の通った論理で、あなたの優先事項や主義や信念を台無しにする危険に、常に脅かされなければならない。安心して「尊厳の輪」をつくることができなければ、あなたの人生には基盤がなくなってしまう。

「尊厳の輪」を小さいままにしておいたほうがいい理由

では、「尊厳の輪」はどうやってつくりあげればいいのだろう？　これは、じっくり考えてもできるものではない。**「尊厳の輪」は、年齢を重ねるにつれて、しだいにはっきりとした形となる。**

多くの人にとっては、輪の形ができるのは人生も半ばに差しかかった頃だろう。この輪の形が見えてきたら、人間的な成熟に大きく近づいた証だ。

輪の形成には、ある程度の人生経験を積まなければならない。間違った決断や、失望や、失敗や、危機を乗り越え、どの主義主張を輪の中に取り入れ、どれをあきらめるか、熟考を重ねなければならない。中には尊厳の輪を確立できないままの人もいるが、そういう人たちは周りの人間の巧みな理屈に振り回されつづけることになる。

ただし、**「尊厳の輪」は小さいままにしておこう。**小さな輪は、大きな輪よりも頑強だ。その理由は二つある。

ひとつ目は、輪の中に入れるものが多ければ、矛盾が生じやすくなるからだ。優先事項が一〇項目もあったら、それらすべてを同時に満たすことはとてもできない。

ふたつ目は、輪の中に入れるものが少なければ、自分の信念に対してきちんと責任を持ち、それを守りやすくなるからだ。「コミットメントのような厳粛な約束事の数は、限定的でなければならない」とウォーレン・バフェットも忠告している。

このことは、他人との約束に対してだけでなく、自分との約束に対しても当てはまる。だから、交渉の余地のないことや、妥協できない自分の主義を選び出すときには、できるだけ慎重になろう。

ところで、ここまでは明快なのだが、覚悟しなければならないことがある。自分の信念をつらぬくためには、他人を失望させることは避けられず、ときにはあなたの好きな人を落胆させるかもしれないということだ。

あなたは人を傷つけたり、人をないがしろにしたりすることになり、逆にあなたはその人たちから失望させられ、傷つけられ、侮辱されるだろう。あなたはそれらすべての感情に耐える心の準備をしておかなくてはならない。

それが「尊厳の輪」を構築するために支払わなければならない代償だ。摩擦を起こさずに生きていけるのは操り人形だけである。「能力の輪」を築き上げるには一万時間必要だとしたら、「尊厳の輪」を築き上げるまでには一万回は傷つかねばならないだろう。

「尊厳の輪」にそれだけの代価を払う価値があるのだろうか？　そういう質問の仕方は間違っている。お金で買えないものに、そもそも適正価格などあるわけがないのだ。

「何かに命をかける覚悟のない人間は、人生に未熟である」と言ったのはキング牧師だが、つらい経験に耐える覚悟のない人も、やはりよい人生を手に入れられるほど成熟しているとは言えないのだ。傷つくのを恐れていては、「尊厳の輪」は築けない。

28 自分を守ろう

「尊厳の輪」をつくる　その2

その米海軍パイロットは、なぜ捕虜生活に耐えられたのか？

一九六五年九月九日、アメリカ海軍のパイロット、ジェームズ・ストックデールは、空母オリスカニーからジェット戦闘機で北ベトナムに向けて飛び立った。

だが、共産主義陣営への攻撃に成功したところで、彼の機体は図らずも対空ミサイルの砲火を浴びてしまった。緊急脱出用の射出座席を作動させたストックデールは、座席ごと機外へ勢いよく押し出された。

「私が脱出したのは、地上約三〇〇メートルの高さだった。緊急用のパラシュートで降下していたのはおよそ二〇秒くらいだったが、下を見ると、着地点は小さな村の目抜き通りになるだろうと見当がついた。兵士たちは私を狙って発砲し、村人たちは私に向けて拳を振りあげていた」

ストックデールはすぐに捕らえられ、すでにほかのアメリカ人捕虜が収容されていた悪名高い収容所、いわゆる「ハノイ・ヒルトン」に連行された。彼は尋問され、殴打され、拷問を受けた。

ストックデールはベトナム戦争終結まで戦争捕虜として七年半囚われていたが、そのうちの四年間は独房に収容されていた。

拷問者におもねれば、ストックデールは虐待をまぬがれることもできたはずだ。ときどき反米的な発言を口にしてみせるだけで、拷問されずにすむ普通の捕虜としての扱いを受けることもできたのだ。

だが、そんな考えは彼の頭をよぎりもしなかった。意識的に拷問係のなすがままになっていた。のちにストックデール本人が語ったように、それが「彼の自尊心を保つ唯一の方法」だったからだ。

それは愛国心からの行為でも、戦争の敵方への抵抗を示すための行為でもなかった（ストックデールはもうずい分前からベトナム戦争の正当性を信じていなかった）。ストックデールはただ、自分の内面を突き崩されないように、自分のために、そうしていたのだ。

一度、彼を別の収容所へ移す計画が持ち上がったことがあった。市内を移送中、世界のメディアに対して清潔で栄養状態もいいストックデールを披露するのが目的だった。

しかし、収容所を出る前にストックデールは椅子をつかんで自らの顔に打ちつけた。血がしたたり落ち、両目が腫れあがるまで打つのをやめなかった。

当然、その状態では彼を世界の人々の目にさらすことはできない。「その夜、体を横たえると、私は涙を流した。彼らに抵抗するだけの力が自分にあったことが嬉しくてならなかったのだ」。

周りから見ると、彼の行動は合理性を欠くように思える。ストックデールの置かれた状況を考えれば、拷問者の決めたことに素直に従うほうが得策だったはずだ。

求められたことに応じ、流れに身をまかせる。目立つのは損だ。そしてアメリカの軍事介入を疑問視していると、彼らに表明してみせるだけでいい。解放された後、そうしなければ死ぬまで拷問されていたと釈明すれば十分説得力はある。誰もが理解をしてくれて、ストックデールを非難する者などいなかっただろう。

だが、**もしそうしていたら、ストックデールは七年半もの捕虜生活に耐えられるだけの気力を保てていただろうか？** たとえ長い捕虜生活に耐えられていたとしても、収容所で過ごした年月は「はかりしれないほど貴重だった」とのちに振り返ることができただろうか？

収容所での経験をもとに書かれた本が教えてくれること

自分の中にある「信念」を外に向かって発信しなければ、あなたは次第に、操り人形に

なっていく。ほかの人々の目的に合わせて都合よく動かされるようになり、遅かれ早かれ自分は消えてしまう。

そしてあなたは、闘うことも肉体的な苦難を乗り切ることもできなくなり、意志の力も萎えていく。外面的に崩れ落ちてしまった人は、そのうち内面まで崩壊してしまう。

収容所での経験をもとに書かれた書籍はたくさんある。ソルジェニーツィンの『収容所群島』、エリ・ヴィーゼルの『死者の歌』、プリーモ・レーヴィの『これが人間か』、ヴィクトール・フランクルの『夜と霧』などだ。

ところが、こうした作品は、間違った読まれ方をされている場合がほとんどだ。本文から、想像を絶するような状況で生き延びるためのヒントを読み取ろうとする人が多いのだ。だが、実際に生き残れるかどうかは、ほとんどが「偶然の結果」にすぎない。

アウシュヴィッツには生き残るための法則などなかった。せいぜい、戦争末期に収容された人は、一九四二年に収容された人よりも生きて収容所を出られる可能性が高かったという程度だ。収容所生活について書けたのは、偶然、生き延びることのできた幸運な人たちだ。死者は本を書くことなどできない。

ストックデールが生きて地上に降り立つことができたのも、パラシュートに揺られながら敵方の村に降下している最中、銃弾に当たらなかったという「偶然の結果」なのである。

それなのに、人々はそれらの作品から次のようなことを読み取ろうとする。

「一日また一日と気力を奮い起こして乗り切っていけば、生き残れる可能性は少しずつ高くなる。アウシュヴィッツにもいつかは解放の日が来て、戦争捕虜の生活もいつかは終わる日がくるからだ。だからそれまでのあいだをどうにかして耐え抜かねばならない。それができるのは、どんなに行動の自由が制限されていようと、内面的にも外面的にも崩壊せず、けっして希望を捨てず、強い意志を持ちつづけた者だけだ」

だが、すでに述べたとおり、生き残れるかどうかは、すべて天の采配によるものなのだ。


それでも、極端な状況下で書かれたこれらの記録は、私たち一般市民にも関係がないわけではない。幸運にも私たちは、拷問や独房やひどい寒さに耐える必要はないが、私たちの意志や、主義や、価値観は、彼らと同じように日々攻撃を受けている。

つまり、私たちの「尊厳の輪」への攻撃である。これらの攻撃は拷問ほどわかりやすくはなく、ほとんど気づかれないほどひっそりと行われている。広告や社会的圧力、ありとあらゆるところからの押しつけがましいアドバイス、間接的なプロパガンダ、時代の風潮、マスコミの煽り、法律など。

連日、何十本もの矢が「尊厳の輪」に向けて放たれている。どれも鋭く有毒な矢だ。致命傷を与えるほど毒性が強いわけではないが、一本一本があなたの自尊心を傷つけ、感情の免疫システムを弱めるのに十分な鋭さを持っている。

「言葉による攻撃」がもっとも不快に感じる

それにしても、どうして社会はあなたに向けて矢を放つのだろう？　なぜなら、社会とあなたとでは「利害」が違うからだ。

社会において重要なのは団結であり、社会を構成するひとりひとりの個人的な利益ではない。個人が際立つ必要はなく、誰かが勝手に周囲とは違う主義でも表明しようものなら、すぐに社会に対する危険分子と認識される。社会が干渉しないのは、周りに合わせて従順にふるまう人間に対してだけだ。あなた自身の考えを社会の放つ矢から守るために、あなたの尊厳の輪は強化しておく必要がある。

「尊厳の輪」は、あなたの誓約を取り囲む壁だ。だからあなたの誓約が外からの攻撃にさらされたときに、あなたは初めて尊厳の輪の効果を心から実感することになる。高い理想や、気高い主義や、自分だけの優先事項はいくらでも打ち立てることができる。

だが、ストックデールのように自分の誓約に関して「喜びの涙」にくれることができるのは、それらを守れたときだけだ。

あなたにも覚えがあると思うが、たいていの場合、**もっとも不快に感じる攻撃は肉体的**

なものではなく言葉によるものだ。

今度言葉で攻撃されることがあったら、こんな対抗策をとってみるといい。ミーティングの場などで悪意ある言葉であなたを攻撃する人がいたら、その人に、その発言をもう一度くり返してもらうのだ。すると、ほとんどの人が負けを認めるはずである。

セルビアの大統領、アレクサンダル・ヴチッチは、あるジャーナリストとのインタビューの最中、そのジャーナリストが自身のウェブサイトに書き込んだ、ヴチッチをひどく侮辱する記述を目の前で声に出して読んでみせるよう求めた。そのジャーナリストは恥ずかしさのあまり、インタビューを中断したという。

「尊厳の輪」が生死の問題にかかわることはほとんどない。たいていは「尊厳の輪」の中にあるものを守るための闘いであり、重要なのはその闘いで優位を保つこと。

攻撃してくる相手をできるだけ手こずらせ、問題になっているのがあなたにとって特に大事なことである場合は、できるだけ長く主導権を握るようにしよう。そしてもしあなたのほうが折れなければならなくなったら、相手にできるだけ高い代償を払わせるようにすればいい。

人間の信念は途方もない力を秘めている。その力こそが、よい人生の鍵である。さまざまな攻撃からあなたの信念を守るためにも、「尊厳の輪」は強化しておこう。

29

そそられるオファーが来たときの判断を誤らない

「尊厳の輪」をつくる　その3

アルプス山脈シェレネン峡谷の「悪魔の橋」

アルプス山脈。ヨーロッパの中央に位置する巨大な障壁だ。はるか昔から、南北の人やモノの行き来を阻んできた。命知らずな人たちが何度も山々に道を通そうと試みたが、うまくいかなかった。

なんとか道をつくれそうなのは、スイスのウーリ州とティチーノ州のあいだにあるゴットハルト峠を越えるルートだったが、アルプス連峰の真ん中にあるその峠の北側には、深く切り込んだ険しい「シェレネン峡谷」が横たわっている。この深い谷間をどう克服するかが問題だった。

その解決策として一三世紀につくられたのが、いわゆる「悪魔の橋」である。

だがこの橋の建設は、順調に運んだわけではない。ウーリ州の人々が何度試してもうまくいかず、ついに村長はさじを投げてこう叫んだ。「悪魔にでも橋を架けてほしいくらいだ！」。

すると、そう言い終わるか終わらないかのうちに悪魔が姿を現し、唖然としているウーリ州の人々に契約を持ちかけた。「私の条件をのむなら、喜んで橋を架けてやろう。できあがった橋を最初に渡る者の魂は私がもらう」。

ウーリ州の人々はその条件を承諾したが、裏で抜け目なく策略をめぐらせた。橋ができあがり、ウーリ州の人々が最初に渡らせたのは山羊だった。

当然のことながら悪魔は怒り狂い、家一軒分ほどの大きさもある石をつかみ、橋を壊そうとした。だが、そこに偶然通りかかった信心深い女性がその石に十字架を刻みつけたため、神のシンボルに動揺した悪魔は思わず石をとり落としてしまった。

石は轟音を立てながら峡谷を転がり落ち、完成したばかりの橋すれすれのところを通り過ぎて、ゲシェネン村の下でようやく止まった。

その石はいまでもそこにあり、「悪魔の石」と呼ばれている。

「悪魔に魂を売り渡す行為」の意味するもの

ウーリ州の人々は、悪魔に魂を売り渡す契約をしたものの、それほどの被害を受けずに南北の行き来が劇的にラクになる橋を手に入れた。

これと同じように「悪魔と契約を交わす伝説」はどんな文化圏にも見られるが、そのほとんどはもっとわずかな被害ですんでいる。

たとえば、オスカー・ワイルドの小説『ドリアン・グレイの肖像』では、悪魔に魂を売り渡した主人公は永遠の若さと美しさを手に入れ、その代わりに彼の肖像画が老いていく。グレイがふしだらな生活を送り、堕落した罪びとになるにつれ、彼の肖像画は恐ろしく醜悪な顔つきに変化する。ついにその顔に耐えきれなくなったグレイが肖像画を破壊すると、彼自身の命も同時に尽きてしまう。

さらに有名なのは、『ファウスト』だろう。錬金術師ヨハン・ゲオルク・ファウストが悪魔と契約を結んだという伝説だ。ファウストは、完全な知恵を手に入れることと人生のありとあらゆる欲望を体験できることを条件に、悪魔に魂を売り渡す。

ゲーテのおかげでこの伝説は古典文学の地位にまで引き上げられ、いまや学生の必読書だ。こんな難解な物語を読まねばならない学生たちは、さぞかしゲーテをうらめしく思っていることだろう。

ところで、この「魂を売り渡す」という行為は、何を意味しているのだろう？

おそらく、**どんな時代にもどんな文化にも、ビジネスの対象にするのがタブー視されることが、確実に存在する**ということをあらわしているのだろう。契約の対象にするのも、取引の対象にするのも、売買の対象にするのもはばかられる聖域で、当然、それらのことには値段はつけられない。

一方、経済学者にいわせれば、値段のつけられないものなど存在しない。経済学者なら、聖域に属することは極端に過大評価されているというだろう。十分なお金を支払えば、聖域に属するものでも取引は可能なのだから、と。

フリードリヒ・デュレンマットの『老貴婦人の訪問』は、まさにそのことをテーマに書かれた戯曲である。大金持ちの貴婦人になって生まれ故郷の村を訪れたクレア・ザカナシアンは、彼女のかつての恋人が死んだら村に一〇億を寄付すると村人たちに持ちかけ、結果的に望むとおりのものを手に入れている。

どんなにお金を積まれても他人には渡したくないもの

あなたの人生には、何があってもお金にはかえられない聖域があるだろうか？　たとえ一〇億積まれても、他人に渡したくない何かがあるだろうか？

このふたつの質問について考え、このページの端に答えを書いてほしい。

あなたのリストにはどんなものが並んだだろうか？　もちろん、「あなたの命」や、「あなたの家族の命」がリストに含まれているだろう。ひょっとしたら「全人類の命」までリストに含めた人もいるかもしれない。

あなたの「健康」はどうだろう？　もし一〇億もらえるとしたら、あなたは、たとえば白血病やうつ病を患ってもかまわないと思うだろうか？

あなたの「意見」はどうだろう？　あなたの意見に値段はつけられるだろうか？　政治家の中には企業から巨額の資金を受け取って彼らに都合のいい発言をする者もいるが、あなたもまとまったお金のためなら同じことをするだろうか？

経済的にぎりぎりの生活を送っていたとしたら、あなたの意見を売るかどうかを真剣に検討するだろうか？　あなたの「時間」はどうだろう？　あなたの「関心」は？　「主義」は？　一〇億と引き換えにしてでも、捨てたくないものがあるだろうか？


これらの項目の中には即決できるものもあれば、すぐには決めかねるものもあるだろう。だが重要なのは、これまで見てきたように、**よい人生には「自分の判断の基準となる、小さく強固な尊厳の輪が必要」**だという点だ。

私たちはこの輪を、（a）より筋の通った論理、（b）あなたの人生が脅かされる危険、（c）悪魔との契約、という三種類の攻撃から守らなければならない。

この章が「尊厳の輪」について扱う最後の章だが、ここで私が取り上げたいのはこの三つ目の攻撃だ。「尊厳の輪」の境界がはっきりしていなければ、魅力的な「取引」やオファーの申し出があるたびに新たに決断をしなくてはならない。

だが、そういうことを続けていると、膨大な時間を無駄にするだけでなく、あなたの自尊心や評判もだんだんとむしばまれてしまう。**自尊心や評判がむしばまれると、その後に持ち込まれるオファーに対しても抵抗力がなくなっていく。**「尊厳の輪」ができていないと、終わりのない悪循環に陥ってしまうのだ。

一万ドルと引き替えに、額に企業名のタトゥーを入れる女性

あなたの人生でも、「取引」のオファーを受ける機会にはこと欠かないはずだ。

ハーバード大学教授のマイケル・サンデルは、自著『それをお金で買いますか』の中で、この五〇年間に「取引」が人生のさまざまな領域に入り込んできていると指摘している。以前は取引の対象にならなかったものが、いまでは取引されている。

たとえば、**一万ドル（約一〇〇万円）と引き換えに、額に企業名のタトゥーを入れて息子の学費を払おうとする女性がいる。**自由意志で行っていることとはいえ、彼女がしているのは、以前は聖域だったはずの領域に抵触する行為だ。かつては神聖なものとして扱われた人間の体を、広告媒体におとしめているからだ。

銀行も、年金生活者の生命保険を商品にして、顧客が早く亡くなれば亡くなるほど大き

な利益を手にしている。こうした例を見ていけば、貨幣経済が以前は聖域だったものにまで攻撃の手を伸ばしているのがよくわかる。

だが経済の論理によるこの手の悪魔の行為に、法的規制がかかることは期待できない。「尊厳の輪」への攻撃を防げるかどうかは、あなた自身にかかっているのだ。

結論。「尊厳の輪」の境界ははっきりさせておこう。経済の論理によるウイルスを、あなたの価値基準の免疫システムに入り込ませてはならない。

「尊厳の輪」の中にあるものに、交渉の余地はない。どんなときでも、どれだけお金を積まれても、その基本を変えてはいけない。それらを取引の対象にすれば、悪魔との契約と同じように、魂を売り渡したことになる。

そして、悪魔と橋を架ける契約を結んだウーリ州の人々のように、魂を売り渡した後も無傷でいられるなどということは、実際にはめったにないのだ。

30

不要な心配ごとを避けよう

不安のスイッチをオフにする方法

どのくらい「臆病」であれば、動物は生きていけるか

想像してほしい。**あなたは「神」で、これから新しい種類の動物をつくろうとしているところだ。**

ハードウェアはもう決めている。新しい動物の見た目はチンパンジーに似せるつもりだ。では、ソフトウェアはどうすればいいだろう？　どのくらい危険に強く、どのくらい早く敏感に危険を察知すればいいだろう？　特に、まだ目に見えていない今後予想される危険に対しては、どんな設定をしておくべきだろう？

「危険センサー」の設定を低くしすぎると、その動物は崖から転落したり、天敵に食べられたりして命を落とし、創造後すぐに絶滅してしまう。

だからといって「危険センサー」の設定を高くしすぎると、今度は臆病になりすぎてその場から一歩も動けなくなって餓死してしまう。そうなるとまたその動物に繁殖のチャンスはなくなり、やがて絶滅する。

つまり、不安を感じる度合いは、ほどほどにしておいたほうがいい。「不安探知機」は適度なレベルに設定しておかなければならない。

だが、いったいどのぐらいが「適度」なのだろう? 先に挙げた命取りになりかねない両極端な例のちょうど中間あたりだろうか?

いや、それよりも動物のソフトウェアプログラムは少し用心深すぎるくらいの設定のほうがいい。動いた影を見ただけでもおびえてその場から逃げ出すほうが、逃げ遅れるよりずっといい。つまり、臆病さや心配や不安を感じる度合いは、獲物を探しに行けなくなるほどではなくても、かなり高めのレベルに設定しておいたほうがいいということだ。

どの動物もそうやって、進化する過程で「臆病さの度合い」を強めてきた。人間も例外ではない。私たちが朝から晩まで心配ごとを抱えているのは、そのためだ。

内心に抱える「不安」は、私たちの脳内ソフトウェアを構成する標準的な部品のひとつだ。「不安」は、生物としてのプログラムにしっかり組み込まれているため、排除するのは不可能に近い。

あなたも私も、ほかの誰かも、人間なら誰もが「不安」を抱えている。一〇〇万年ものあいだ、私たちは常に「不安」を感じていたからこそ生き延びたのだ。したがって、「不安」を感じること自体は、悪いことではない。

だが問題がひとつある。いまやあなたの臆病さは、命を脅かす危険とは直結していないということだ。あなたはもう、どの水飲み場にもサーベルタイガーが待ち伏せているサバンナに住んでいるわけではない。

あなたの頭の中に押し寄せる問題は、実際には危険でもなんでもない、あるいは、何かにつけて心配するのをやめられないから心配ごとを抱えているだけで、それらの90パーセントは実は不要なのだ。真夜中に地球温暖化や、株式市場の動向や、天国に行けるかどうかを心配してみてもなんにもならない。ただ眠れなくなるだけだ。

「不安感」は生態系にも寿命にも影響を与える

恒常的な不安感は慢性的なストレスにつながり、私たちの寿命にまで影響を与える。この事実を裏づける興味深い実験がある。

スズメには、アライグマ、フクロウ、ハヤブサなど、たくさんの天敵がいる。カナダの研究チームは、小さな森全体をネットで覆ってスズメの天敵を締め出し、スズメにとってはこのうえなく安心できる環境をつくりだした。

そして、その森の中に目立たないようスピーカーを数台設置し、森のある部分では「天敵の鳴き声」を、また別の部分では「穏やかな自然音」を流した。

すると、**「不快な」鳴き声を聞いたスズメは、自然音を聞いたスズメより、産んだ卵の数が40パーセント少なかった**。そればかりか、産んだ卵自体も小ぶりで、孵化した数も少なく、そのうえ鳴き声におびえた親鳥が十分な餌を運んでこなかったせいで、孵化したひなの多くは餓死し、生き残ったひなも脆弱だった。

この実験結果は、実際の脅威がなくても、不安感を煽るだけで生態系に影響が出ることをはっきりと示している。

スズメに当てはまることは、人間にも当てはまる。

だが、人間の場合には、もっと始末が悪い。私たちは敵に対して不安を覚えるだけでなく、ありとあらゆることについてくよくよ思い悩む。おまけにくよくよ思い悩むのは、本当の問題から気をそらすための、人間お得意の逃げ道でもある。抽象的な問題に逃げ込んで、現実の問題に向き合うのを避ける。悩んだほうがラクなのだ。

その結果として、**慢性的な不安を抱えてしまうと、間違った決断をしやすくなるばかりか、病気になってしまうこともある**。客観的に見れば、不安を覚える必要性など何もないというのに。

あなたの頭の中に、不安を煽るスピーカーをオフにできるスイッチがあればいいのだが、残念ながらそんなものは存在しない。

ストア派と呼ばれる古代ギリシアやローマの哲学者たちは、心配ごとを取り除くのに次のような方法を推奨していた。「あなたに影響を与えるものと与えないものを見きわめなさい。あなたに影響を与えるものにはきちんと取り組むべきだが、あなたに影響を与えないものについては考える必要はない」。

アメリカ人の神学者ラインホルド・ニーバーは、その二〇〇〇年後、同じことをこんな言葉で表している。「神よ、変えられないものはそれをそのまま受け入れる平静さを、変えられるものは変える勇気を、そして、変えられないものと変えられるものを見分ける賢さを与えたまえ」。

簡単そうに聞こえるが、これがなかなか難しい。人間の精神は、機械のスイッチを入れるように簡単に「平静」な状態に切り替わるものではないからだ。

また最近では、「瞑想」がさまざまな問題の打開策として褒めそやされている。特に心の中の動揺やくすぶる不安に対して有効だといわれている。

たしかに、瞑想にはそうした感情を鎮める作用がある。

だが効果が続くのは瞑想中だけだ。瞑想の世界から現実に戻ると、元の感情や思考はまだそこにある。前と変わらない強さでまたあなたの中に戻ってきてしまう。哲学や瞑想もいいが、さらに役に立つのは具体的なアドバイスだろう。

「不安」に対する三つの具体的な対処法

ここに、私の経験上おすすめできる「不安に対する三つの対処法」を挙げておこう。

ひとつ目。**「私の心配ごとメモ」というタイトルをつけたメモ帳を一冊用意しよう。** そして、あなたが自分の心配ごとのために使う時間を決めておく。

たとえば、「一日一〇分」と時間を決めて、その間に気にかかっていることすべてをそこに書き出すのだ。心配して当然の深刻な問題も、ちょっとしたことも、漠然とした不安も、気になることはとにかくすべて書き留める。

それを書き終えたら、その日の残りの時間は、ある程度心配ごととは無縁でいられるはず。心配ごとはきちんと記録されていて、ただほったらかしにされているわけではないと、あなたの脳が認識するからだ。

それを日々の習慣にして、毎日新しいページを使うようにする。そうすると、あなたはいつも自分が同じ心配ごとに悩まされているとわかってくるはずだ。

週末になったらその週に書いたことすべてに目を通し、哲学者のバートランド・ラッセルの助言通りのことをするといい。「ある心配ごとが頭から離れなくなっていることに気づいたら、それについてわざと必要以上に考えこむのが一番いい。そうすれば、病的な心配ごとは頭の中から自然に消滅してしまう」。

つまり、考えられる限り最悪の結果を想像し、それについて集中して考えるようにすればいいのだ。そうしているうちに、たいていの心配ごとは消えてなくなっていく。それでも消えないものだけが、本当に危険で対応が必要な問題ということだ。

ふたつ目。**「保険」をかけよう。**保険はすばらしい発明だ。心配ごとをなくすためのもっともスマートな方法のひとつと言っていい。保険の真価は、損害が発生したときの金銭的な補償にあるのではない。保険の有効期間は心配ごとを減らせるという点にある。

そして三つ目は、**「仕事」に精神を集中させよう。**仕事は、心配ごとから気をそらす最良のセラピーになる。仕事への精神集中や仕事で得られる満足感は、瞑想よりずっと不安の抑制に効果的だ。仕事ほど気をそらせられるものはほかにはなかなか見当たらない。

これらの三つの対処法をとれば、あなたの人生が悩み知らずになる可能性は、確実に高くなる。つまり、よい人生を手にするチャンスが大きくなるのだ。

ひょっとしたらすでに若いうちから、あるいは少なくとも人生の中盤くらいには、作家のマーク・トウェインが、ようやく晩年に到達したという境地を思ってほくそ笑むことができるかもしれない。「私はもう老人だ。これまでの人生ではいろいろな心配ごとを抱えていたが、そのほとんどは現実にはまったく起こらなかった」。

31

性急に意見を述べるのはやめよう

意見がないほうが人生がよくなる理由

脳はどんな質問にも「答え」を見つけ出そうとする

最低賃金は引き上げられるべきだろうか？　遺伝子組み換え食品の販売に問題はないだろうか？　人類が地球温暖化を引き起こしたという説は真実なのか、それとも環境保護主義の政治家の妄想なのか？　アメリカとメキシコのあいだに壁をつくるべきか？　日本は難民を受け入れるべきか？

きっとあなたは、これらすべての問いに、すぐに答えることができるだろう。普段から政治に関心のある人なら、考え込む必要はないはずだ。

だが実際には、これらはどれも、即答するには複雑すぎる質問ばかりだ。どの質問に対しても、少なくとも一時間は十分に吟味する必要があるだろう。それより短い時間で論理的な答えを見つけ出すのはほとんど不可能と言っていい。

私たちの脳は、意見を噴き出す火山のようなもの。ひっきりなしに何かに対する意見や個人的な見解を発信している。訊かれた質問が自分に関連があろうがなかろうが、複雑だろうが単純だろうが、答えられる質問だろうが答えられない質問だろうが、そんなことに関係なく、脳は答えを紙ふぶきのようにまき散らす。

だが、答えを発信する際、私たちが犯しがちな間違いが三つある。

ひとつ目は、**自分が興味のないテーマにも意見を述べてしまうこと**だ。ごく最近、私は友人との議論の最中に、自分が、ドーピング問題に激しい怒りを感じているかのような意見を口にしていることに気づいた。世界のトップクラスのスポーツに、私はまったく興味がないというのに。

私たちの意見の火山は、手近にあった新聞を開いただけでも動きはじめる。だが、興味のないことに対する意見にはふたをしておこう。私も先日の議論の際にはそうすべきだったのだ。

ふたつ目の間違いは、**答えられない質問にまで発言してしまうこと**だ。

次に株式市場が崩壊するのはいつか? 宇宙はいくつも存在するか? 次の夏の天気はどうなるか? 誰もそんなことには答えられない。専門家でも無理だ。答えられない質問にまで、意見を噴火させてしまわないよう注意しよう。

三つ目は、この章の冒頭で挙げたような**複雑な質問に、性急な答えを返してしまいがちなことだ**。三つの間違いの中でも、もっとも深刻なのがこれである。

頭の中で「複雑すぎる質問用」のバケツを用意する

アメリカ人の心理学者ジョナサン・ハイトは、このとき私たちの頭の中で何が起きているかを徹底的に究明している。

私たちには、質問が複雑な場合は特にそうなのだが、「即座に直感で答えを出す傾向」がある。そして意見を表明した後になってようやく頭で理性的に考え、自分の立場を裏づける理由を探しだす。

この思考過程は心理学で「感情ヒューリスティック」と呼ばれている。

直感による答えの判断は非常に速く、単純だ。**一面的で、「ポジティブ」か「ネガティブ」か、「好き」か「嫌い」かの二択しかない**。

たとえていえばこんな感じだ。誰かの顔を見たとする――「好き」。どこかで殺人事件があったらしい――「嫌い」。週末はよい天気になるようだ――「好き」。

こうした直感はほとんどの場合正しいのだが、複雑な質問の場合には、直感的に正しい答えを出せるものではない。ところが私たちは、それを正しい答えと勘違いしてしまう。

そして、直感があっという間に出した答えをどうにか「正当化」しようと、脳の中を大急ぎで探して、裏づけとなる理由や例やエピソードを集めてまわる。すでに自分の意見は述べてしまった後だからだ。複雑なテーマの答えを出すにしては、ずいぶんとお粗末なやり方だ。

早く発言してしまったために間違った判断をしてしまうのも大きな問題だが、何に対しても意見を述べるのをやめたほうがいい理由は、もうひとつある。

常に意見を持たなければならないという呪縛がなければ、精神的にリラックスでき、平静な心になれるのだ。「精神的な落ち着き」は、よい人生の大事な条件のひとつだ。

そのためには、**精神的な「複雑すぎる質問用」のバケツ**をひとつ用意しておくといい。あなたが興味を持てない質問や、答えられない質問や、難解すぎる質問を投げ入れるためのバケツだ。それでも、一日当たりいくつかは、意見を述べていいテーマや意見を述べなければならないテーマは残るはずだ。

質問に「わからない」と答えていい

少し前、あるジャーナリストに私の政治的な傾向を訊かれたことがあった。どうやら、もの書きはどんな分野のテーマにも意見を述べる資格があると思われているらしい。私は「自由主義者か権威主義者か」「所得税より消費税のほうがいいと思っているか」と尋ねられた。

私は彼の目をまっすぐ見て、「わからない」と答えた。

すると彼はボールペンを持つ手をおろし、私の答えが理解できないとでも言いたげなつくり笑いを浮かべた。

「わからないとは、どういうことですか？」――「その質問についてちゃんと考えてみたことがないからわからないということだよ」。「でも何かしら意見はあるでしょう！」――「意見はないんだ。そのテーマは私の『複雑すぎる質問用』のバケツに入っているからね」。


ありとあらゆることに意見を述べなくていいのは、とても解放感がある。それに、恥ずかしがらなくても、意見がないのは「知能の低さ」の表れではない。「知性の表れ」だ。

意見がないことはまた、財産でもある。**現代が抱える問題点は、情報の過多ではなく、意見の過多だからだ。**

思考の対象にするテーマは、意識して自分で選ぶようにすればいい。あなたがいま考えるべきテーマを、なぜジャーナリストや、ブロガーや、ツイッターのユーザーに決められなければならないのだろう？　あなたは彼らに雇われているわけではない。

考えるテーマはきちんと選んで、それ以外のものはすべて「複雑すぎる質問用」バケツに入れておこう。

いろいろなことに意見を求められても、辞退すればいい。あなたがコメントしなくても世界は問題なくまわりつづけるのを見て、あなたはきっと驚くに違いない。

「軽率に意見を述べる」頻度を極力少なくする

だが、あなたが本当に「自分の意見」をつくりあげたいときは、どうすればいいだろう？

その場合は、時間をかけて、落ち着いて、自分の考えを書き出してみるといい。**「書く」という行為は、考えを整理したいときの王道だ。**とりとめのない思考も、文章にすればクリアになってくる。

そして、「ほかの誰かの意見」も参考にする。理想的なのは、あなたと考え方を異にする人の意見だ。

そしてあなたの意見がはっきりしたと思えたら、ひと通りチェックする。あなたの論拠を崩せるかどうか、自分で試してみよう。そうすればあなたの意見の確実性を確かめることもできる。

結論。**軽率に意見を述べる頻度が少なければ少ないほど、あなたの人生は向上する。**

あえて具体的な数字を出すなら、あなたがプライベートやビジネス上で述べる意見で本当に重要なのは、ほんの1パーセント程度。それ以外の99パーセントは、実は不要なのだ。

また、意見を求められたテーマが、あなたが厳選した思考のテーマのひとつだったとしても、あなたの火山から最初に噴き出た意見に飛びつくのはやめたほうがいい。あなたがテレビのトークショーのゲストとして招かれ、一緒に招かれたほかの五人のゲストが全員、あなたと反対の立場をとったときのことを想像してみるとわかりやすい。

あなたの意見が尊重されるのは、あなたが自分の立場を雄弁に論証できたときだけだ。

32

「精神的な砦」を持とう

運命の女神の輪

学者ボエティウスの最後の著作『哲学の慰め』

ドン、ドン、ドン、ドン。西暦五二三年のある朝、学者ボエティウスの家のドアを、誰かがノックした。

当時四〇歳前後だったボエティウスは、いくらか尊大なところもあるが、社会的に成功した高名な知識人だった。彼は、上流階級の出身で最高レベルの教育を受け、テオドリック王統治下の東ゴート王国のローマで、最高位の役職に就いていた。模範的な結婚生活を送り、彼の子どもたちも成功をおさめていた。

またボエティウスは、彼が人生でもっとも情熱を傾けていた、ギリシア語からラテン語への書籍翻訳の時間を日々確保することもできていた（当時、ギリシア語の古典をオリジナルで読める人はほとんどいなかった）。

その朝、彼の家のドアがノックされたとき、ボエティウスの豊かさや、名声や、社会的地位や、創作力は、人生のピークに達していた。

だがボエティウスは、あっさりと、拘束された。彼は、テオドリック王への反逆に与《くみ》した嫌疑をかけられたのだ。そして、法廷に出席することのないまま、死刑判決を受けた。土地も、財産も、蔵書も、屋敷も、絵画やすばらしい衣類も、彼が所有していたものはすべて押収されてしまった。

牢獄でボエティウスは、最後の著作となった『哲学の慰め』を書きあげ、投獄から一年後、高い身分にふさわしく、剣を使って死刑を執行された。ボエティウスの墓は、パヴィア(ミラノの南約五〇キロメートル)のサン・ピエトロ・イン・チェル・ドーロ教会にある。

『哲学の慰め』は中世にもっとも多く読まれた本のひとつだ。その時代に広く読まれた本のほとんどはキリスト教関連だったが、この本は例外だ。

では、この『哲学の慰め』にはどんなことが書いてあるのだろう?

この本では、投獄され、死刑の執行を待つだけの絶望したボエティウスのもとに、突然、古代の魅力的な「哲学」が女性の形となって現れる。彼女は、ボエティウスに世界について説明し、彼が置かれている絶望的な状況と折り合いをつけるための「思考の道具」をいくつか授けてくれる(この本のテーマと似ていなくもない)。

「つらい状況を乗り切る」ための四つのアドバイス

ボエティウスの『哲学の慰め』に登場する「哲学」という女性が教えてくれたこと――つらい状況を乗り切るためのアドバイス（もちろん実際にはボエティウスからのアドバイスなのだが）をまとめると、おおよそ次のようになる。

ひとつ目は、運命の存在を受け入れること。

ボエティウスの時代は、運命は女神「フォルトゥナ」として擬人化されていた。この女神は絶えず**「運命の輪」**（フォルトゥナの輪と呼ばれている）を回していて、輪が回るたびに、人間たちの最高の時期と最悪の時期が入れ替わる。

「運命の輪」に乗って成功を手に入れたければ、いつかはまた運命が下り坂になるのを受け入れなくてはならない。だから運命のアップダウンをあまり深刻に受けとめすぎないほうがいい。状況はそのうちまた変化するのだから。

ふたつ目は、あなたが所有しているものも、大事にしているものも、愛しているものも、すべては永遠でないと理解しておくこと。

あなたの健康も、人生のパートナーも、子どもも、友人も、家も、財産も、故郷も、評判も、社会的地位も、すべては時とともに移ろう。

だから、それらを執拗に手に入れようとするのはやめよう。気楽にかまえて、運命がそれらを与えてくれたときには感謝すればいい。

そして、運命が幸運を与えてくれているあいだは、それは脆《もろ》くはかなく、永遠に続くものではないと常に覚えておくこと。一番いいのは、それらはあなたに一時的に貸し出されただけのもので、いつまた取り上げられてもおかしくないのだと思うことだ。遅くとも、死ぬときにはすべて失ってしまうのだから。

三つ目は、もしあなたがボエティウスのようにすべてを、あるいは多くのものを失ったとしても、あなたの人生にはよいことのほうが多く（そうでなければ失ったものを惜しまないだろう）、よいことにも負の要素はつきものだったことを忘れないこと。

そして四つ目は、あなたの思考や、思考の道具や、不運や損失や状況の悪化に対する精神的な対処法だけは、誰もあなたから取り上げられないということだ。あなたの「精神的な砦」と言ってもいいだろう。どこからも襲撃されない、あなただけの領域だ。

きっとあなたは、ここで挙げたアドバイスをすでにどこかで聞いたことがあるか、読んだことがあるだろう。ボエティウスにとっても、これらは新しい概念ではなかった。どれも、**哲学の一派であるストア派の原理**だ。

ストア派について、よく知らない読者もおられるかもしれない。少し説明をすると、ストア派は、紀元前四世紀（つまりボエティウスが生きた時代のおよそ一〇〇〇年前）のアテネに起源を持つ実践的な哲学の一派で、紀元後最初の二〇〇年間、ローマでは主流学派のひとつに数えられていた。

ストア派の代表的な哲学者には、大富豪だったセネカや、奴隷階級のエピクテトス、第一六代ローマ皇帝のマルクス・アウレリウス・アントニヌスらがいる。

驚いたことに、今日にいたるまでストア派は、日常生活における疑問に実践的な答えを提示している唯一の哲学の学派である。それ以外の学派や傍流の理論は、知的刺激は与えてくれるが、人生の課題の克服にはほとんど役に立たない。

ボエティウスは、キリスト教がヨーロッパ人の意識をもうろうとさせ、自分の人生の責任を虚構（神）にゆだねてしまう前の最後のストア派哲学者の一人だ。ヨーロッパの人々の意識にかかった霧が晴れたのは、その後一〇〇〇年も経ってからである。

だが、霧が晴れてすばらしい日の出を迎えた後もストア派の思想が注目されることはなく、いまだに日陰の存在のままである。それでも、ストア派の思想は、そこここで光を放っている。

考え方の選択は、人間に残された最後の自由

ナチスの強制収容所の生存者であるヴィクトール・フランクルは、こんなことを書いている。**「考え方の選択は、人間に残された最後の自由だ」**と。これは、前述した四つ目の

アドバイスの「精神的な砦」と趣旨はまったく同じといえる。

たとえば、イタリアの化学者で作家のプリーモ・レーヴィの作品を読むと、アウシュヴィッツでの体験をつづる彼の描写とストア派の思想の共通点に驚かされる。

そして第28章で取り上げた戦闘機のパイロット、ストックデールも、やはりストア主義的な思想の持ち主だ。四年間の独房生活を含む七年間の捕虜生活のあいだ、彼は自分の主義をつらぬき通した。しかし、たいていストア派の思想は、いまの私たちにはあまりなじみがない。

ストア派がすすめる「運命の存在を受け入れる」思想を持たない私たちが「運命」という言葉を口にするとき、それが意味するところは、「フォルトゥナの輪」ではなく、「システムの機能不全」だ。**私たちは、失業も、飢えも、戦争も、病気も、死さえも、例外的にシステムがうまく機能しなかったせいで起こると考えている。**

だが、そう考えるのは間違いだ。以前と比較して、大きな不幸に見舞われる頻度は（少なくとも先進国では）減ったかもしれないが、その分精神的に受ける打撃は大きくなった。そのうえ、グローバル化が進んで世界が複雑になっている現在では、まったく新しい予想外の不幸に見舞われる可能性も十分にある。

つまり、思考の道具を手に入れて精神的な打撃に備える重要性が、これまで以上に高まっているということだ。

あなたがボエティウスや、第三帝国のユダヤ人や、内戦下のシリアの住民でなくても、「運命」の打撃に襲われることはある。インターネットで炎上して自分を根底から否定されたり、世界的な金融危機が起きて貯蓄をすべて失ったり、あなたのパートナーがフェイスブックの「友だち」に恋をしてあなたを家から追い出したり。

しかし、どれも不幸なことには違いないが、命にかかわるほどではない。

それに、**もっとも大きな運命の波を、あなたはすでに乗り越えている。あなたが、この世に生まれるまでの確率の低さを考えてみるといい。**あなたの母親やあなたの両方の祖母や曾祖母たちがつらい出産（出血多量で亡くなった人もいたはずだ）をくぐり抜けた結果、あなたはこの世に生を受けることができたのだ。それなのにあなたは、あなたの株式ポートフォリオの価値が半減した程度のことで嘆くというのだろうか？

結論。世界は厄介ごとや偶然に満ちていて、ときに私たちの人生を混乱させる。

幸せかどうかは、高級車や、社会的地位や成功を手にすることや、銀行口座の額で決まるのではない。ボエティウスが経験したように、それらはどれも、「一度は手にしたと思っても次の瞬間には取り上げられてしまうかもしれないもの」ばかりだ。

幸せはあなたの「精神的な砦」の内側にある。ポルシェのコレクションに精を出して物質的な充実を図るより、砦の内側を充実させよう。

33

嫉妬を上手にコントロールしよう

自分を他人と比較しない

古代ギリシア人も、猿も、「嫉妬」していた！

「友人が少しずつ成功するたびに、私は少しずつ死んでいく」

毒舌で知られたアメリカ人の小説家、ゴア・ヴィダルは、あるインタビューでそう語った。ヴィダルは、人間なら誰もがときどき襲われるが誰もが認めたがらない、**あらゆる感情の中でももっとも無意味で役に立たない有害な感情**の話をしている。その感情とは「嫉妬」である。

だが、嫉妬の無意味さが認められるようになったのはここ最近のことではない。嫉妬については、すでに古代ギリシアの哲学者たちも警告を発している。聖書にも、カインとアベルの寓話をはじめとして、嫉妬の破壊的な力を表す物語がたくさんある。そして白雪姫。この謎めいた童話は、嫉妬そのものがテーマだ。

イギリスの哲学者、バートランド・ラッセルも、「嫉妬は、不幸を招くもっとも大きな要因のひとつだ」と述べている。

嫉妬は、身体的な障害や経済的な破滅より、もっと人生の満足度を低下させる。

だからこそ、嫉妬をコントロールする能力は人生には不可欠であり、そのコツを身につけられればよい人生を手に入れるための基本的な条件を満たしたことになる。だが、嫉妬の感情は進化のプログラムに組み込まれてしまっているため、それを抑え込むのは簡単ではない。


嫉妬は、人間だけの感情ではない。動物も嫉妬する。


猿の研究者のフランス・ドゥ・ヴァールとサラ・ブロスナンは、「二匹のオマキザルに、簡単な課題をこなすたびに、褒美としてきゅうりスティックを一本与える実験」をした。課題をこなした猿はどちらも満足気で、うれしそうにきゅうりスティックを受けとった。

だが次の課題では、一匹目の猿には前と同じようにきゅうりスティックを、二匹目の猿には甘いぶどうを与えてみた。

すると、そのことに気づいた一匹目の猿は、嫉妬のあまり与えられたきゅうりスティックを檻の外へ投げ捨て、その後は実験に協力しようとしなかった。

「自分と同レベルの相手」に嫉妬する

嫉妬に関して特筆すべきは、自分と同レベルの相手のほうが、嫉妬の対象になりやすいという点だ。

私たちが特に嫉妬を感じるのは、年齢や、職業や、環境や、暮らしぶりが「自分と似た人たち」に対してだ。プロのテニスプレーヤーはほかのプロテニスプレーヤーと、優秀なマネージャーはほかの優秀なマネージャーと、作家はほかの作家と、自分を比較する。

たとえば、ローマ法王とあなたとでは、立場が違いすぎるため、嫉妬を感じることはない。アレクサンダー大王などもそうだ。

あなたと同じ地域で生きていた成功者といえども、それが石器時代の人物だった場合には、やはり嫉妬の対象にはならない。ほかの惑星の住人や、颯爽としたホホジロザメや、巨大なセコイヤの木に対しても、感嘆はしても嫉妬の感情はわいてこない。

そう考えると、「嫉妬に対する対処法」は自然と明らかである。誰とも自分を比べなければいい。そうすれば、嫉妬とは無縁の人生を送ることができる。他人と自分を比較するのを一切やめてしまえばいいのだ。それが嫉妬を感じずにすむ、一番の近道だ。

だが、言うは易く行うは難し。他人と自分を比較せざるをえない状況も、ときにはある。

たとえば**カリフォルニア大学では、「職員の給与の公開」が義務づけられている。**ウェブサイトを見れば、同僚がいくらもらっているかを調べられる。

そして当然、給与が平均を下回る職員の仕事に対する満足度は、その事実を知る前より知った後のほうが低くなる。組織の透明性を保つために、職員の幸福が損なわれているといえる。

「他人と比較する」行為が、幸せを遠ざける

こうした他人との比較が、もっと大々的に行われているのがソーシャルメディアだ。**フェイスブックがユーザーの多くをいらだたせ、疲弊させることは、すでによく知られている。**

ベルリンのフンボルト大学の研究チームは、その原因を究明するための調査研究を行った。その結果、「一番の原因」として指摘されたのは何だったとあなたは思うだろうか？

すでにお察しと思うが、「嫉妬」である。

フェイスブックが「気の合う者同士が、互いを比較し合う仕組み」になっていることを考えれば、当然の結果かもしれない。ここは、ねたみの温床になってしまっている。

だから、ソーシャルメディアからは、大きく距離を置いたほうがいい。

自分を他人と比較するばかげた目安（「いいね！」や、フォロワーや「友だち」の数な

ど）がいくつも設けられているせいで、私たちは、知らず知らずのうちに、常に不満を抱えていなければならなくなる。

そのうえあなたがアップロードしているのは、楽しい生活を送っていると思われるよう、入念につくりこんだ写真ばかりのはずで、あなたの日常生活を忠実に表したものではない。そんなことをしていれば、実際には自分より友人たちのほうが幸せなのだと考えるようになるのも当然である。

現代ほど、他人との比較がさかんに行われたことはない。インターネットのおかげで、嫉妬はいまや社会に蔓延する悪癖のひとつになってしまっている。

ソーシャルメディアの使用を減らせたら、次は、「実生活で、他人と比較せざるをえないような機会」も避けるようにするといい。

たとえば、**同窓会に出席するのはやめたほうがいい**。ひょっとしたら、収入面でも、健康面でも、家庭生活も、社会的な地位においても、同級生たちの中でもっとも順調なのはあなたかもしれないが、そもそも同窓会に行かなければそんなことは知りようもない。

住むところに関しても、自分がその地域の中で〝上流〟でいられるような町や地区を選ぼう。社会的な付き合いも同じだ。あなたが資産家でもない限り、ほぼ富豪ばかりで構成されるロータリークラブに入会するのはやめたほうがいい。どこかに所属するなら、民間の消防団にでも参加したほうが居心地がよく、よほど有意義だ。

人生の満足度はそれひとつで決まるわけじゃない

ただし、第13章で取り上げた「フォーカシング・イリュージョン」には気をつけてほしい。

たとえばあなたは、相続した遺産でシルバーメタリックのポルシェ911を購入した隣人がうらやましくて仕方がないとする。隣人が愛情をこめて「シルバーの子猫ちゃん」と呼ぶその新車は、あなたの家のリビングの窓からよく見える場所にいつも停められている。

隣人がエンジンをふかす音を聞くたびに、あなたの胸には小さな痛みが走る。なぜなら、あなたは「ある部分だけ」に意識を集中させてしまっているからだ。

隣人の生活を自分の生活と比較するとき、あなたの意識の焦点は、無意識のうちにその「相違点」だけに絞られている。

つまり、あなたが乗っているフォルクスワーゲンのゴルフと、隣人のポルシェ911を比較するだけで、車が人生の満足度に与える影響を過大評価しているのだ。

そしてあなたは、隣人は自分よりもずっと幸せなのだと思い込む。客観的に見れば、車が人生の満足度に与える影響など微々たるものでしかないというのに(そもそも車と人生の満足度に関連があるかどうかすら疑問だ)。

ところが、あなたに「フォーカシング・イリュージョン」に陥っている自覚がありさえすれば、あなたの嫉妬の棘は、わりと簡単に抜くことができる。あなたが誰かの持ち物をうらやましく思ったとしても、実際にはそれらは、あなたが思うほど重要なものではないのだから。

それでもなお、あなたの中に嫉妬の炎が燃えさかってきたときには、消防用のホースで消火しよう。どうするか。嫉妬を感じる相手の「人生における最大の問題点」を意識的に探し出し、そのせいでその人物がどれぐらい困っているかを考える。そうすれば、すぐにあなたの気持ちは晴れるだろう。妄想のすすめだ。あまり品のいい解決法でないのは確かだが、緊急事態の火消しには役に立つ。

もし、あなた自身がひどい嫉妬の対象にされたときには、謙虚になろう。そうすれば、相手の嫉妬も少しはおさまり、その人の苦悩を最小限にとどめることができる。

謙虚さは、世の中のためになる。よくいわれるように、成功した後の最大の課題は、その成功について口をつぐんでおけるかどうかだ。すでにあなたはそうしているなら、誇りに思っていい。

結論。あなたの近所にも交友範囲にも行動範囲にも、必ずあなたよりよい人生を送っている人がいるという事実を受け入れよう。一日も早く、あなたの感情のレパートリーから「嫉妬」を外したほうがいい。

34

解決よりも、予防をしよう

賢明さとは「予防措置」をほどこすこと

人生の困難は「解決する」より「避ける」ほうが早い

この章を読みはじめる前に、少し時間をかけて、次の質問について考えてほしい。賢明さとはなんだろうか？

「賢明さ」。ひょっとしたらあなたの頭の中には、人生経験豊かないわゆる「賢者」のイメージが浮かんできたかもしれない。小さい図書館がつくれそうなほどたくさんの著作のある教授を思い浮かべたかもしれない。

それともあなたが想像したのは、スイスのアルプス地方の住民にいそうな自然主義者や、アマゾンデルタの素朴な漁師だっただろうか。あるいは、どこかの山のてっぺんであぐらをかいて瞑想している隠者の姿だっただろうか。

頭の中に浮かんだイメージはさておき、もう一度、最初の質問に戻ってみよう。賢明さとは何だろうか?

テレビのクイズ番組で、大規模な音楽コンテストの歴代優勝者の名前と星座をすべて正解できる人は、頭はいいのだろうが、賢明な人物とはいえない。そうでなければ、頭の中をそんなくだらない知識でいっぱいにしたりはしないだろう。

たとえクイズの強さがその人の「能力の輪」(第16章参照)の内側にあることだったとしても(「能力の輪」の中のことに豊富な専門知識が必要なのは事実なのだが)、それを賢明さと呼ぶのは説得力に欠ける。

そう考えると、賢明さとは知識の蓄積ではないことになる。

「賢明さ」とは、もっと実際的な能力なのだ。人生の舵をとる技術とでもいおうか。それはまた、人生で起こる困難のほとんどは解決するより避けたほうが早いと気づくこと。**賢明さの定義とはつまり、困難に対して予防的措置をほどこすこと**なのである。

実際、人生は難しい。問題はあちこちから、雨あられと降ってくる。目の前に予想もしない溝が突然口を開けたり、行き先をバリケードでふさがれたりしても、あなたにはどうすることもできない。

けれども、どこに危険が潜んでいるかが「予測」できれば、その危険を防止したり、あらかじめ困難を避けたりして通ることができる。

アインシュタインはこんなふうに言っている。**「頭のいい人は問題を解決するが、賢明な人はそれをあらかじめ避けるものだ」**。

沈没する映画は観ても、沈没する船には乗りたくない

ただ、厄介なことがある。「問題を避ける行動」は、魅力に欠けてしまうのだ。

たとえば、AとB、ふたつの「映画のプロット」があったとしよう。

Aの映画では、船は氷山に乗りあげ、ゆっくりと沈みはじめる。船長は使命を果たすべく、見ていて胸が痛くなるような犠牲的な救出活動を行い、全乗客の命を救い出す。そして最後まで船に残った船長が救命ボートに乗りこむと同時に、大きな水しぶきをあげて船は完全に沈没する。

Bの映画では、船長は十分な距離をとって氷山を迂回し、安全な航行を続ける。

——あなたが映画館で観たいのは、どちらの映画だろう？　もちろん、Aに決まっている。だが、あなたが実際に船に乗っている乗客だとしたら、もちろん、選ぶのはBのほうだろう。

このAとBが実際の話だとしたら、その後にはどんなことが起きるだろう？

おそらくAの船長は、トーク番組の出演依頼や、すばらしい条件の出版契約のオファー

を受け、それ以降は船長の職を辞めて、大企業の顧客向けのイベントや幹部ミーティングで講演を行い、大金を稼ぐようになる。故郷の町では、彼の名前が通り名につけられ、彼の子どもたちはこれまでよりずっと父親を誇りに思うようになる。

一方で、Bの船長はその後何年も、定年退職するまで障害物を大きく迂回しながら船を航行させるだろう。ずっと、チャーリー・マンガーのこの処世訓に忠実でありつづける。「目の前に危険な渦があるのがわかったら、私は六メートルどころじゃなくて、二〇〇メートルは間をあけて、それを避けるね」

Bの船長のほうが船長として優秀なのは明らかだ。だが、歓声を送られるのはAの船長だ。予防措置で達成した成功（もしくは避けられた失敗と言ってもいいが）は、外の世界から見ると、目立たないからだ。

未然に経営破綻を防いでいるマネージャーはすごい

ターンアラウンド・マネージャー（経営破綻しかけた企業の事業再生・企業再建を請け負うスペシャリスト）の活躍ほど、経済メディアにもてはやされるものはない。

その再生手腕を評価すること自体は何も悪いことではないのだが、もっと高く評価されるべきなのは、企業再生が必要な状況に陥ることを未然に防いでいるマネージャーのほうだろう。

けれども「予防措置」による成功は、外からは認識できないため、その業績はメディアの目にはとまらない。そのマネージャーがどれだけ賢明な判断をしたかを知っているのは、マネージャー本人と、彼の配下のチームメンバーだけだ。しかし彼らが知っているのも、実際には、大きな成功のうちのほんの一部でしかない。

そんなふうに、私たちは「目につきやすい」業績をあげた軍の高官や、政治家や、救急外科医や、セラピストの役割を過大評価し、社会や個人が大きな問題に巻き込まれるのを未然に防いだ人たちの役割を過小評価している。

だが真のヒーローや賢人は、実は腕のいいホームドクターや、優れた教師や、合理的な立法者や、百戦錬磨の外交官といった、**「問題を事前に防いでいる人たち」のほう**なのだ。

では、あなた自身の人生についてはどうだろう？

すぐには信じがたいかもしれないが、あなたが人生で達成した成功のうちの、少なくとも半分は、「予防措置」による成功だ。

もちろん、誰でもそうであるように、これまでの人生であなたは失敗だってしているだろう。それでも、失敗した回数よりも愚かな行為をつつしんだ回数のほうが、ずっと多いはずである。健康面や、キャリアや、金銭面やパートナー選びにおいて、あなたが賢明にも事前に避けて通った危険を思い返してみるといい。

「予防のための措置」をほどこすことを、怠ってはいけない。

アメリカ人のヘッジファンドマネージャー、ハワード・マークスは、彼の著書『投資で一番大切な二〇の教え』の中で、ある賭博師《とばく》のことを書いている。

「ある日その賭博師は、出走馬が一頭しかいないという競馬のことを耳にした。そして彼は全財産をその馬につぎ込んだ。これ以上確実な賭けなどありえない！ と考えたからだ。だがその馬はレーストラックを半分ほど走ったかと思うと、柵を跳び越えて逃げ出してしまった」

一週間に一五分、起こりうる「リスク」について考える

アメリカ人の国際政治学者、ヘンリー・キッシンジャーは、こうした失敗は「想像力の欠如」によるものだと指摘している。**「予防措置」をとるのに必要なのは、知識だけではない。想像力も必要なのだ。**

だが、残念ながら多くの人は「想像」に対しては間違ったイメージを抱いている。

ワインを飲みながら考えごとをしたときに、頭に浮かんでくるのが「想像」だと思っている人が多いのだ。けれどもそれは「想像」ではなく、以前に考えたことがまた頭に浮かんできているだけである。

「想像」というのは、ものごとのあらゆる可能性とそこから予測できる結果を、持てる力

の最後の一滴まで振り絞って、結末まで含めて綿密に推測することだ。そう、「想像」するのは、なかなか骨が折れるのだ。

ひょっとしたらあなたはいま、まだ起こってもいない問題についてまで「想像」をめぐらさなくてはならない大変さを思って、気が重くなっているかもしれない。

だが本当に、まだ起きてもいない大問題について常に考えておく必要があるのだろうか？　そんなことをしていたら、気が滅入ってしようがないのではないだろうか？

経験から言わせてもらえば、そんなことはない。きっと気は滅入らない。

チャーリー・マンガーもこう言っている。「これまでの人生を通して私はずっと、考えられる限りのあらゆる困難について想像してきた。（中略）だが、問題を先取りするのを憂うつに感じたことはない。その問題が現実になったときに備えておけるわけだからね」。

一週間のうち、一五分でいい。あなたの人生で起こりうる「大きなリスク」について、集中して考える時間を持とう。

そうしたら残りの時間は、それらのリスクのことは忘れて、何も心配せずにリラックスして過ごせばいい。その一五分のあいだに、起こりうる失敗とその可能性をこと細かに予測しておくのだ。

たとえば、あなたの結婚生活が破綻したり、あなたが突然破産したり、心筋梗塞を患ったりしたときのことを想像する。

そこから時間をさかのぼって、（想像上の）その大きな問題の引き金となったのは何だったのか、「原因を徹底的に分析する」のだ。またその過程の締めくくりとして、その問題が現実にならないよう、「予測される原因を取り除いておく」ことも忘れないようにしよう。

もちろん、これらの作業を定期的にきちんと行ったとしても、あなたが危険を見逃して、間違った判断を下すことはあるだろう。だが、そうやって結果的に大きな問題が起きたとしても、あなたが現実を直視し、すぐにその問題に対処すれば被害は小さくできる。けれども事前に予測できるようなことに関しては、困難は解決するより避けたほうが簡単なのは間違いない。

結論。賢明さとは、「予防的措置」をほどこすことだ。予防のための措置は外からは目につかないため、残念ながらあなたは賢明さをひけらかすことはできない。だが、自慢がよい人生のためにはならないことを、あなたもすでにご存じのはずである。

35

世界で起きている出来事に責任を感じるのはやめよう

世の中の惨事を自分なりに処理する方法

「憤り」を感じたら、どう対処すればいいのか？

シリアでは、戦闘機が病院や人道支援車両を狙って爆撃し、ＩＳの信奉者はカメラを回しながら人の首を切る。

リビアでは、密入国斡旋《あっせん》業者が子どもも大人も男女も問わず密入国希望者を奴隷のように扱った後、ゴムボートに乗せて地中海へと送り出す。だが彼らのうちの半数は、目的地に着く前に溺死する。

東アフリカでは、数百万単位の人々が飢餓で苦しみ、短くつらい人生を運命づけられたＨＩＶ感染児は世界のいたるところで誕生している。閉ざされたドアの向こうでドメスティックバイオレンスの嵐が吹き荒れる家庭も数えきれないほどある。

こんなにも、世界はむごたらしいことでいっぱいだ。

それなのに、あなたはいま、ここでよい人生について書かれた本を読んでいる。こうした矛盾した状況にどのように対処すればいいのだろうか？

あまり他人に感情移入しないタイプの人でも、先に挙げたような問題には「憤り」を感じるに違いない。だが**その憤りをどうすればいいのか、具体的な方策を持っている人はほとんどいない。**

事実、助けを必要としている人は大勢いる。しかし、すぐにでも大量の水をエチオピアに運んで、死にそうなほど喉が渇いている人たちに飲ませてあげたいと思っても、次の瞬間には、私たちの頭はすぐに日常の細々したことに占められてしまう。子どもの宿題が終わっていないとか、シャワーヘッドの掃除をしなければならないとか、バターが切れているなどといったことに気をとられ、自分の中の憤りときちんと向き合うことはない。

それでも、この世界の不平等には気が重くなる。私たちには、個人的な戦略が必要だ。精神的なバランスを失わずに、世界の難題と向き合うために、思考の道具は持っておいたほうがいい。私がおすすめできる対処法を、ここに五つ挙げておこう。

「個人でできることには限界がある」と忘れない

世界の難題と向き合うための思考の道具、ひとつ目。「個人でできることには限界がある」と忘れないようにしよう。あなたがローマ皇帝のアウグストゥスやカール大帝やジョン・F・ケネディでもない限り、個人でできることは少ないのだ。

人災（紛争や戦争、テロリズムなど）のほとんどは、見かけよりずっと複雑だ。それらがどう展開するかは誰にも予測はできない。

そのため、事態が収束するまでには、通常、当初の予想よりもずっと時間がかかる。単なる軍事行動だけで紛争の中心人物を排除できるわけではないことは、軍事の専門家でなくても予測がつく。だが、西側諸国が善意で行ったはずのリビアやイラクへの政治介入は、皮肉にもそれらの国の一般市民の生活をかえって悪化させるという予想外の結果までもたらしてしまった。

当代最高のアドバイザーを従えているはずのアメリカの大統領も、自分の能力を過信し、判断を誤り、頻繁に痛い目に遭っている。問題は、共感力の欠如でも、軍事力の欠如でも、知能の欠如でもない。紛争の複雑さが度を越しているのだ。

「世界をよりよいものにする」という目標を掲げる世界経済フォーラムのような組織でさえ、これまでのところその役目を果たせているとはとても言えない。富裕層や権力者との太いパイプを有する世界経済フォーラムですら、客観的に見れば創設以来、何ひとつ達成できていないのだ。

だからあなたも、自分の力を過信しないほうがいい。言ってしまえば、**あなた一人の力で難題の解決などできるものではない。**

たとえあなたが戦争を終結させる最良の方法を見つけたと思っていたとしても、もう一度その方法を慎重に検討しなおしてみよう。あなたよりもさらに深くそのテーマについて専門に研究している人たちが、あなたが見つけた方法をそれなりの理由があってすでに却下している可能性は大いにある。

「時間」ではなく、「お金」を寄付しよう

世界の難題に立ち向かうための思考の道具、ふたつ目。あなたが、この星の苦境を少しでも救いたいと思うなら、「寄付」をしよう。それも「時間」ではなく「お金」を寄付するのがいい。

あなたが救急医や、爆弾処理の専門家や、外交官でもない限り、戦争地域に向かうのはよしたほうがいい。ボランティアへの参加が有意義だと思い込んでいる人は多いが、実際は、ボランティア活動にはあまり生産性がない。

あなたの時間をもっとも効率的に使えるのは、あなたが自分の「能力の輪」（第16章参照）の中にあることを行ったときだ。そういうことであれば、あなたの一日当たりの生産性を最大化できる。

もしも、あなたがボランティアでサハラ砂漠に水用のポンプを設置したとしても、地元のポンプ職人ならばほんのわずかな賃金でできる程度の労働でしかない。それにあなたが

ポンプを設置すれば、その分彼らの仕事が減ってしまう。

そのうえ、あなたがボランティア活動で設置できる給水所は一日に一か所程度でも、あなたが自分の仕事をこなしてお金を稼ぎ、そのお金を地元のポンプ職人への支払いにあてれば、その日の終わりまでには新しい給水所が一〇〇か所はできあがる。

もちろん、ボランティア活動をすれば充実感は得られるが、大事なのはあなたがどう感じるかではない。熱心な慈善活動が有意義だと思い込むのは、私たちが陥りがちな思考の落とし穴だ。現地のすばらしいスペシャリスト（国境なき医師団や赤十字やユニセフなど）たちは、あなたのお金をあなた以上に有効に使ってくれる。

だから私たちは、自分の仕事に精を出し、稼いだお金をその道のプロに手渡すことにしよう。

見聞きするニュースの量を「制限」しよう

三つ目。見聞きするニュースの量を思い切って「制限」しよう。特に人道的な問題に関するニュースには気をつけたほうがいい。

胸をえぐられるような映像を見て、テレビの前で犠牲者への哀れみにどっぷりとひたっていても何もならない。犠牲者のためにもあなたのためにもならないし、世界で起きている惨事に「興味を持つ」のはただののぞき見趣味にすぎない。

惨事についての情報を「積極的に入手する」のは人道的な行為のように感じるかもしれないが、実際にはそうではない。そもそも犠牲者にも失礼だ。紛争や戦争や世界で起きている惨事を本当に理解したければ、一年ほどかかるかもしれないが、本を読むのが一番だ。どっちみちあなたには、(救済のための寄付をする以外)できることは何もない。

四つ目。宇宙はさまざまな生命体であふれていて、ほかの星々も同じような困難や惨事や苦悩を抱えていると思っておいたほうがいい。そう考えていれば、世界で起きている惨事から精神的に距離を置くことができる。

災いは、時も場所も選ばない。この世からなくなることもない。だが個人の自由になるお金には限りがあるため、支援先は絞り込まざるをえないのだ。二、三の救援組織だけを選んで、まとまった「寄付」をするようにしよう。

あなたの町やあなたの国やこの惑星のどこかやほかの星で起きているそのほかの惨事は、やむをえないこととして冷静に受けとめるしかない。

「無責任」でいることは、けっして悪いことではない

五つ目。**世界で起きていることは、あなたの責任ではない**。冷酷で、無慈悲に聞こえるかもしれない。だが、これが真実なのだ。

ノーベル賞を受賞した物理学者のリチャード・ファインマンは、「現代コンピューターの父」とも呼ばれた天才数学者、ジョン・フォン・ノイマンの考え方を拝借して、こんな発言をしたことがある。

「『世界で起きている出来事は、あなたの責任ではない』。ジョン・フォン・ノイマンのこのすばらしい考え方を、私もまねすることにした。意識的に社会に対して無責任でいることに決めたのだ。そう決めてから、私は前よりずっと幸せを感じられるようになった」

ファインマンがいう「社会に対して無責任でいること」というのは、つまり、アフリカの病院を建てる代わりに自分の仕事に集中したとしても、罪悪感を抱かなくてもよいということだ。

アレッポで爆撃の犠牲になった人たちより、あなたのほうが恵まれているからといって、「罪の意識」を感じる必要はない。場合によっては、あなたと彼らの立場はまったく逆だったかもしれない。きちんと生産性のある生活をしていれば、あなたは人でなしということにはならない。世界をよくするために、あなたもあなたなりの方法で貢献しているのだから。

結論。世界で起きている惨事に対処するための思考の道具を持っておいたほうがいい。ここで挙げたのと同じ方法でなくてもかまわない。大事なのは、自分なりに、何らかの方法を確立しておくことだ。そうでなければ、あなた自身の人生を生きるのがつらくなる。

各地で起きていることすべてに心を痛め、そのたびにああすればよかった、こうすればよかったと考えていたら、罪悪感であなたのほうがまいってしまう。あなたが精神的な苦痛を覚えても、現実に起きていることは何も変化しないのに。

36

注意の向け方を考えよう

もっとも重要な資源との付き合い方

「アラカルトメニュー」を頼んだほうが幸せ?

あなたはいま、レストランでメニューを見ている。さて、何を頼もう?

選択肢は二つある。**いろいろ試せる「サプライズセットメニュー」か、自分でフルコースの中から内容を選べる「アラカルトメニュー」か。**

あなたは、前菜やメインをひとつひとつ注文すると、セットメニューより割高になることに気づく。おまけにセットメニューには、ワインまでついている。

そこであなたは、いろいろ試せるセットメニューのほうを注文する。「そちらのほうがずっとお得ですからね」。ウエイターはほほえみながらいった。「ほとんどの方がそちらをご注文なさいます」。

すると、本当に次から次へといろいろな料理が運ばれてくる。

アミューズブーシュ（フランス料理でワインとともに出される軽いオードブル）、フォアグラ料理四種、鱒《ます》のマリネのアスパラガス添え、イチゴをのせたチョコレートサヴァラン、ノロジカの料理、イチジクのマスタードを添えたチーズプレート、ラムソンとリコッタのラビオリ、その後のレモンシャーベットに続いて、今度は鴨の胸肉、ナスのニョッキ、子牛のリードヴォー。コースの順序などおかまいなしに際限なく料理が出され、そこにまたかなり適当な順序でさまざまなワインが供される。

二〇皿ほど食べたところで、あなたは会計を頼む。これほどの量を食べたのも、これほどめちゃくちゃな順序で食べたのも、これほど食事の後に気分が悪くなったのも、初めてだった。

会計しながらあなたは思う。いくらトータル的にお得だとしても、アラカルトメニューで個々にオーダーすればよかったのかもしれないなと。

成功の一番の理由は「フォーカス」である

ところ変わって、ここは実際にあった夕食の席での一場面。出された料理はどちらかといえば伝統的で無難なものだったが、食事客のほうは豪華だった。

大勢の大富豪が招待されていて、客の中にはウォーレン・バフェットやビル・ゲイツもいた。

ゲイツは、会場に居合わせた人々にこう尋ねた。「あなたたちがいまの成功を手にできた一番の要因は何ですか?」。バフェットは「『フォーカス』だね」と答えた。ゲイツも同意見だった。

ここでいう「フォーカス」とは、彼らの「着眼点」や、彼らが「注意を向けた点」という意味である。**どこに注意を向けるかが、成功を手にするための大きな要因であるということ**。それは、どうやら間違いないらしい。

あなたの人生においても、「どこに注意を向けるか」は、やはり重要な意味を持っている。それなのに、私たちは自分が注意を向ける方向を驚くほど重視していない。

注意を向ける方向を自分で決める「アラカルト」ではなく、誰かが私たちの注意を引くためにお膳立てした「情報のサプライズセットメニュー」を朝から晩まで体いっぱいに取り込んでしまっているのだ。

Eメールやフェイスブックのアップデート。チャットのメッセージ。ツイート。ニュースアラート。世界各地からのニュース。文書内のハイパーリンク。ウェブサイトのビデオクリップ。それに加えて、空港でも、駅でも、電車の中でも、人の目につく場所にはどこにでもディスプレーが設置され、私たちの注意を引こうと、ひっきりなしにハラハラさせるような広告や情報が発信されている。

情報の中には役に立つものもある。情報は私たちにいろいろ訴えかけてくる。だから、それを見ている私たちは、少しばかり「王様」のような気分になる。

だが実情を考えたら、私たちは「王様」というより、むしろ誰かに操られる「奴隷」のような気がしていなければならないのだ。

私はこう思っている。私たちの前に提示されている「情報」は、実際には贈り物ではなく、略奪行為だ。利益ではなく、損失だと。

情報は私たちに何かを与えているのではなく、逆に私たちから何かを盗んでいる。ネット上でどんなにきれいに見えていても、インスタグラムの投稿は略奪である。ニュース速報もメーリングリストも（ほとんどの場合は）同じだ。それらにかかわった途端に、私たちは自分の注意や、時間や、場合によってはお金まで奪われてしまう。

「注意の向け方を間違えない」ための五つのポイント

そもそも、**注意と時間とお金は、私たちの重要な資源だ。**

すでに「時間」と「お金」の大切さはすでによく知られていて、「労働」と「資本」という呼び名で学術研究の対象にすらなっている。だが、私たちは「注意」に関してはほとんどわかっていない。

これら三つの中でも「注意」は現代におけるもっとも重要な資源で、成功や幸せを手にするには欠かせない要素だというのに、私たちは残念ながら「注意」との付き合い方を間違えているのである。

その間違いを避けるための特に重要なポイントを、ここに挙げておくことにしよう。

ひとつ目。**「新しいもの」と「重要なもの」を混同しないようにしよう。**

製品でも、意見でも、ニュースでも、新しいものはまず世間の注目を集めなければならない。世界が騒がしければ騒がしいほど、その新しい何かは存在をアピールするために声高に騒ぎたてる。だが、この雑音に耳を傾けてはならない。革命的だと褒めそやされているもののほとんどは、実は取るに足らないものだ。私たちは大きく取り上げられていればそれだけで、そのことを真実だと思い込みがちだが、実際にはそうではない。

ふたつ目。**「無料」のものや「無料」のテクノロジーは避けるようにしよう。**

その手のものは、広告収入でやりくりするために「無料」で人の注意を引きつけようとする罠だ。自ら進んでその罠にはまることはない。

三つ目。**マルチメディアからはできるだけ距離を置こう。**

画像や動画や、今後普及が予想されるバーチャルリアリティーなどを通して得られる情報はインパクトがあり、それを見た人は感情を揺り動かされるために、信憑性への配慮がおろそかになっている。結果的に間違った判断を下しやすい。情報は文字で手に入れるのが一番だ。それも、できるだけハイパーリンクが少ない文書のほうがいい。理想的なのは本を読むこと。

四つ目。**注意を「分散」させないように気をつけよう。**

ここが、注意が時間やお金と違う点だ。あなたがスマホでフェイスブックのストリームを見ているあいだは、あなたの向かいに座っている人には注意が向かなくなってしまう。

五つ目。**「弱者」ではなく「強者」になろう。**

あなたのところへ自発的に持ち込まれた情報に対しては、受身のあなたのほうが自動的に弱者になる。どうして、広告主やジャーナリストやフェイスブックの友だちに、あなたが注意を向ける方向をコントロールされなければならないのだろう? ポルシェの広告や、トランプの最新のツイートに関する記事やコミカルな動物の子どもの動画が、あなたを成長させてくれたり幸せにしてくれたりすることは、まずありえない。

古代ギリシアの哲学者、エピクテトスは、インスタグラムのアカウントなどなかった二〇〇〇年近くも前にすでにこんなことを述べている。「手あたり次第に暴力をふるわれれば、あなたは怒り出すだろう。それなのになぜあなたは、出会う人出会う人が、あなたに精神的な暴力をふるおうとすることを恐れないのだろうか?」。

どこに注意を向けるかで、幸せを感じるか決まる

残念ながら私たちの脳は、ほんの少しの変化にも敏感に反応するよう進化してきた。近くにいる蜘蛛にも、遠くにいる蛇にも、私たちはすぐ気づく。太古の昔はそうでなければ生き残れなかったからだ。

だがいまではそのおかげで、私たちは、現代的な刺激の集中砲火になかなか抵抗できずにいる。現代の情報メディアとの付き合い方を先天的に身につけているわけではない。インターネットでちょっと調べたくらいで、その付き合い方が学べるわけでもない。だから、著名なテクノロジージャーナリストのケビン・ケリーが行ったように、私たちも「情報科学との付き合い方」を自覚的に学ばなければならない。

文字の読み方や計算の仕方をあなたはどうやって学んだだろうか？ 文字を読めて計算もできる人の近くにいるだけで学べたのだろうか？ そうではなくて、「何年もかけて練習しながら」その能力を意識的に身につけたはずだ。

同じように、情報やインターネットやニュースとの付き合い方に関しても、私たちには集中したトレーニングが必要なのだ。どこにどう注意を向けるかを、意識的に学ばなければならない。

大事なことがもうひとつある。「注意」は「幸せ」にも影響する。注意と幸せにどんな関係があるのか、と思われるかもしれないが、関係は大いにある。

「あなたがどこに注意を向けるかで、あなたが幸せを感じるかどうかが決まる」と心理学者のポール・ドーランも書いている。

人生で起きる出来事は（ポジティブなことでもネガティブなことでも）、私たちがそれにどのくらい注意を向けて重視するかによって、私たちの幸せにまったく影響しないこともあれば、ほんの少し影響を与えることも、多大な影響を与えることもある。

結論。あなたの体がいまどこにあろうと、あなたの意識は常にあなたが注意を向けている場所にある。どんな瞬間も一度しかない。どこに注意を向けるかを意識したほうが、人生は豊かになる。

情報を取り込むときには、批判的に厳格に慎重になろう。食事をとったり薬を飲んだりするときと同じぐらい、情報に対しても批判的で厳格で慎重になったほうがいい。

37

読書の仕方を変えてみよう

読書効果を最大限に引き出す方法

読んだ本の内容をほとんど思い出せない私たち

いま私たちは「ＩＣカード」を使っているが、以前は「切符」を使用していた。スイス国鉄の切符の回数券には「マス目が六つ」ある。列車に乗車するときにそれをオレンジ色の刻印機に差し込むと、日付と時間が印刷されて、左端が小さく切り取られる。六つのマス目すべてが刻印でいっぱいになると、その回数券は使用済みになり、切符としての価値は失われる。

読書というものにも「五〇のマス目」がある読書カードがあったら、と想像してみよう。システムは列車の回数券と同じだ。

本を読む前に、まずマス目に刻印をする。列車の回数券と違うのは、それがあなたが人生を通して使える「たった一枚の読書カード」だということだ。新しい読書カードを買い足すことはできない。カードが刻印でいっぱいになったら、もう新しい本は読めなくなる。「一生のうちに読める本は五〇冊だけ」。もしこれが現実だったとしても、多くの人にとってはなんでもないことかもしれないが、この本を読んでいる読書好きのあなたにとっては、ぞっとするような想像だろう。そんなわずかな本で、いったいどうやって教養ある人生を送れるというのだろう?

私の個人的な蔵書は三〇〇〇冊ほどある。読んだ本と読みかけの本とまだ読んでいない本が、それぞれ三分の一ずつくらいだ。そこに定期的に新しい本が加わるが、毎年本を整理して不要な古い本は処分するようにしている。

三〇〇〇冊という蔵書の数は、すでに亡くなっている作家のウンベルト・エーコに比べれば、かなり控えめである(エーコの蔵書は、なんと三万冊にのぼったらしい)。

それにもかかわらず、私はほとんどの本の内容を曖昧にしか思い出せない。ずらりと並んだ本の背表紙に目を走らせても、おぼろげなイメージが浮かんでは消えて曖昧な感情と混じり合ったり、とぎれとぎれの場面がひらめいたり、霧の中を静かに漂流するゴムボートのように頭の中を通り過ぎる文章があったりする程度だ。全体の内容を簡潔にまとめられる本はめったにない。

中には、読んだかどうかすら思い出せない本も何冊かある。そんなときは本を開いて、皺になっているページや、ページの端のメモ書きを探さなくてはならない。そんなことをしていると、恥ずべきなのは穴だらけの私の記憶なのか、それらの本の読書効果の薄さなのかがわからなくなってくる。

唯一の慰めは、友人たちの多くも似たり寄ったりの経験をしているということ。本に対してだけでなく、エッセイでも、ルポルタージュでも、何かの分析結果でも、一度は楽しみながら読んだはずのあらゆるタイプの文章に対して同じことが起きる。

そのほとんどが記憶には残らない。覚えているのは、情けなくなるほどわずかだ。

よい本を選んで「続けて二度読む」ことのすすめ

内容の大部分が頭の中に浸透しないとしたら、「読むことの意義」はいったいどこにあるというのだろう？

もちろん、読んでいる最中の読書体験が重要なのはいうまでもない。

けれども、クレームブリュレを食べているときの体験が重要だからといって、それで自分のものの食べ方が変わることを期待する人はいないのと同じで、私たちは頭の中に変化が起きるのを期待して本を読んでいるわけではない。だがそれにしても、読んだ内容がこれほど定着しないのはどうしてだろう？

それは、**私たちの「読み方」が間違っている**からだ。私たちは、無作為に本を選びすぎている。

そのうえ、本の「読み込み方」も十分ではない。すばらしい獲物をとらえる訓練をほどこされないままに、ただあたりをうろうろと歩き回っている犬のように、私たちは注意を向ける方向を自然の成り行きにまかせすぎている。

私たちは、もっとも重要な資源である私たちの「注意」を、それに見合うだけの価値のない本に浪費してしまっているのである。

そういうわけで、私はいまでは、数年前とは違う読書の仕方をしている。

読む量は同じなのだが、読む本の数は以前より少ない。**「よい本を選んで、二度読む」**ようにしているからだ。

読む本は、かなり絞り込むようになった。読むかどうかを考える時間は、一冊あたり一〇分以内と決めている。読書の回数券をイメージすれば、思い切った決断を下すことができる。

「いま手にしている本は、読書カードに刻印するだけの価値があるか?」。そう考えると、読む本はかなり厳選される。そうして選び出した本を、私は「二度」読む。それも、**「続けて二度読む」**ことに決めている。

同じ本を二度も読むのかと、驚く人もいるかもしれない。しかし**音楽だったら、同じ曲**

を何度もくり返し聴くのは普通のことだ。それに楽器を演奏する人だったら、初見で演奏しただけで楽曲をマスターできるものではないと知っているだろう。集中して反復練習しなければ次の曲にはとりかかれない。読書でも同じではないだろうか？

二度読んだときの読書効果は、一度しか読まないときの倍どころではない。もっとずっと高くなる。私の経験からいえば、ほぼ一〇倍にふくれあがる。

一読後、私の記憶に残るのは本の内容の3パーセント程度だが、二度読んだ後ではそれが30パーセントにまで増えている。

時間をかけて集中して読めば、どれだけ多くのことを吸収できるか。二度目に読んだときに、どのくらい新しい発見があるか。慎重な読書の仕方で、どのくらい理解が深まるか。これに私はいつも驚いてしまう。

ドストエフスキーは、スイスのバーゼルでホルバインの『墓の中の死せるキリスト』の絵を見て心を奪われ、三〇分後に妻が力ずくで夫を移動させるまで、絵の前から動こうとしなかったという。

ドストエフスキーはその二年後、小説『白痴』の中で、その絵の隅々までを克明に描写してみせている。

だが、ドストエフスキーのように、長いあいだ絵を注視するのではなくて、ｉＰｈｏｎ

eを使って写真を撮った場合でも、絵の印象はそれほど深く頭の中に刻み込まれるだろうか？

おそらく無理だろう。**あれだけ深く没頭したからこそ、ドストエフスキーは自身の小説でその絵について鮮やかに描写することができたのだ。**

キーワードは「没頭」だ。いろいろなサイトを次から次へとただ眺めるだけの「ネットサーフィン」とは対極に位置する言葉である。

「読書効果」を最大限に引き出す四つの方法

ここで、この私がおすすめする読書法の、細かいところを説明しておこう。

まずひとつ目。「読書効果」というのはずいぶんと実用主義的な響きを持つ言葉だが、「読む価値があるかどうか」という読書効果の有無を、本当に「本を選ぶ際の判断基準」にしていいのだろうか？　答えは、イエスだ。

「二度、深く本を読む」という読書法の目的は、本の世界に空想的にひたることではない。**大切なのは「読む意味があるかどうか」**だ。

空想的な気分にひたりたいなら、何か別のことをしたほうがいい。脳に何の痕跡も残さないような本を読むのは原因がその本の出来にあるにせよ、読者の読み方にあるにせよ、時間の無駄でしかない。読書とは、クレームブリュレを食べたり、アルプス上空を飛行機で一周したり、セックスをしたりするのとは、根本的に違う行為なのだ。

ふたつ目。**ミステリやスリラーは読書カードの対象外である。**ほんのわずかな例外を除いて、二回読むのは不可能なジャンルだからだ。すでに結末のわかっている殺人事件について読みたいと思う人はいないだろう。

三つ目。**自分の読書カードのマス目の数は自分で決めよう。**

私の場合、これからの一〇年で使うマス目の数は「一〇〇」と決めている。一年あたり一〇冊程度という計算で、文筆業に従事する者にとっては犯罪的に少ない数だ。

だがすでに述べたとおり、私はすばらしいと思った本を二度は読む。場合によっては三度読むこともある。一冊一冊を大いに楽しんでいて、読書効果は一〇倍だ。

四つ目。**あなたがまだ若く、自主的に読書を始めてからまだあまり月日が経っていない場合には、できるだけ多くの本を読むべきだ。**

長編・短編小説、叙情詩、あらゆる種類の実用書など、ジャンルや質を問わずに手あたり次第にたくさんの本を読んだほうがいい。

その理由は、「秘書問題」（第3章参照）と呼ばれる、数学の最適化問題を例にして考えるとわかりやすい。秘書問題とは、多くの応募者の中から最適な秘書を見つけるにはどうすればいいかという問題だが、そのための第一段階は、「応募者の質の全体的な傾向を見きわめる」ことだ。面接をする応募者の最初の37パーセントは、採用せずに面接だけにとどめ、応募者の全体像を把握する。

　同様に、本を乱読しているうちに、あるいは統計学的な言い方をするなら抜き取り検査をくり返しているうちに、あなたは文芸の世界の全体的な傾向を把握できるようになる。本の質を判断する力をたくわえることができ、のちに読む本を絞り込むときに役に立つ。

　だから自分の読書カードをつくるなら、三〇歳前後からが適当だろう。それ以降は、自分で決めた読書の冊数を厳格に守ればいい。

　いずれにせよ、三〇歳を過ぎたら、人生の残りの時間を出来の悪い本に費やすのはもったいない。

38

自分の頭で考えよう

イデオロギーを
避けたほうがいい理由

「知識の錯覚」と呼ばれる現象とは？

「ファスナーの仕組み」をご存じだろうか？　あなたのファスナーについての知識を0（何一つ知らない）から10（完璧に把握している）までで評価して、その点数を書きとめてみよう。

それができたら、次に紙を一枚用意して、ファスナーがどんな仕組みになっているか具体的な構造を絵に描いて、そこに、まだファスナーを一度も見たことのない人でも理解できるような説明を書き添えてみてほしい。制限時間は二分だ。

できただろうか？　ではここでもう一度、あなたがファスナーの仕組みをどれくらい理解しているかを0から10までのあいだで評価してみてほしい。

イェール大学の研究者のレオニード・ローゼンブリットとフランク・ケイルは、数百人を対象に、同様のシンプルな質問をする実験を行った。「トイレの仕組み」や「電池の仕組み」などについて質問されたが、結果はいつも同じだった。

私たちは、何かについての説明を求められるまで、その何かについて「比較的多くのことを知っている」と思い込んでいる。そして**きちんと説明しようとして初めて、自分たちの知識が不完全なことに気づく**のだ。

おそらくあなたも例外ではないだろう。あなたもファスナーについて、実際よりも多くのことを知っていると思い込んでいたのではないだろうか。「知識の錯覚」と呼ばれる現象である。

しかし、私たちが「ファスナー」や「トイレ」のようなシンプルなことがらについてさえ、きちんと理解できていないとしたら、もっと大規模で重要な問題については、どのくらいわかっていないのだろう。長期的に見て社会に利益をもたらす移民の数はどれくらいだろう？　遺伝子治療は許可されるべきだろうか？　個人が武器を所有すれば、社会はもっと安全になるのだろうか？

もちろん、こうした重要な問題に対しても、いや、こうした重要な問題だからこそ、答えはまるでピストルを撃つようにすぐに私たちの中から飛び出してくる。

だが正直なところ、私たちはその答えをじっくり検討して出しているわけではない。それどころか、はじめからきちんと考えようとすらしていないのではないだろうか。

社会問題はファスナーやトイレや電池よりもずっと複雑で、そう簡単に答えの出せるものではない。トイレのレバーを押しても水が流れるだけだが、社会のシステムを変えようとすれば、さまざまなところに影響がおよぶ。

変革がもたらす最初の波について考慮するだけでは十分ではない。その波がもたらす波の、さらにもうひとつ先の波まで予測しなくてはならない。作用の連鎖をすべてこと細かに検討するには、数日や数週間どころではなく、ゆうに数か月はかかる。

それだけの時間と根気のある人が、果たしてどれくらいいるだろうか？

自分の意見は、周りの影響のもとにできている

だから、私たちはラクな方法をとる。複雑な問題に関する意見をいう際には、奇妙なことが起きる。そのテーマについての本を読んだり、専門家の意見を聞いたりする代わりに、私たちは自分が属する社会集団の意見をそのまま借用してしまうのだ。

その社会集団とは、政党の場合もあれば、同業者グループの場合もあるし、社会的な階層や、スポーツクラブやストリートギャング団の場合もある。私たちの知識には、自分が思っているほどの客観性はない。

スティーブン・スローマンとフィリップ・ファーンバックが、共著『知ってるつもり――無知の科学』の中で言及しているように、私たちはおもに**「自分の周りの知識のコミュニティ」の知識に頼っている**のである。

残念ながら私たちは、私たちが理想とするように、個々の独立した考えを持っているわけではない。私たちの意見は洋服と同じようなもので、そのときの流行りのものをただ身にまとっているだけだ。もっと正確にいえば、自分が属する社会集団が着ているものをまねして身にまとっているだけなのである。

恐ろしいのは、個別のテーマに対してだけ「グループの意見」があるのではなく、「グループの意見」自体がひとつの世界観を形成している場合だ。**その場合、「グループの意見」は「イデオロギー」と名前を変える。**イデオロギーはグループの意見より格段に強く、あらゆる物事に対する見解を包括的に提供する。

イデオロギーは危険きわまりない。脳に高圧電流のように作用して、私たちにさまざまな「短絡的行動」をとらせるばかりか、ヒューズをすべて焼ききってしまう。世間から隔絶された教育を受けてISに忠誠を誓い、古いイスラム教の教義を復活させるための戦いに参加するヨーロッパの若者たちがその例だ。

何があろうと、イデオロギーや教義には近寄らないほうがいい。

あなたが少しでも共感を持てるようなイデオロギーや教義がある場合は、特に要注意だ。イデオロギーにかかわってもいいことはない。あなたの世界観が狭まって、結果的に粗末な決断をしてしまうだけだ。何かの原理・原則に固執して生きる教条主義者なのにわずかでもよい人生を送っている人になど、私はいままで一人も出会ったことがない。

ここまでは明快だ。ただし、問題は、多くの人はイデオロギーにのめりこんでしまってもまったく気づかないということだ。

イデオロギーかどうかをどうやって見分ければいいのだろう?

イデオロギーであることを示す危険信号は三つある。あらゆる事象に対する説明が用意されていること、反論の余地がないこと、そして不明瞭であることだ。

「反論の余地のないもの」には注意する

あらゆる事象に対する説明が用意されていて、反論の余地がないイデオロギーの典型的な例が「マルクス主義」だ。

社会における富の集中が進めば、マルクス主義者はすぐにマルクスが書いたとおりの「資本主義の根源悪」が顕在化したと解釈する。社会の不平等さが少しでも解消されれば、今度はすぐにやはりマルクスが書いていた「階級のない社会への第一歩」だと考える。

一見、反論の余地がないことはメリットに思える。誰にも論破できない強力な論理を手にするのは気分がいいものだ。

だが実際には、「反論の余地のない論理」というのは、鉄壁な論理からはほど遠く、弱点を突くのは実にたやすい。

もしあなたが、何かの教義に心酔している人に出会ったら、「あなたの世界観を手放さざるをえないのは、どんな出来事に遭遇したときですか?」と尋ねてみよう。その質問に対して答えが返ってこなければ、その人が何かを盲信している証である。その人物からは大きく距離を置いたほうがいい。

そして、自分が何かの教義に取り込まれそうになっているのではないかと不安になったら、自分自身に対してこの問いかけをしてみよう。


できるだけ批判の余地を与えないように、イデオロギーとはたいてい不明瞭なものだ。この不明瞭さが、イデオロギーを遠くからでも識別できる危険信号の三つ目だ。

たとえば、神学者のハンス・キュンクは(いつもはっきりと自分の考えを表明する人物なのだが)、「神」をこんなふうに定義している。「(神とは)この世のものでもあの世のものでもあり、絶対的で相対的な、超越的で内在的な、すべてを包み込んですべてを支配する、真の中の真の存在である。ものごとの中心にも、人類や人類の歴史の中心にも、世界の中心にも神は存在している」。

ここまで説明されていると反論の余地はないが、あまりにも抽象的な言いまわしである。こうした言葉が使われている場合には、イデオロギーだと思って間違いない。使われている言葉に注意し、自分が使う言葉にも注意するようにしよう。

自分の頭で考え、自分の言葉で話そう

自分の意見を述べるときは、注意しよう。**考えなしに自分の周りの人々の物言いや表現を取り入れるのではなく、自分自身の言葉を見つけたほうがいい。**

たとえば、あなたの仲間たちが社会のほんの一部の人々を指して「国民」という言葉を使っていても、それをそのままねるのはおすすめできない。

また、仲間たちが何かしらの「スローガン」を持っていたとしても、それをそのままあなたが使うのは避けたほうがいいだろう。

あなたが「公の場」で発言するときには特に気をつけよう。公に何かの教義を支持するような発言をすると、後戻りするのは難しくなる。その教義はあなた自身の脳に深く確実にたたき込まれるようなものだからだ。

また、あなたの意見に対する「反論」を意識的に探して、あなた自身の論理の確実性を確かめるようにしよう。

あなたの意見が尊重されるのは、あなたが自分の立場を雄弁に論証できたときだけだ。

第31章で述べたとおり、あなたがテレビのトークショーのゲストとして招かれ、一緒に招かれたほかの五人のゲストが全員、あなたと反対の立場をとったときのことを想像してみるとわかりやすいだろう。

結論。自分の頭で考えよう。身近にある社会集団の考えに対する忠実すぎる信奉者になるのはやめよう。一般的に「教養」と呼ばれるものからは、距離を置くようにしよう。自分は世界を理解できていないと早く気づけば気づくほど、世界をさらによく理解できるようになるのだから。

39

「心の引き算」をしよう

自分の幸せに
気づくための戦略

映画『素晴らしき哉、人生！』が教えてくれること

一九四六年に公開され、ジェームズ・スチュワートが主人公を演じた悲喜劇映画『素晴らしき哉《かな》、人生！』を知っているだろうか。この映画には、こんなシーンがある。

――クリスマスの夜。アメリカの小さな町、ベッドフォード・フォールズで、ジョージ・ベイリーは自殺を図ろうとしている。

貯蓄貸付組合を経営するベイリーは、妻と四人の子どもと暮らす非の打ちどころのない人物だったが、いまや倒産の危機に直面している。叔父が組合の資金を紛失してしまったためだ。

ベイリーは橋の上に立って川に身を投げようとしていた。そのとき、ひとりの老人が川に落ちて彼に助けを求めた。

ベイリーが老人を川から救い出すと、その老人は「自分は天使だ」と言った。当然、ベイリーは老人の言うことなどまったく信じようとしない。

ところがベイリーが「この世に生まれてこなければよかった」と口にすると、すぐにその天使は彼の願いをかなえて、彼が生まれてこなかった場合のベッドフォード・フォールズの惨憺たる情景をベイリーに見せる。ベイリーは町の強欲な賃貸業者から目の敵にされながらも、貧しい人々に低金利で住宅を用意していたのだが、ベイリーのいない町にはその賃貸業者の力がはびこり、ひどいありさまになっていた。

現実世界のクリスマスの夜に戻ってきた彼は、鬱々とした気分から解放されていた。自分の人生はすばらしかったのだと気づいたベイリーは、生きている喜びをかみしめ、雪に覆われた町の目抜き通りを「メリークリスマス！　メリークリスマス！」と叫びながら笑顔で走り抜けた。

この『素晴らしき哉、人生！』は、長いあいだ、クリスマス映画の古典的名作のひとつに数えられてきた。

だが、この映画で天使が用いた精神的な戦略については、まだ古典と言えるほどには定着していない。心理学者が**「心の引き算」**と呼ぶ戦略だが、この思考法もよい人生のための道具箱にぜひとも加えておいたほうがいい。その効果については、簡単にこの戦略を試してみるとわかるだろう。

「その状況」では、どれくらい幸せを感じるか？

まず、この質問に答えてほしい。あなたは、あなたの人生全般にどのくらい幸せを感じているだろうか？　０（ひどく不幸）から10（うっとりするほど幸せ）までで評価し、その点数をこのページの端にメモしておこう。

それができたら、この次の段落を読み進めよう（読むのは次の段落だけだ。その先はまだ読まないように）。

読み終えたら目を閉じて、その段落に書いてあった指示どおりのことをしてほしい。

目を閉じて、あなたが右手を失ったと想像してみよう。

肩の先に残っているのは、丸い切断面だけだ。その部分を触ると、どんな感じがするだろう？　片腕だけになって、あなたの生活にはどのくらい支障が出るだろう？　食事はどうしよう？　コンピューターのキーボードを打つときは？　自転車はどうやってこげばいい？　誰かを抱きしめたいときは？

それなのに今度は、あなたは左手まで失ってしまった。あなたには、もう手はない。何かをつかんだり、触ったり、撫でたりもできない。あなたはどう感じるだろう？

今度は、視力まで失ってしまった。聞くことはまだできるが、周りの風景を見ることも、子どもや友人の顔を見ることももうできない。あなたはどんな気持ちがするだろう？

それでは、ここでまた目を開けてみよう。そして少なくとも二分間、これら三つの状況をひと通り頭に思い描き、「感じて」から、この先へ進んでほしい。

これらの状況を想像すると、あなたは、人生にどのくらい幸せを感じるだろうか？　今度も0（ひどく不幸）から10（うっとりするほど幸せ）までで点数をつけてみてほしい。

あなたが大多数の人たちと同じような感じ方をしたとしたら、あなたの幸福度は前より上昇したはずだ。私が初めてこれらの状況を想像してみたときは、水の中にあったボールが噴水ほどの高さに吹き上げられるくらい急激に気分が上昇するのを感じた。「心の引き算」の劇的な効果である。

もちろん、幸福度を上げるためには、どうしても頭の中で腕と視力を失くした自分の姿を想像しなければならないというわけではない。あなたのパートナーに出会っていなかったらどう感じていたか、子どもたちを事故で亡くしたらどう感じるか、あるいは、あなたが戦争中に塹壕《ざんごう》に立っていたら、死の床についていたらどう感じるかを想像してみてもいい。

大事なのは、**抽象的に考えをめぐらせるのではなく、その状況に入り込んでみることだ。**

宝くじが当たっても「六か月」で幸福感は消滅する

第10章で見てきたように、人生における幸運に対して、私たちが持つべきは、「感謝」の気持ちだ。

なかでも、私たちが「現在の恵まれた状況に生まれついた幸運」に対しては、特に感謝したほうがいい。ほぼどの自己啓発書でも、毎晩自分の人生のポジティブな面をはっきりと認識し、感謝するようすすめられている。

だが感謝するにも、問題がふたつある。まず、**「誰に」**感謝をすればいいのだろう？信心深い人以外は、感謝の気持ちを向ける相手がいない。

もうひとつの問題は、**「慣れ」**だ。人間の脳は変化に敏感に反応するが、慣れるのも早い。

「慣れ」は、大きな災難が降りかかったときには役に立つ。誰かが自分のもとを去ったり、事故で車椅子が手放せない生活になったりしても、私たちはじきに慣れてしまうため、悲しみは思うほど長くは続かない。心理学者のダニエル・ギルバートは、これを「心理的免疫システム」と呼んでいる。

しかし困ったことに、「心理的免疫システム」は、人生で起きるすばらしい出来事に対しても作用する。宝くじで高額賞金を獲得しても、六か月もすれば幸福感は消滅してしまう。子どもが生まれても、新しい家を買っても、やはり同じことが起きる。

人生におけるポジティブなことの99パーセントは「新しく起きる出来事」ではなく、「ある程度長期にわたって続く一定の状態」であるため、そのことで最初に感じた幸せは「慣れ」によって消えてしまうのだ。

感謝の気持ちの維持は、「慣れ」との闘いになる。人生のすばらしい面を強調して際立たせなければ感謝の気持ちは続かない。

だが残念ながら、私たちはそんな精神的な強調にすら慣れてしまう。

そのため、「毎晩、人生のポジティブな面をひと通り思い浮かべている人」は、「ポジティブな面を意識する回数がより少ない人」より、その行為によって得られる幸福感は、薄くなる。矛盾しているようだが、「慣れ」による感情の平均化の作用を考えれば、当然の結果ともいえる。

「銀メダリスト」の幸福度が低いのはなぜか？

感謝の気持ちを維持する際の難点である、感謝を向ける「相手」と「慣れ」だが、これらに関しては、よい知らせもひとつある。「心の引き算」は、これらの難点とは無縁だということだ。

「心の引き算」は脳に非常に大きな興奮を与えるため、慣れるということはない。人生で起きたすばらしい出来事についてただ考えるより、「心の引き算」のほうが幸福度を上げる効果がはるかに高い。

これは、アメリカ人の心理学者、ダニエル・ギルバートとティモシー・ウィルソンが同僚とともに行ったさまざまな研究でも証明されている。

ストア派の哲学者たちは、すでに二〇〇〇年も前にこう述べている。「まだ持っていないものについて考えるよりも、いま持っているものを持てていなかった場合、どのくらい困っていたかについて考えたほうがいい」。

あなたはいま、選手としてオリンピックに参加しているとしよう。コンディションは最高で、メダルまで手が届きそうだ。

あなたの幸福度が高くなるのは、銀メダルを獲得できたときだろうか、それとも銅メダルを獲得できたときだろうか？　もちろん銀メダル、とあなたは答えるだろう。

だが、一九九二年のバルセロナオリンピック開催中、メダリストを対象に行われた調査研究の結果は反対だった。

「銀メダル」を獲得したメダリストは、「銅メダル」を獲得したメダリストより、幸福度が低かったのだ。

どうしてだろう？　**なぜなら銀メダリストは、自分を金メダリストと比較し、銅メダリ**

ストは自分をメダルに届かなかった選手と比較したからだ。

もし彼らが「心の引き算」をしていたら、このような結果にはならなかっただろう。「心の引き算」なら、比較の対象は常に「メダルを獲得できなかった場合」だ。もちろん、メダルを何か別のものに置き換えても「心の引き算」は有効である。

「私たちはたいてい、自分が手にしている幸せには気づかない」と心理学者のポール・ドーラン は書いている。

「自分の幸せを自覚するために、できることはしたほうがいい。ピアノを弾いているのに、その音が聞こえない状態を想像してみるといい。人生で手にしている多くの幸せに気づかずにいるのは、音を聞かずにピアノを弾いているようなものだ」。だが「心の引き算」をすれば、あなたはピアノの音も思う存分楽しめるようになるはずである。

40

相手の立場になってみよう

「役割交換」することのメリット

「プログラマー」と「顧客サービス担当者」の対立

何年も前のことだが、ソフトウェア会社「オプスウェア」の創業者であり、現在ではベンチャーキャピタリストとして活躍するベン・ホロウィッツが、会社の経営に関して問題に直面したことがあった。彼が経営していた会社の、優秀なはずの部署同士（顧客サービス部門とプログラマー部門）が対立したのだ。

プログラマーは、顧客サービス担当者の顧客対応が迅速でないと非難し、そのために売り上げが落ちていると主張した。

一方、顧客サービス担当者は、プログラマーが書くコードに欠陥があるのに改善案が示されないと、プログラマー部門を非難した。

このふたつの部署が緊密に連携をとり合って働くのは、業務上必要だった。だが、どちらの部署も、「自分たちは優秀な人材をそろえていて、なおかつ最善を尽くしている」と言って譲らなかった。両方の部署に「相手の立場になって考えてみたらどうか」と提案しても、ほとんど効果はなかった。

そこで、ホロウィッツは一計を案じた。顧客サービス部門の責任者をプログラマー部門の責任者にし、プログラマー部門の責任者を顧客サービス部門の責任者にしたのだ。それも暫定措置としてではなく、正式な人事異動として！

どちらの責任者も最初は唖然《あぜん》としていたが、それでも、立場を交換して一週間も経たないうちに、二人とも問題の本質を理解できるようになった。

その後数週間で、顧客サービス部門とプログラマー部門は仕事の手順をお互いに合わせ、それ以降、社内のどの部署間より連携のとれた仕事ができるようになったという。

自分と対立する「相手の立場」になってものを考えることは、なかなかうまくいかない。思考をかなり飛躍させなければならず、それをするだけの興味もない。

相手をきちんと理解するには、想像の中だけでなく、「本当に相手の立場に立つ」のが一番だ。相手の状況を実際に自分で体験してみる必要がある。

私は自分に子どもができ、ときどき自分ひとりで双子の赤ん坊の面倒をみるようになるまで、母親としての仕事を重く受けとめたことは一度もなかった。

だが実際に赤ん坊の面倒をみると、半日経った頃には、一〇日間の出張を終えた後より、へとへとになっていた。

もちろん、その大変さは何人かの母親たちからすでに聞いていたし、数ある子育て本にもこと細かに書かれていたのだが、私はどこか他人事のように感じていたのだ。実際に自分で体験して初めて、その大変さが実感できた。

だが、私たちがこのシンプルな手法を実際に経験する機会は、驚くほど少ない。ビジネスの世界では決まって、「顧客の視点に立って考える」ことが望ましいと言われるが、考え方としてはすばらしくても、実際にはそれだけでは不十分だ。正しくは「私たちが顧客になってみる」べきなのだ。

シンドラー社の一年目の社員全員が行う業務とは?

シンドラー社は、エレベーターやエスカレーターの製造や管理を行う、世界有数の企業である。**シンドラー社に入社した社員はみんな、秘書だろうと幹部だろうと例外なく、一年目のうちの三週間は、「製品の据え付け業務」にたずさわらなければならない。**

男性社員も女性社員もブルーの作業着を着て、エレベーターやエスカレーターを設置する建築現場で補助作業を行う。そうすることで、入社したての新人は、社で扱う製品の複雑な仕組みについてだけでなく、建築現場で働くとはどういうことかを学んでいく。

また、設置の補助作業によって、「私は手の汚れる現場仕事も喜んでやりますよ」というメッセージを周りに伝えることもできる。それだけでも、各部署間の関係を良好にするための大きな効果が生まれる。

経営側と働く側との、距離の近さが演出されることは多い。企業の事業報告書には、必ずといっていいほど、経営陣がベルトコンベアの前でポーズをとっている写真が使われている。だが、経営陣が「実際に」作業着とヘルメットを身につけて、ベルトコンベアの前で働いている写真が見られるのは、一〇〇社に一社くらいだ。

ひょっとしたらその働く姿も写真のためのポーズかもしれないが、少なくとも、そこでは髪が乱れるのを気にしない、そういう経営者のいる企業の株を、私は意識して買うようにしている。

「思考」と「行動」は、両方とも世界を理解するためのアプローチ法ではあっても、根本的にまったく違う。だが、多くの人はこのふたつを混同している。

大学で経営学を専攻するのは、経営学の教授になるためには理想的だが、企業家になるには適していない。文学を専攻するのは、文学の教授になるには最適だが、文学の勉強をしたからといって優れた作家になれるとは思わないほうがいい。

では、道徳のような抽象的なものはどうだろう？　思考が実際の行動に結びつくことはあるのだろうか？　日々道徳の問題と向き合っている倫理学の教授は、人間としても立派なのだろうか？　その可能性は十分ある。

哲学者のエリック・シュウィッツゲベルとジョシュア・ラストは、まさにこの疑問を解明するための調査を行った。倫理学の講師とその他の学科の講師の行動を、「献血の頻度」「ドアの閉め方」「会議後に自分のごみを片づけるかどうか」など、一七の項目で比較したのだ。

ところが、結果として確認できたのは、倫理のスペシャリストたちの行動は、ほかの講師たちより道徳的にまったく上を行くものではないことだった。

できるだけ質のよい「小説」をたくさん読むべき理由

「思考」と「行動」は別の領域のものだと区別できれば、その事実をうまく利用することもできる。

教会と軍と大学は、数世紀にわたって存在し、いくつもの戦争を乗り越えてきたという意味で、世界でもっとも安定している組織といえる。この安定性の秘密は何だろう？

これらの組織に共通するのは、どれも「内部の人材を登用している」という点だ。

したがって、指導する立場の人間は誰でも、下にいる人たちがどう感じているかを具体的かつ詳細に把握できる。司教になるには、ずっと下の主任司祭から始めなければならないし、どんな司令官も最初は一兵卒だ。大学の学長になれるのも、一度は准教授を経験した者だ。

世界最大のスーパーマーケットチェーン、ウォルマートでは、二〇〇万人もの従業員が働いているが、ウォルマートのCEOは、二〇〇万人の兵士で構成される軍の司令官としても有能だとあなたは思うだろうか？　おそらくそうではないだろう。世界中どこを探してみても、ウォルマートのCEOを司令官として採用しようとする軍はないはずだ。

結論。誰かの立場に身を置いて、その人の状況を体験すれば、相手に対する理解が深まる。人生のパートナーや、顧客や、従業員など、生活における重要なパートナーと実際に試してみるといい。

役割を交換すると、ほかの方法よりずっと効率よく、迅速に、コストをかけずに相互理解が可能になる。物乞《ものご》いに扮して国民のあいだにまぎれこんだ、有名な王様と同じだ。だがこの方法はいつも使えるとは限らない。

だから、小説を読もう。できるだけたくさん、それもできるだけ質のよいものを。よくできた小説世界に入り込んで、主人公の運命のアップダウンを一緒に経験するのは、思考と行動の中間に位置する有効な解決策である。

41

自己憐憫に浸るのはやめよう

過去をほじくり返すことが
無意味なわけ

道化師カニオが歌うアリア「衣装をつけろ」

旅まわりの一座で道化師を演じるカニオは、自分が出演する芝居の幕が開く前に、この世の誰よりも愛する彼の美しい妻が浮気をしていることを知る。

カニオはいま、芝居小屋の楽屋にひとりぽつんと座り、流れる涙と格闘しながらもなんとか道化師の化粧をしようとしているところだ。

芝居小屋では観客たちが、すでに彼の登場をいまかいまかと待ち構えている。数分後には道化として舞台にあがらなければならない。「ショー・マスト・ゴー・オン（何があってもショーは続けなくてはならない）」はショービジネスの鉄則だからだ。

カニオは化粧をした顔に涙を流しながら、こんな状況でも道化を演じなければならない自分の境遇を嘆き、悲しくも美しいアリア「衣装をつけろ」を歌う。

——一八九二年初演のレオンカヴァッロによるオペラ「道化師」の第一幕は、このようにして幕を閉じる。

この**「衣装をつけろ」は、これまで作曲されたアリアの中でも特に聴く者の胸を揺さぶる一曲**で、エンリコ・カルーソーも、プラシド・ドミンゴも、ホセ・カレーラスも、世界に名だたるテノール歌手はみんな、情感たっぷりにこの曲を歌いあげている。

ためしに、ユーチューブで「パヴァロッティ　衣装をつけろ」と検索してみてほしい。カニオを演じるパヴァロッティが自己憐憫にくれながら歌うこの曲を聞くと、あなたも胸がしめつけられるに違いない。

第二幕（最終幕でもある）では、オペラにありがちな刃傷《にんじょう》沙汰《ざた》が起こり、妻とその愛人はカニオに刺し殺される。

この作品の事実上のクライマックスであるアリア以降は、このオペラはそれほど感動的ではなくなってしまうのだが、それでも初演以来、涙を流す道化師のイメージは私たちの文化にすっかり定着し、特にポップカルチャーでは確固とした地位を確立している。スティービー・ワンダー作曲の「涙のクラウン」という曲がその例だ。やや複雑な音楽的要素と、アリアの感傷的要素を含んだこの曲は、一九六〇年代最大のヒットシングルとなった。

「自分はかわいそう」と思うのは大きな間違いのもと

「衣装をつけろ」を聴いて目をうるませる私たちだが、カニオの行動は、長い目で見ればとても建設的とはいえない。

人生で災難が降りかかったときに「自己憐憫《じこれんびん》」に浸ったところで何もならない。それで何かが変わるわけでもない。自分のことをかわいそうだと思っても何ら意味がない。

自己憐憫は感情の渦のようなもので、長くそこで泳いでいたらどんどん深みにはまるだけ。そして渦に巻き込まれると、あっという間に妄想のとりこになってしまう。全人類あるいは全世界が徒党を組んで、自分に敵対しているように感じられるのだ。

この負のスパイラルの犠牲になるのは当人だけではない。周りの人たちにも迷惑がかかり、当然ながら彼らは妄想にとりつかれた人物とは距離を置くようになる。

私は、自分が少しでも自己憐憫に陥りそうになっているのを感じると、すぐにその危険な渦から抜け出す努力をしている。アメリカのことわざに「自分が穴の中にいるとわかったら、掘るのをやめろ」というのがあるが、それを忠実に守っているのだ。

投資家のチャーリー・マンガーは、ある言葉が印刷された小さなカードの山を持ち歩いている友人の話をしている。少しでも自己憐憫に陥っている人物に会うと、その友人は芝居がかった仕草でその山の一番上にあるカードを取り上げて、その人に手渡すのだという。カードに印刷されているのはこんな言葉だ。「あなたのお話には深く同情いたします。あなたほど憐《あわ》れな人を私はほかに知りません」。

少々手厳しくはあるものの、自己憐憫に浸る人をたしなめるためのユーモアあふれる斬新な方法である。

この話でマンガーが示そうとしているように、「自己憐憫」はおそろしく間違った感情だ。

何かを「過去の出来事のせい」と考えるのはやめる

それなのに、ここ数十年で自己憐憫が驚異的な出世を果たしたのには驚くばかりだ。いわゆる、過去に対する「総括」というやつである。過去に起きた出来事を振り返り、その出来事が現在に与えている影響を分析したり評価したりという行為が、さかんに行われるようになったのだ。

まず、数百年前の出来事も含め、自分自身を「過去の出来事の犠牲者」だと感じる人々による「社会的な総括」がある。被害者意識の歴史的な原因を解明しようと、その細かい部分まで分析することを目的とした大学の学部まで設立されているほどだ。

いまなお残る奴隷制と人種差別の影響を訴えるアメリカの黒人の感情も、現在でもアフリカ大陸を覆う植民地支配の影も、「総括」ではすべてが正当化される。女性や、原住民や、ユダヤ人や、同性愛者や、移民が感じる差別も、すべてが正当化され、共感できる感情として扱われる。

それは非生産的どころか、ほとんど毒性があるといってもいいアプローチ法だ。

そもそも、過去を「総括」するには、いったい何百年前までさかのぼればいいというのだろう？　一〇〇年、二〇〇年、それとも五〇〇年？　あなたの祖父母の祖父母の祖父母の……と五〇〇年前までさかのぼっていくと、あなたの直系の先祖や血のつながっている親戚の数は一〇〇万人にものぼる。

それだけの人数がいれば、あなたの家系のうちの誰かがひどい差別を受けていたとしてもおかしくない。考え方によって過去はいくらでも「総括」できる。

でも、それがいったい何になるというのだろう？　**過去の不当な扱いは過去のこととして許容し、いまでも残る課題を処理したり、それに耐えたりするほうに力を注いだほうがよほど前向きではないか。**個人の自己憐憫だけでなく、集団に蔓延する自己憐憫からも生まれるものは何もない。

過去に対するもうひとつの「総括」はもっと個人的なものだ。

セラピストの前に座った患者は、「自分の子ども時代」を掘り起こす。そして、できれば忘れてしまいたかったが、現在の状況の責任をなすりつけるにはうってつけの出来事を見つけだすと、理屈に合わない状況の責任までその出来事のせいにしようとする。

この「総括」の問題点はふたつある。

まず、自分が抱える問題を、いつまでも自分の両親をはじめ、ほかの人間のせいにはできないということ。四〇歳にもなって自分の問題を親の責任にしようとする人は、問題を抱えて当然の未熟な人間としかいいようがない。

ふたつ目は、たとえ子ども時代に大きな不幸に見舞われたとしても（両親の死や離婚、育児放棄、性的虐待など）、成年に達してからの成功や満足度にはほとんど影響を与えないと、きちんと研究で示されていることだ。

過去が不幸だとしても、いまも不幸でいる必要はない

アメリカ心理学会の元会長、マーティン・セリグマンは、何百という調査結果を分析し、次のような結論を出している。「子ども時代に起きた出来事の影響を、大人になってからの人格にわずかでも見出すのは難しい。ましてや際立った影響などただのひとつも見つからない」。

人格に影響を与えるのは私たちの「過去」ではなく「遺伝子」であって、私たちがどんな遺伝子を受け継いだかはまったくの「偶然」による。

もちろん、あなたが現在抱える問題をすべて遺伝子のせいにして、卵巣の宝くじ（第10章参照）に外れたことを嘆いてもいいが、そんなことをして何になるというのだろう？

結論。健全な精神を保つには、自己憐憫の沼に浸らないことだ。

人生は完璧でないという事実を受け入れよう。ほかの誰かの人生だって、あなたの人生と同じく完璧ではないのだ。

古代ローマの哲学者、セネカはこんなことを言っている。「運命は、いろいろな出来事を人間の頭の上に投げつける。生きるためには、強い精神を持たねばならない」。

過去に不幸だったからといって、いまも不幸でいなければならないということはない。

現在抱えている人生の問題がどうにかして対処できる類いのものなら、対処すればいい。もし対処できないようなら、その状況に耐えること。愚痴をこぼすのは時間の無駄だ。

自己憐憫はさらに始末が悪い。自己憐憫に浸っても問題の克服にはつながらないし、抱えている問題に極端な自己批判が加われば、状況を悪化させるだけだ。

42

世界の不公正さを受け入れよう

自分の日常生活に意識を集中する

あなたは、どちらのミステリを読みたいか？

ここに、二種類のミステリがある。ひとつ目では、緊迫感あふれる捜査の後、刑事がついに殺人犯を突き止めて、逮捕する。殺人犯は法廷に引き出され、裁かれる。

ふたつ目のほうでは、刑事は同じように緊迫感あふれる捜査を展開するが、殺人犯はつかまらない。刑事はその事件の捜査を終了し、次の事件に専念する。

――あなたが読者として、あるいは視聴者として満足できるのは、どちらのミステリだろう？

もちろん、ひとつ目に違いない。私たちは、「社会は公正であってほしい」と強く願っているので、不当な行為が放置されたままでは、釈然としないものが残ってしまうのだ。

だが、その公正さを願う気持ちは、ただの願望では終わらない。私たちは公正さが実現することを期待する。いますぐ実現しなくても、もっと後でもかまわない。ほとんどの人は、心の奥深いところで、「世界は公正にできている」と信じている。

よい行いは報われ、悪い行いは罰せられる。悪いことをすればいつかはその償いをしなければならず、人を殺せば刑務所に入るのが当然の帰結と考えている。

しかし、現実はそううまくいくものではない。現実の世界は「公正さ」を欠くどころか、かなり「不公正」だ。この不快な現実に、どのように向き合っていけばいいのだろうか?

私はこう考えている。**世界の「不公正」さは、現実としてそのまま受け入れて、冷静に耐えたほうがいいと。**そうすれば、人生を歩むうえで、何度も失望せずにすむからだ。

『ヨブ記』が私たちに教えてくれること

聖書の物語の中でも、もっとも強烈なもののひとつに『ヨブ記』がある。

ヨブは、人望が厚く、信心深い高潔な人物で、順風満帆《じゅんぷうまんぱん》の人生を送っている。財産と一〇人の優秀な子どもたちに恵まれ、結婚生活も完璧という、誰もがうらやむ非の打ちどころのない生活を送る。

しかしあるとき、サタンは神にこう持ちかける。「ヨブが信仰に篤《あつ》いのも無理はありません。彼はあれほど申し分のない人生を手に入れているのですから。でももし彼の人生がうまくいかなくなれば、彼の信仰心はあっという間に揺らいでしまうでしょう」。

それを聞いて感情を害した神は、サタンの言い分を否定しようと、ヨブの人生をいくらか混乱させる許可をサタンに与える。

すると、サタンはヨブから全財産を一気に取り上げただけでなく、ヨブの七人の息子と三人の娘すべてを殺してしまう。彼の召使いたちも殺され、ついにはヨブ自身も病に襲われる。ヨブの体は頭のてっぺんから足の裏まで、痛みをともなう腫れ物に覆われる。ヨブは人から嘲笑され、のけ者にされる。

焼き払われた自宅の灰の中に、疲れ切って座り込むヨブ。彼の妻は、「神をさげすみ、そして死になさい」と忠告する。

だが、それでもヨブは、神を崇《あが》めるのをやめようとしなかった。痛みから逃れるために死にたいのはやまやまだったが、そんなことを神が許すはずがない。

最後には、つむじ風がごうごう音をたてながら、彼に近づいてくる。その中には神が潜んでいて、ヨブにこう言い放つ。「私のすることは人間にとっては不可解であり、これからも常に不可解でありつづけるだろう。お前たち人間がいくら努力しようと、私の本心を見抜くことはできない」。

ヨブは試練を耐え抜き、無慈悲きわまりない罰を与えられても神に疑念を抱かなかったために、健康も、富も、子どもたちも、失ったものすべてを取り戻す。

神は、ヨブにあふれるほどの幸福を与え、ヨブは天寿をまっとうする。

「よい行いは、最後には報われる」わけではない

殺人犯がとらえられて裁かれる一般的なミステリと比べて、ヨブの物語は少し複雑ではあるが、結末はミステリと同じだ。

ヨブは、最初はひどく不公正な扱いを受けるが、結局は何もかも丸くおさまっている。つまり、世界はたしかに不公正に見えるときもあるが、それは私たちが神の真意を理解できていないからだ、ということになる。

聖書のメッセージはこうだ。「人間は、不公正さに耐えなくてはならない。不公正さは、永遠に続くわけではない。どんな出来事にも、人間の限られた能力では理解できるはずのない正当な理由が隠されているものなのだから」。

つらい体験に折り合いをつけるための、完璧な心理的対処法だ。「解雇、癌の宣告、わが子の死。悲劇的な出来事が続いたが、世界全体の構造から見れば、そこに何か意味があるのだろう。でも私がその仕組みを理解する必要はない。神は、これまでと変わらない信仰心を保てるかどうか、私をお試しになっている。この先も神を信じていれば、いつか神はそれに報いてくださるはずだ」という考え方である。

論理としては悪くない。だがいまの世の中、神を心から信じている人が果たしてどれくらいいるだろう？　とりわけ、何もかもまた元通りにできるとはいえ、人間にあきれ返る

ようなひどい仕打ちをする神を、誰が信じようとするだろう？　神に不信感を抱く人の数は増えるばかりだ。

それなのに私たちは心のどこかで、「世界が公正であってほしい」と望んでいる。よい行いは報われ、悪い行いは罰せられるという掟《おきて》であってほしいと願い、今世でそれがかなえられなければ、来世でそれが起きるのを期待する。

一方で、イギリス人の政治哲学者、ジョン・グレイはこんなふうに書いている。

「古代ギリシアでは、人生は見えない運命と偶然に支配されているのが当然の考え方だった。倫理学では、善意や賢明さや勇ましさについて論じられていたが、非常に勇敢で賢明な人物でさえ、没落や破滅の憂き目に遭うことはあるからだ。私たちは、少なくとも表向きは、よい行いは最後には報われると思っているふりをしているが、実際には、偶然の前には、人間は無力だとちゃんとわかっているはずだ」

世界に公正さを保つためのシステムは、存在しない。世界を不公正にするシステムも存在しない。そもそも、世界にはどんなシステムも存在しないのだ。

世界は、道徳とはまったく無関係にできている。けれども私たちはその事実を事実としてなかなか受け入れられないため、学術の世界では「公正世界の誤謬《ごびゅう》」という、世界は公正だと信じる人間の思い込みを表す言葉までできている。

ただし誤解してはならないのは、**世界が公正ではないからと言って、社会における不公正を放置していいわけではない。**不公正さの多くは、保険をかけたり富の再分配をしたりするくらいでは解消できないのは事実だが、それでも、社会における不公正を緩和するための措置は、講じられているべきである。

世界に公正さを保つためのシステムは存在しない

私が通っていたギムナジウム（ドイツ等の中等教育機関）に、テストの出来とはまったく関係なく、行き当たりばったりにテストの点数をつける教師がいた。採点時に即興で決められた点数は、そのまま成績表にも反映されたため、私たち生徒は声を限りに抗議した。しかしそれでも状況は変わらず、私たちは校長のもとへ駆け込んだが、校長は博士号を持つ教師に敬意を表し、何一つ対策を講じようとしなかった。不公正きわまりないと私たちは激しい抗議を続けたが、その教師はまったく動じなかった。「人生とは不公正なものだ。君たちは早いうちにそれを学んでおいたほうがいい！」。

私たちはよほどその教師を懲《こ》らしめてやろうかと思ったが、いま振り返ると私にとってその経験は、七年間のギムナジウム生活で得た「もっとも重要な教訓」のひとつだったように思う。

いまから三〇〇年前、ドイツの哲学者ライプニッツは、「私たちが住んでいるのは考えられる限り最高の世界」だと主張した。神が意図的に不完全な世界をつくるはずがない、というのがその根拠だ。だがその数十年後、フランスの哲学者ヴォルテールは、小説『カンディード』で、ライプニッツの思想を、風刺をきかせて批判した。

一七五五年にリスボンを大地震が襲い、街が完全に破壊されてから、合理的なものの見方をする人間は誰ひとり世界の「公正さ」を信じられなくなっていた。誰もが心配とは無縁の人生を送ることができるという夢物語は、すっかり消滅していたのだ。

物語の主人公カンディードは、多くの困難をくぐり抜けた後、日々の労働に幸福を見出すようになり、最後にこういう結論にたどり着く。「**私たちは私たちの畑を耕さなければなりません**」。

結論。世界に公正さを保つためのシステムは存在しない。その事実を思い切って受け入れるのも、よい人生の条件のひとつだ。充実した人生を送るために、つまり、**あなた自身の日常生活に意識を集中しよう**。あなた自身の畑に、あなたの生活の中だけでも根こそぎ取り除いたほうがいい雑草がたくさんある。あなたが悲劇的な出来事に見舞われたとしても、あなたが人生において遭遇する出来事とあなたの人間性はほとんど関係がない。

不運や失敗は、冷静に落ち着いて受けとめよう。考えられないほどの大きな成功や幸運に恵まれたときにも、やはり同じことが当てはまる。

43

形だけを模倣するのはやめよう

カーゴ・カルトの犠牲にならない

戦争が終わった後、島民たちが行った儀式とは？

第二次世界大戦中、太平洋の小さな島々は、米軍と日本軍の激しい戦闘の舞台となった。それまで兵士というものを見たことがなく、ましてやジープや無線機などまったく目にしたことのなかった島民たちは、藁ぶき小屋の前で轟音をとどろかせながら展開される大活劇を驚愕の目で見ていた。

奇妙な制服を着た人間たちが、骨のようなものを自分たちの顔に近づけ、それに向かって話しかける。すると、巨大な鳥が何羽も現れ、空でくるくる回りながら、ふくらんだ布にくくりつけられた包みをいくつも投げ落とした。それらはふわふわと漂いながら、ゆっくり地面に下りてきた。包みの中身は「缶詰」だった。

食べ物が空から降ってくるなんて、まるで楽園のようだった。兵士たちは、缶詰を島民たちにも分けてくれた。

この見慣れない人間たちが狩りをしている姿も、食べ物を探している姿も、誰も目にしていない。でも、彼らはどうやら食糧を調達するための手段を、何か持っているらしい。荷物を積んだあの鳥たちを、彼らはどうやっておびき寄せることができたのだろう？

戦争が終わって軍が引き上げていき、島にいるのがまた島民たちだけになると、一風変わった光景が見られるようになった。多くの島々で新しい儀式が催されるようになったのだ。**「カーゴ・カルト（積荷信仰《つみにしんこう》）」と呼ばれる儀式**である。

島民たちは、丘のいただきで茂みを焼き払い、その後にできた地面を石で囲んで滑走路のようなものをつくった。滑走路の上には、藁でつくった実物大の飛行機が、その隣には竹の無線塔が置かれ、島民たちは木彫りのヘッドフォンを持って、戦争中に見た兵士たちの動きをまねた。火を起こして信号灯に見立て、肌には軍服につけられていたエンブレムの模様のタトゥーをほどこした。

つまり、彼らは「空港」を再現したのだ。戦争中にふんだんに食糧をもたらしてくれた、あの巨大な鳥が引き寄せられてくるように。

「カーゴ・カルト」の罠に陥ってしまう人たち

ノーベル物理学賞を受賞したリチャード・ファインマンは、ある講演で「カーゴ・カルト」を引き合いに出してこんな話をしたことがある。「サモア諸島の島民たちは、飛行機が何かを理解できていませんでした。（中略）彼らは何もかも実に忠実に模倣し、形のうえでは申し分ありません。すべて当時と同じように再現されています。でも、形だけ整っていてもどうなるものでもありません。飛行機は一機もやってこないのです」。

ファインマンは、本当の意味を理解しないで形式にばかりしがみつく、学会にはびこる形式主義の悪習を公然と非難したのだ。

「カーゴ・カルト」の罠に陥ってしまうのは、島の住民や研究者たちだけではない。

私の友人のひとりは、「売れっ子の小説家になる」という大胆な夢を持っていた。大学で英文学を専攻していた頃からずっとそのことばかり口にしていた。ヘミングウェイが彼のあこがれだった。悪くないお手本である。

ヘミングウェイはとびきりのハンサムで、女性に不自由せず、書いた本は次々にミリオンセラーを記録した。ヘミングウェイは、世界中のメディアに取り上げられた最初のスーパースター作家だった。

そのヘミングウェイにあこがれた友人は、何をしたとお思いだろうか？

彼は口ひげをたくわえ、襟元を大きく開けて洗いざらしのシャツを着て、新しいカクテルを考案するための実験に熱心に取り組んだ。ヘミングウェイも使っていたと言われるモレスキンノートも買い置きしていた（実際にはヘミングウェイはそれを使っていなかったらしいのだが）。

だが痛ましいことに、形を模倣した彼の努力は、彼の小説家としての成功に（あるいは不成功に）少しも影響しなかった。

その友人はカーゴ・カルトの犠牲になってしまったというわけである。

パーカーを着てもザッカーバーグにはなれない

こうした話を聞くと、あなたは思わず笑ってしまうかもしれないが、「カーゴ・カルト」は驚くほど社会に蔓延している。

経済界もしかりだ。滑り台やマッサージルームや無料の社員食堂など、優秀な社員を惹きつけようと「グーグル」の洗練されたオフィスをまねている企業のどれほど多いことか。第二のマーク・ザッカーバーグになるという野心を抱いて、パーカーを着て投資家とのミーティングに出席する企業家のどれほど多いことか。

また、カーゴ・カルトの儀式がひときわ目立つのが、公認会計士の仕事である。

監査役会議の議事録にはもれなく署名があるか？　経費の証拠資料はきちんと保存されているか？　売り上げは正しい時期に計上されているか？　公認会計士たちは毎年、チェックリストの項目にのっとって業務を処理する。重要なのは、「形式」がきちんと整っているかどうかだ。エンロンや、リーマン・ブラザーズや、AIG損害保険や、UBS銀行のように、企業が破綻したり経営危機に陥ったりしたときにもっとも驚くのは、その企業の公認会計士たちだ。

どうやら彼らは、「形式」がきちんとしていない部分を見つけることには長けているようだが、経営上の真のリスクを見つけるのは不得手なようだ。

中身のともなわない「形式主義」を見抜こう

音楽の世界にも、カーゴ・カルトの典型的な例がある。

ヴェルサイユで策をめぐらせ、はじめは太陽王付きの器楽作曲家に、のちに音楽監督の座についた、作曲家のジャン・バティスト・リュリ。彼は、宮廷音楽の作曲法を、細部にいたるまで細かく定めた。

たとえばオペラの序曲なら、反復進行の形はこうで他の形はダメ、最初の楽節の拍子には付点音符が組み込まれていなければならず、その後にはフーガが続いて……というように、緻密な形式をつくりあげた。

そのうちリュリは、パリだけでなくフランス全土でのオペラ興行の独占権を授けてもらえるようルイ一四世を説得し、その権利を存分に駆使して、ライバルたちを次々と排除していった。

そうしてリュリは、「史上もっとも嫌われた作曲家」（作曲家ロバート・グリーンバーグの言）の地位に登りつめながらも、ヨーロッパ全土の宮廷は一様にリュリがつくりあげた形式の作曲法に従うようになった。スイスの、人里離れたプレアルプスにあるちっぽけな城館においてさえ、パリの形式が模倣された。

少しでもヴェルサイユにいる気分を味わおうとする、城主のカーゴ・カルトである。

ちなみにリュリは、その権力がピークにあった一六八七年の一月八日、コンサートの指揮者として、重い杖を床に打ち付けながらリズムをとっている最中（当時はこうした指揮の方法が一般的だった）、誤ってその杖で足の指を打ち砕いてしまった。そこから入り込んだ菌がもとでリュリの足は壊疽《えそ》を起こし、その三か月後、帰らぬ人となった。

結論。形だけを追い求めるのはやめよう。どんなカーゴ・カルトにもかかわらないほうがいい。中身のともなわない「形式主義」は、私たちが考えるよりずっと社会に蔓延《まんえん》している。

よい人生にしたければ、形式主義をきちんと見抜き、あなたの人生から締め出したほうがいい。形式にこだわれば、時間を無駄にするだけでなく、あなたのものの見方まで狭くなる。

そして、カーゴ・カルトに陥っている人や組織とは距離を置こう。仕事の成果によってではなく、わざとらしい態度やくだらないおしゃべりで昇進が決まるような企業もまた遠ざけよう。

成功している人の行動をただ模倣するのもやめたほうがいい。その人が成功できた理由をきちんと理解せず、形だけをまねてもなんの意味もない。

44

専門分野を持とう

「多才な人」より「スペシャリスト」を目指す

「専門知識」が増えるほど、「一般教養」は減るのか？

グラフィックデザイナーや、パイロットや、心臓外科医や、人事の責任者として、いま現役で働いているあなたには、どのくらいの知識量があるだろう？

もちろん、あなたには豊富な知識があるに違いない。あなたの脳はあなたの「専門分野の知識」でふくれあがっているだろう。

たとえあなたが、まだキャリアを積みはじめたばかりだったとしても、あなたの知識量は、すでに過去の先輩たちが持っていた知識を、はるかに超えているはずだ。

あなたがパイロットだったら、学ばなければならないのは従来通りの航空力学やたくさんのアナログ計器についてだけではない。毎年登場する新しいテクノロジーやフライトルールを頭の中に更新していかなければならない。

あなたがグラフィックデザイナーだったら、フォトショップやインデザインのようなソフトウェアパッケージだけでなく、過去五〇年間の広告デザインのあらましを把握しておく必要もある。そうでなければ、過去のアイデアを知らずに使ってしまう恐れがあるばかりか、ライバルたちとの競争についていけなくなる可能性もある。

一年のサイクルで新しいソフトフェアが市場にも職場にも押し寄せ、ソーシャルメディアや動画やバーチャルリアリティーなど、クライアントの要求も多様化する一方だ。

では、「専門分野以外の知識」はどうだろう？　あなたの知識は、過去の時代に同じ職に就いていた人たちより多いだろうか、少ないだろうか？　おそらく少ないのではないかと思う。

脳のキャパシティは限られている。**専門分野の知識が増えれば増えるほど、一般的な知識のためのスペースは少なくなるはずだ。**

ひょっとしたら、これを読んでいるあなたは、「専門バカ」呼ばわりされているように感じて憤慨するかもしれない。

「専門バカ」といわれて喜ぶ人はいない。多才な人だとか、多方面に人脈を持つ人だとかいわれるほうが、ずっといい。

私たちは、自分の仕事がどれほど「幅広い」か、顧客のポートフォリオがどれほど「多様」か、新しいプロジェクトに着手するたびにそれがどれほど「斬新」かを語りたがる。誰もが、自分を偏狭なスペシャリストとは思いたがらない。

だが、コンピューターチップのデザインから、カカオ豆の売買まで、世に存在するおびただしい数の「専門分野」を見渡してみると、広いと思っていた自分たちの知識が、実はごく限られた領域でしかないことがわかる。専門分野に関する知識は増えているが、その専門分野の範囲自体はどんどん狭まっているのだ。

つまり、**「専門知識」がゆるやかに増加する一方で、「知らない知識」は爆発的に増加していることになる。**

私たちが生きていくには「その他の専門知識」を持つ多くの人に頼らざるをえないし、その人たちの仕事もまた、「別の専門知識」を持つ人たちとの連携なしには成り立たない。自分が使う携帯電話を、ひとりで手早くつくりあげる自信のある人は、おそらくいないだろう。

石器時代は「多才」でなければ生きられなかった

地面から生えてくるキノコのように、新たな専門分野は次から次へと現れる。繁殖の速さは、人類の歴史が始まって以来だ。

数百万年来続く唯一の仕事の区分は、男性は体が大きくて力があり、女性は妊娠・出産するという、生物学的な事情による男女の役割分担だけになってしまった。

五万年前の先祖がどんな生活をし、どんな仕事をこなしていたかを見ることができたら、私たちはきっとびっくりするに違いない。

当時は、ほぼすべての人が、ほぼすべてのことをこなせていた。石斧《おの》デザインや、石斧製造、石斧マーケティング、石斧カスタマーサービス、石斧トレーニング、石斧コミュニティマネージメントのスペシャリストなどは存在しなかった。石斧を振り回す以外に何もできない、という人はいなかったのだ。

自分の斧は誰もが自分でつくっていたし、その使い方もきちんと把握していた。狩猟や採集で食料を得ている人に「職業」という概念はないからだ。

状況が変わったのは、一万年ほど前に人間が「定住」を始めてからだ。突然、役割の細分化が始まった。

畜産業者、農夫、陶工、測量技師、王様、兵士、水運び人、料理人、書記など、次々に職業が誕生し、人々はそれぞれの職業でキャリアを築いて、専門知識を身につけるようになった。そして専門分野以外の知識を持つ必要はなくなっていった。

石器時代には、人間は「多才」でなければ生きられなかった。「スペシャリスト」に生き延びるチャンスはなかった。それが、一万年前に逆転したのだ。

いまでは「スペシャリスト」でなければ生きられず、「多才な人」にはチャンスはない。

最後まで多才な仕事をこなしていた人たち（ジャーナリストでいえば、特に得意分野を持たずに記事を書く人たち）は、自分の仕事価値が急に低くなるのを目の当たりにしなければならなかった。一般的な教養は、驚くほど急速に、利用価値がなくなってしまったのだ。

だが一万年など、「進化の観点」から見れば、まばたき程度の時間でしかない。私たちの脳はいまだに、「多才」でいることに価値があった石器時代のままだ。

そのため、私たちは特定分野の知識しか持たないことに、いまでも居心地の悪さを感じてしまう。好むと好まざるとにかかわらず、現代に生きる私たちはなんらかの「スペシャリスト」だが、**特定の知識しか持たない自分が、立場の弱い不完全な人間に思えて後ろめたさを感じてしまう**。

たとえば、自分の仕事に十分誇りを持って働いているコールセンターのマネージャーでも、自分の専門外のことがまったくわからなければ、その知識のなさが恥ずかしく思えて、「わからなくてすみません、私は一介のコールセンターのマネージャーにすぎませんから」と謝らなければならないような気持ちになる。専門外の知識を持たないのは当然のことなのに。

「他人のレース」で勝とうとしなくていい

「多才さ」をよしとするのは、そろそろやめたほうがいい。

もう一万年も前から、**職業上の成功を手にするにも社会の豊かさを実現するにも、「専門性」は欠かせなくなっている**のだ。

そして一万年間に、誰も予測していなかった変化がふたつあった。ひとつ目は「グローバリゼーション」で、以前は地理的に隔離されていた市場がひとつになった。

それまでまったく競合する機会がなく、それぞれに多額の収入を得ていたある町のテノール歌手と隣町のテノール歌手が、レコードの普及によって突然同じグローバル市場で競い合うことになったのだ。

たったひとつの市場に、一度に一万人ものテノール歌手は必要ない。三人もいれば十分だ。市場に「独り勝ち」現象が起こり、収入には極端な格差が生じるようになった。

少数の勝者が市場の利益のほぼすべてを手中にし、残りの大多数は、市場の隅でなんとか生きていける程度の収入しか得られなくなってしまった。

一方で、「職業の専門化」がどんどん進み、専門分野の数は爆発的に増加した。以前は地域ごとに同一の専門分野が存在していたのに、いまでは地域の壁が取り払われたひとつの世界に、たくさんの専門分野が存在している。

各分野内での競争は熾烈だが、専門分野の数は無数にある。「勝者の数は無限だ」とテクノロジーの専門家、ケビン・ケリーはいう。「他人のレース（専門分野）で勝とうとするのではなく、自分のレースを見つけだせばいいだけだ」。

では、自分のレースを見つけてその勝者になるには、具体的にどうすればいいのだろう？　そのために必要ないくつかのポイントを挙げておこう。

ひとつ目。ほかの誰かに追い越されて初めて、自分が十分な専門性を身につけていないことに気づくケースは意外に多い。

たとえば病院で働く放射線医の場合、核放射線医、画像下治療医、神経放射線医といった特定の専門分野を持つ放射線医以外は、いまやほとんど需要がない。だから、自分にできることをただ漫然とするのではなく、自分のできることの中で何に焦点を絞るかを考えるようにしよう。

ただしこれは、「自分の専門外のことには目をくれなくていい」という意味ではない。類似点のある分野のよい部分は大いに取り入れるべきである。ただし、その際にもあなたの「専門分野」とあなたの「能力の輪」（第16章参照）は、常に意識するようにしよう。

ふたつ目。自分の専門分野の世界的な第一人者になれば、「独り勝ち」現象は自然にあなたのものになる。

あなたがまだ第一人者になれていない場合は、あなたの専門分野をさらに深く追求する必要がある。あなた独自のレースを世間に知らしめ、そのレースの勝者になろう。

そして最後。仕事のチャンスを広げようと、できるだけたくさんの知識を詰め込もうとするのはもうやめよう。そんなことをしても意味がない。

一般的な教養は、いまや趣味としてしか役に立たない。仕事に活かすためではなく、本当に興味があるなら石器時代の人たちに関する本を読んでもいいが、あなたが生きているのは石器時代ではないことをくれぐれも忘れないように。

45

軍拡競争に気をつけよう

競争が激しいところにわざわざ飛び込まない

進化しつづけなければ、生き残ることはできない

一〇年、二〇年前の「コピーショップ」がどんなふうだったか、覚えているだろうか？　コピー機が数台並んでいるだけの簡素な店だった。中には硬貨の投入口のある、自分で使えるコピー機もあった。

それに比べると、現在のコピーショップはまるで別物だ。実際に小さな印刷所のようなもの。カラーコピーもできるし、コピー用紙は一〇〇種類も用意されている。ハイテク機器と接続されていて、希望すればハードカバーの表紙をつけることだってできる。

この変わりようを見た人は当然こう考えるだろう。この魔法のようなテクノロジーのおかげで、コピーショップの経営者の利益はとんでもなくアップしたに違いない、と。

ところが、残念ながらそうはなっていない。もともとわずかしかなかった利益が、さら

に少なくなったのだ。

では、高価な機械の対価として得られるはずだった利益は、いったいどこにいってしまったのだろう?

若い人たちの多くは、輝かしいキャリアを築くには、「大学」を出なければならないと考える。大卒者の初任給は、大学に行かなかった人たちよりたいてい高いからだ。

だが総体的に見て、社会に出るまでにかかった時間とそれまでの教育費を差し引くと、大半の大卒者の所得額は、彼らより早くから社会に出た人たちとほぼ同じか、もっと低いという結果が出る。

大学卒業までにかかった時間と多額の費用によってもたらされるはずだった対価は、いったいどこにいってしまったのだろう?

ルイス・キャロルは、世界的なベストセラーとなった『不思議の国のアリス』に続いて、一八七一年に続編の『鏡の国のアリス』を発表した。その中で、赤の女王は小さなアリスにこんなことを言っている。「この国では、同じ場所にとどまりたければ全力で走りつづけなければなりません」。

コピーショップについてや、学歴と所得額のメカニズムを、実に的確に言い表す言葉である。

現状を維持するためには、周囲の変化に合わせて進化しつづけなければ、生き残ることはできない。

国家間の軍拡競争と同じである。「軍拡競争」とは本来、軍事面での競い合いを指す言葉だが、軍備を拡張する他国より優位に立つために、自国の軍備も増強せざるをえないというメカニズムだ。それと同じパターンは、あちらこちらで見受けられる。大局的に見れば、実はまったくの不毛な争いでしかないのだが。

会社を興したのは「競合他社ゼロ」だったから

ではここでもう一度、先の質問に戻ろう。投資した時間やお金に対して得られるはずだった「対価」は、どこにいってしまったのだろうか?

コピーショップの場合は、新しい機械でサービスを受けられる顧客の利益になっているのは言うまでもない。だが、それ以外のおもな利益を享受しているのは、「コピー機のメーカー」と「大学」である。

「ほぼ誰もが大学を出ているような状況では、大卒という学歴はいまや目立たない。理想の仕事に就くには、有名大学を出る必要がある。そうなると、教育も軍拡競争となんら変わりはない。軍拡競争でおもな利益を手にするのは武器製造業者だが、教育の場合、それに当たるのは大学だ」と『ニューヨーカー』誌のライター、ジョン・キャシディは書いている。

けれどもライバルとの競争のさなかにいると、そのことに気づくことはめったにない。厄介なことに、どんな措置もどんな投資も、当人にとっては「有意義」に思えてしまう。だが、すべての要素を考慮に入れて全体のバランスシートを見ると、結果的に得られる利益はゼロ、もしくはマイナスだ。

だから、自分の置かれている状況は、きちんと見きわめるべきなのだ。もしあなたが、意に反して軍拡競争に巻き込まれていることに気づいたら、自分から身を引こう。軍拡競争のさなかにいては、よい人生は絶対に手に入らない。

では、軍拡競争に巻き込まれないためにはどうすればいいのだろう？　答えは、**軍拡競争のない活動領域を見つけること**だ。

たとえば私が、書籍要約サービスを提供する「getAbstract」社を友人とともに設立した理由のひとつも、その領域には軍拡競争がなかったからだ。競合他社はゼロ。この事業を始めてから一〇年以上ものあいだ、同様のサービスを提供する会社は現れず、私たちにとっては夢のような状況だった。

前章では「専門を持つことの重要性」について取り上げたが、実は、専門を持つだけでは十分ではない。専門性の高い特定の分野にも、軍拡競争が潜んでいることが多いからだ。あなたがその第一人者であり、なおかつ軍拡競争とも無縁でいられる分野を見つける必要がある。

「競争」に巻き込まれないようにする

軍拡競争が特に激しいのは、「職場での働き方」においてだ。同僚が長時間働けば、あなたも後れをとらないように長く働かなければならない。そうしてあなたは、とっくに労働の生産性がなくなっていたとしても、働きつづけて時間を無駄にしなければならなくなる。

狩猟採集社会に生きていた先祖と比べると、その差は歴然としている。当時の人々が働いていたのは週に一五時間から二〇時間程度で、残りの時間は余暇だった。楽園のような比率だが、軍拡競争がなければ私たちにも同じことができていたかもしれないのだ。**狩猟採集時代が、人類学者たちから「原初の豊かな社会」と呼ばれている**のも無理はない。当時、人間はまだ定住していなかったために、持ち物の数を他人と競い合うことなどありえなかった。

遊動民はただでさえ多くの物を持って移動する。弓矢や毛皮や、小さな子どもまで連れている。それ以上荷物を増やしたいと思う者などいるわけがない。当時の人々が軍拡競争に駆り立てられる要素はまったくなかったのだ。

だが、いまや事情が異なる。**仕事に関してだけでなく、プライベートでも気を抜けばすぐに競争に引き込まれてしまう。**

他のユーザーがツイートをする回数が多ければ、置いていかれないようにあなたも頻繁にツイートしなければいけない気持ちになる。他のユーザーたちが自分のフェイスブックのページの見映えをよくしようと労力を注げば、あなたもソーシャルメディア上で存在感を示すために労力を注がなくてはならない。友人の多くが美容整形を受ければ、あなたも早くきれいにならなければと焦りを感じる。

身につけている服のトレンドやアクセサリーの種類でも、住居の広さや乗っている車の馬力でも、マラソンやトライアスロンなどといった趣味のスポーツの成果についても、いまやありとあらゆる社会的な物差しによって同じことが起きる。

毎年発表される学術研究の数は、二〇〇万件にものぼるという。一〇〇年前、アインシュタインが生きていた頃には、この1パーセントにも満たない数の論文しか発表されていなかった。それなのに、学術的に重要な発見の数はあまり変わっていない。軍拡競争の影響は学界にも及んでいるのだ。

研究者の給与と昇進は、発表した論文の数と論文が引用された頻度で決まる。

多くの研究者が次々に論文を発表するようになり、またそれらの論文が頻繁に引用されるようになれば、研究者は全員、そのペースに取り残されないようたくさんの論文を書かなければならなくなる。だがこれでは、まだ発表されていない論文のテーマ探しがさかんに行われているにすぎなくなる。

この軍拡競争で一番の利点を享受しているのは、論文発表の場である学術ジャーナルである。

もしあなたがプロの演奏家を目指しているなら、ピアノとバイオリンは避けたほうがいいかもしれない。競争がもっとも熾烈な楽器で、演奏家の中でもピアニストとバイオリニストは飛び抜けて苦労が多い。そのうえ、毎年アジア出身のすばらしい技能を持った大勢の新人ピアニストやバイオリニストが世界中のコンサートホールに押し寄せてくるため、競争の激しさは増すばかり。

だが、演奏家の少ない楽器を選べば、オーケストラに採用される可能性はずっと高くなる。あなたの技量が世界レベルに達していなかったとしても、高い評価を受けやすくなる。

ところがピアノやバイオリンを選んだが最後、常にラン・ランやアンネ＝ゾフィー・ムターのような世界的演奏家たちと比較されるだけでなく、あなた自身も自分を彼らと比較して幸福度を低下させることになってしまう。

結論。軍拡競争に巻き込まれないよう気をつけよう。ひとつひとつ軍備を拡張していく過程は有意義に思えるので、渦中にいる本人が起こっている事態に気づくのはなかなか難しい。ときには自分が所属する軍隊から距離を置いて、人生の戦場を俯瞰して見るようにしよう。

馬鹿げた競争の犠牲になることはない。軍拡競争に勝っても空しいだけで、得られるものなどほとんどない。身を引いたほうがあなたのためだ。

よい人生を手にしようと人々が競い合っている場所で、よい人生は見つからない。

46

組織に属さない人たちと交流を持とう

組織外の友人がもたらしてくれるもの

若きスピノザに布告された「破門状」とは？

「法の定めるあらゆる悪しき行為をおかした罪により、我々はバールーフ・スピノザを我々の共同体から追放し、除名し、呪い、破門することをここに宣言する。

かの者は昼に呪われ、夜に呪われ、体を横たえるときも、起きるときも、家に帰るときも、外出するときも呪われるべし。神はかの者をけっしてお許しにはならないであろう。

何人たりとも、かの者と言葉を交わしてはならない。文を交わすこともならない。かの者に助力を与えることも、ひとつ屋根の下にとどまることも、四エレ（約二キロメートル）以内に近づくことも、かの者によって書かれたいかなるものを読むことも禁ずる」。

［註：エレは昔の長さの単位で、一エレは五〇一・八メートル］

一六五六年に布告されたこの「破門状」によって（実際の破門状はこの四倍は長く、この六倍は手厳しい)、当時二三歳の繊細な若者だったスピノザは、ユダヤ人共同体から追放された。スピノザは公的に「好ましくない人物」と断じられ、共同体の一員としての立場を剝奪《はくだつ》されたのだ。

スピノザは当時、まだ著作をひとつも発表していなかったが、それでも、若い思想家の自由な見解は共同体の指導者たちをひどく怒らせてしまったのである。

スピノザは、いまでは史上もっとも偉大な哲学者のひとりに数えられている。

この破門状を目にした私たちは、その仰々しさに思わず驚き、笑いたくもなるが、当の哀れなスピノザにとっては笑いごとではなかっただろう。

夕方のニュースや、新聞や、ポスターや、ありとあらゆるソーシャルメディアを使って役所があなたの破門を宣言し、あなたに近づく者がいないか、あなたと話す者がいないかと、いたるところで情報部員が目を光らせている状況を思い浮かべてみてほしい。スピノザは当時、そういうつらさを味わっていたのだ。

あなたが何らかの組織やビジネスクラブのメンバーだったら、そのメンバーであることのメリットがよくわかるだろう。

いつでも自由に利用できるメンバー向けのスペースには、居眠りしたくなるほど座り心地のいい肘掛け椅子があり、小さなテーブルの上には最新の雑誌が用意され、そこに行けばいつでも同じ興味を持つ相手と雑談ができる。施設内の環境は、すべてあなたのニーズに合わせられている。

「どこにも属さない部外者」が変革を起こす

企業の社員だったり、学校の生徒だったり、大学の教授だったり、地域社会の一員だったり、何かの協会のメンバーだったりと、ほとんどの人はひとつ、またはいくつかの「組織」に属している。これらの社会的なまとまりは、私たちのニーズに沿うようつくられているため、その中では快適に活動し、心地よく過ごすことができる。

それにもかかわらず、いつの時代にも、「どんな組織にも属さない人」がいる。自ら進んでどこにも属さない人もいれば、最初から中に入れなかった人も、スピノザのように追い出されてしまった人もいる。

ほとんどは「変わり者」だが、全員がそうだというわけではない。そういう人たちの中からは、たったひとりで世界を一歩前進させてしまうような人物が定期的に現れる。

学術研究に関しても、経済界でも、文化においても、**「どこにも属さない部外者」が起こした変革は驚くほど多い。**

大学で職を得られなかったアインシュタインは、ベルンの特許庁で給料の安い三級技術専門職として勤務していた期間の余暇を使って、物理に革命をもたらした。

その二〇〇年前には、まだ青年だったニュートンが万有引力の法則を発見し、数学の一分野まで確立している。彼の所属するクラブ（ケンブリッジ大学のトリニティ・カレッジ）はペストの流行により閉鎖中で、ニュートンは二年間、田舎暮らしをしている最中だった。

チャールズ・ダーウィンは研究者としてはどこにも属さず、研究機関の研究員名簿に名前が載ったことも教授職についたことも一度もなかった。

歴代のイギリス首相の中でも特に大きな功績をあげたマーガレット・サッチャーは、以前は普通の主婦だった。無名の一個人にすぎなかったが、政治の世界で頭角を現し、首相にまでのぼりつめたのだ。

ジャズは個々の独立したミュージシャン同士が集まってつくりだす音楽のジャンルだ。ラップもそうだ。

クライスト、ニーチェ、ワイルド、トルストイ、ソルジェニーツィン、ゴーギャンなど、偉大な作家、思想家、芸術家にも、非協調主義者は多い。

それから、宗教の開祖たちも忘れてはならない。現存の宗教を始めた人たちは、例外なくどこにも属さない者ばかりだった。もちろん、「偉人」たちを過大評価してはならない（第50章参照）。彼らでなくても、ほかの誰かが同じようなすぐれた業績を成し遂げていたはずだ。

ただし、ここで重要なのは、**組織に属さない人たちは、その内部にいる人たちよりも迅速に行動できるため、早く結果を出せることが多い**ということだ。

組織に属さないことの「メリット」とは？

どこにも属していない人には、手続き上のメリットもある。組織の決めごとに従う必要がないため、余計な時間を節約できるのだ。

たいていの組織につきものの「合理的ではない手順」を省略できる。言ってしまえば、グラフィック機能で見た目を美しく飾るだけで、実は無意味なパワーポイントのスライドづくりのために知性を無駄づかいしなくていいし、神経をすり減らすような会議での駆け引きも避けられる。形式主義的なあらゆる儀式を悠々と飛び越えられるのだ。

顔見せのためだけに招待に応じたり、イベントに出席したりする必要もない。そもそも、部外者は最初から招待を受けることもないだろう。それに、どの組織にも属していないため、そこから追い出されないよう言動に気をつける必要もない。

「どこにも属さないこと」のメリットはもっとある。外にいると、組織のメンバーには見えなくなってしまったシステムの欠点や矛盾がよくわかる。部外者のほうが深い洞察ができるため、うわべだけでなく根本的な現状批判をすることもできる。

このように「どこにも属さない人生」を想像すると、あこがれの気持ちやロマンチックな空想をかきたてられるかもしれない。もう組織なんて飛び出してしまいたい、と。

だが、それでも、どの組織のメンバーでもない「完全なる部外者」にはならないほうがいい。**属する組織を持たないと、社会があなたを拒絶しようとするからだ。**

無情な逆風が吹き、ほとんどの人は、自分の前に立ちはだかる世界を前に打ちひしがれる。彗星《すいせい》のように明るく輝けるのは、ほんの少数の人だけだ。どこにも属さない生き方は、映画のプロットとしては面白いが、よい人生には適さない。

「片方の足」は社会の組織の中に固定しておく

では、どうするのが一番いいのだろう?

少なくともあなたの「片方の足」は、社会の組織の中にしっかりと固定しておくようにする。そうすれば、組織のメンバーとしての利点を確保しておける。そして、「もう片方の足」で放浪の旅に出ればいい。

そう聞くと、そんなことはとても無理としか思えないかもしれないが、方法はある。**「どの組織にも属していない人たち」と交友関係を結べばいい**のだ。言うは易く行うは難しだが、次のようなルールを守って、「彼ら」とよい関係を築くようにしよう。

（a）社交辞令ではなく、心の底から彼らの仕事に関心を持つ。（b）社会的地位をちらつかせるのはやめよう。あなたが博士号を持っていようが、ロータリークラブの会長だろうが、彼らにとってはどうでもいいことだ。（c）寛容になろう。組織に属さない人たちは時間にルーズなことが多い。洗っていないシャツや派手すぎるシャツを着て現れることもある。（d）ギブアンドテイクを忘れないように。アイデアや資金や人脈など、あなたからも彼らに何かお返しをしよう。

彼らとよい関係を保つためのルールが身についたら、あなたはひょっとして組織とも組織外の人々ともつながりを持つ、連結部品のような存在になれるかもしれない。

ビル・ゲイツやスティーブ・ジョブズがまさにそうだ。社会的な組織のメンバーであると同時に、熱烈なテクノロジー愛好家とも緊密なつながりを持っている（ジョブズはすでに故人だが）。

現在、「組織に属さない人たち」とのつながりを持つCEOは、ほんのわずかしかいない。多くの企業でアイデアが枯渇しているのは、仕方ないことなのかもしれない。

結論。ゴッホのような生き方をするよりも、ゴッホの絵を壁にかけておくほうがいい。けれども一番いいのは、できるだけ多くの現代のゴッホたちと交流を持つことだ。彼らの斬新な視点は、あなた自身にも、あなたの人生にもよい影響を与えてくれるはずである。

47

期待を管理しよう

期待は少ないほうが
幸せになれる

期待して参加した年越しパーティーの結末

一九八七年の大晦日。若かりし私は期待に大きく胸をふくらませ、スイスはルツェルンのレストラン「リュトリ」の前に立っていた。

入り口の上には、大規模な年越しパーティーの開催を告げるポスターが貼ってある。

「このままじゃダメだ！　絶対に新しい彼女を見つけよう！」

このうたい文句に惹かれて苦労して手に入れていたチケットを、私はぎゅっと握りしめた。その半年ほど前に生まれて初めてできた恋人に振られて以来、私はさびしさのあまり、自分の粗末なアパートの部屋（一階下に共同トイレのある屋根裏部屋だった）でぼうっとしたり、図書館に引きこもったりしながら、ぼんやりとした日々を過ごしていたのだ。

だが、そんな毎日も今日で終わりだ。髪にはいつもよりたっぷりジェルをつけた。今夜この場所で、新しい恋人が見つかるかもしれないのだ。

女の子の目を意識しすぎて、どうしてもぎこちなくなるディスコダンスのステップを踏みながら、私はタバコの煙がたちこめるホールの隅から隅まで、落ち着きなく視線をさまよわせた。かわいい女の子たちはみな恋人連れで、彼女たちが恋人の腕を離れた隙をねらってほほえみかけても、彼女たちはまるで私が空気であるかのように、気づかないふりをした。

その年が終わりに近づくにつれ、私はワインオープナーを少しずつ胸にねじこまれているような気持ちになった。年が明ける少し前にパーティー会場を後にした。

パーティーは、まったくの期待外れに終わった。前より二〇フラン貧乏になっただけで、収穫はゼロだった。

「必然」「願望」「期待」どれに当たるかを見きわめる

脳は、常に何かを「期待」している。絶えず期待を生み出しつづける、機械のようなものだ。

ドアの取っ手を握れば、そのドアが開くのを期待する。蛇口をひねれば、そこから水が出るのを期待する。飛行機に乗れば、航空力学の原理でそれが空中に浮かぶのを期待する。

朝には日が昇るのを期待して、夜には日が沈むのを期待する。私たちは無意識のうちにこういう期待をしている。生活における決まりごとが頭の中にしっかり刷り込まれているため、それらの出来事を脳が期待しているという事実を自覚することはない。

だが**脳は、「不定期に起きる出来事」に対しても期待する。**

私が年越しパーティーでつらい思いをしなければならなかったのも「期待」が大きすぎたせいだ。パーティーに対する期待が現実になる可能性を、少しでも冷静に検討していたら、私はあれほど気を落とさずにすんだだろう。

「期待」が幸福感に決定的な影響を与えるのは、研究に裏打ちされた事実だ。非現実的な期待は、幸福感を大きく損なう。

たとえば、所得の増加で幸福度が増すのは、だいたい年収一〇万ユーロ（約一二〇〇万円）の人までで、それを上回る年収のある人の幸福度は、所得が増えても変わらない（第15章参照）。

だがこの境界以下の年収の人でも、所得アップのスピードが期待していたよりも遅かった場合は幸福を感じられないことが、ロンドン・スクール・オブ・エコノミクスの心理学者、ポール・ドーランによって証明されている。

では、「期待」にはどう対処するのが一番いいのだろう？　私は、救急医が治療の緊急度にしたがって患者に優先順位をつける「トリアージ」のように、あなたの考えを整理することをおすすめしたい。

あなたの頭の中にある考えが、「しなければならないこと」「したいこと」「できればいいなと思うこと」のどれに当たるかを見きわめるのだ。

「しなければならないこと」は必然、「したいこと」は願望（好みや目標）、「できればいいなと思うこと」は期待である。

これらの「三つの思考」を明確に区別できるよう、これからそれぞれのカテゴリーについて順に考察していくことにしよう。

人間が手に入れたいと願うものは「取るに足りない好み」

「絶対にCEOにならなきゃいけない」とか、「小説を書かなければならない」「どうしても子どもが欲しい」といった言葉を耳にする機会は多い。

だが、どうしても「しなければならない」ことは、実はこの中にはひとつもない。息をしたり、飲んだり食べたりする以外のことはしなくても、生きていくのにまったく支障はない。

本当に必要なことは、願望とは関係なしに行われるものなのだ。だから先に挙げたせりふは、「CEOになりたい」「小説を書きたい」「将来子どもが欲しい」というほうが適切である。

「願望」を人生の必然事項のように考えていると人は、気難しく、不機嫌になる。そうすると、どんなに聡明な人でもバカげた行為をすることになる。

人生の「必然」事項だとあなたが思い込んでいるものは、できるだけ早くそのカテゴリーから外したほうがいい。

次に、「願望」。願望（好みや目標）のない人生は味気ない。それでも、願望の実現を人生の至上目標にしてはいけない。願望は必ずかなうわけではないと常に頭に入れておこう。世界には、あなたにコントロールできないことがたくさんある。あなたがＣＥＯになれるかどうかは、監査役会の決定のほかに、ライバルの動きや、株式市場の動向や、報道のされ方や、あなたの家族の状況などによっても左右される。

どれも、完全にはあなたのコントロール下にないものばかりだ。小説を書きたい場合にも、子どもが欲しい場合にも、同じことが当てはまる。

古代ギリシアの哲学者たちは、すばらしい言葉を持っていた。人間が手に入れたいと願うものを「取るに足りない好み」と呼んだのだ。

つまり、どんな人にも好みはあるが（たとえばフォルクスワーゲンのゴルフよりポルシェが好きといった）、しょせん、そういったものは人生の幸福にとっては取るに足りない要素でしかないということだ。

私たちの「期待」をあおるさまざまなもの

人生の「必然」事項と「願望」に続く最後のカテゴリーは、「期待」である。

あなたが大きな失望を感じるとき、その原因の多くは期待をきちんと管理できていないことにある。特に「周りの人たち」に対する期待だ。

周りの人たちがあなたの期待に応えてくれる確率は、天気があなたの期待に応えてくれる確率と同じぐらいしかない。

あなたの期待は、「外の世界」に対しては非常に限定された力しか持たないが、あなたの「内側」に対してはとてつもない力がある。

けれども私たちは「期待」という感情に無頓着なため、**私たちの「期待」は他人にいいように利用されてしまう**。広告は私たちの期待をあおるため以外の何ものでもなく、商品を売るときにもやはり私たちの期待が利用される。

たとえば、あなたに金融商品を売ろうとする銀行員が、その商品の将来的なキャッシュフローの複雑な数値を見せながらセールストークを展開するのも、あなたの期待をふくらませるためだ。

また私たちは、頼りない砂の上に期待をつくりあげるだけでなく、ドアも門も開け放して、周りの人たちまでその期待に巻き込んでしまうことがある。

「期待」について、もっと自覚的になったほうがいい。

期待を一〇段階で「評価」する習慣をつける

では、「現実に即した期待」を持つにはどうすればいいのだろう？

まず、人と会う前やデート前、プロジェクトやパーティーや休暇や読書の前など、これから何かをしようとするときには必ず、「必然」と「願望」と「期待」をはっきり区別しよう。

次に、**「期待」を0から10のあいだで評価する。**「0」は悲劇的な出来事を予想している場合、「10」は一生をかけた夢がかなうと期待している場合である。

それができたら最後に、**自分が評価した点から「2点」を差し引き、**その数値を頭の中に定着させる。

これは一〇秒とかからないシンプルな作業だが、期待に「数値」をつければ、何の根拠もないのに感覚だけで期待をつくりあげる、無意識の思考を阻止することができる。

また、この作業を行った後にあなたの中に残る期待値は、控えめというより、むしろ適正値を少し下回っているので、失望を避けるための余地もできる。

私はこの三つの手順を一日に数回行うようにしているが、この習慣は私の幸福感の維持に大きく役立っている。

結論。私たちは「期待」という感情を風船のように扱っている。無計画にどんどん高いところまで上昇させてしまうため、ついにはパチンとはじけて、空からしなびた小片になって降ってくる。

「必然」と「目標」と「期待」をいっしょくたにするのはやめよう。この三つをはっきりと区別しよう。それらをきちんと区別できる能力も、よい人生を手にするための条件のひとつだ。

48

本当に価値のあるものを見きわめよう

あらゆるものの90パーセントは無駄である

「スタージョンの法則」が教えてくれること

私は小説も何冊か出版しているのだが、つねづねこう思っている。よいSF小説を書くのは難しい。大衆受けを狙った作品を書く場合には特にそうだ。

文芸評論家にはたいてい駄作とこきおろされる。だが実際、出版されているSF小説のほとんどは質がいいとはいえないのも事実だ。すぐれたSF作品も少ないとはいえ発表されているが、それだけでジャンル全体の名誉を保つのは難しい。

シオドア・スタージョンは、五〇年代、六〇年代に活躍し、非常に多くの作品を残したアメリカのSF作家である。

作家として成功するにつれて、スタージョンは悪意ある言葉を投げかけられることも増えてきた。ＳＦ小説の90パーセントはクズだという文芸評論家の批判の矢面に立たされるようになったのだ。

その批判に対して、スタージョンはこんなふうに答えている。「確かにそのとおりだ。だがあらゆる出版物の90パーセントはクズだ。ジャンルなんて関係ない」。彼のこの答えは、**「スタージョンの法則」**として知られるようになった。

一見、スタージョンの意見は辛らつすぎるように思える。だが、そう思うのは最初だけだ。最後まで楽しめる本がどれほど少ないか、ほんの数ページ読んだだけで退屈して放り出してしまう本がどれほど多いかを考えてみるといい。

あるいは、テレビで映画を観るときに、最後まで観ることがどれほど少なく、途中でチャンネルを変えてしまうことがどれぐらい多いかを思い起こしてもいい。

割合でいえば、ほぼ「スタージョンの法則」どおりではないだろうか。

「90パーセントはがらくた」と思っているほうが幸せ

アメリカ人の哲学者、ダニエル・デネットによると、「スタージョンの法則」が当てはまるのは本や映画だけではないという。「物理でも、化学でも、進化心理学でも、社会学でも、医学でも、（中略）ロックやカントリーミュージックでも、すべてのものの90パーセントはクズだ。分野は問わない」。

90パーセントちょうどでなくても、85パーセントだったり95パーセントだったりする場合もあるかもしれない。大多数を表す数字として、便宜上90パーセントという言い方をしているだけで、数字の正確さはさして問題ではない。

初めて「スタージョンの法則」について耳にしたとき、私は大きく胸をなでおろした。人間がつくりあげたもののほとんどは、よく考え抜かれた末にできあがった、価値ある大事なものだと教え込まれて育った。だから私は、何かに物足りなさを感じるたびに、問題があるのは私のほうなのだろうと思っていたからだ。

だが、いまではちゃんとわかっている。オペラの演出が完全な失敗だと思えても、私の教養不足ではない。ビジネスプランの出来が悪いと感じても、私のビジネスセンスが問題なのではない。夕食会で、出席者の90パーセントは退屈な人たちだと感じても、私に博愛精神が欠けているわけではない。原因は私ではなく、世界のほうにあるのだ。

声を大にして宣言しよう。世の中にあるものの90パーセントはがらくただ。広告の90パーセントはくだらない。Eメールの90パーセントは中身がない。ツイートの90パーセントは馬鹿げている。ミーティングの90パーセントは時間の無駄だ。そしてミーティングでの発言の90パーセントは決まり文句の羅列にすぎない。人から受ける招待の90パーセントには、行かないほうが無難な裏がある。

物質的なものだろうが精神的なものだろうが、**世界に生み出されたものの90パーセントには価値がないのだ。**

こうして「スタージョンの法則」を念頭に置いていたほうが、人生の質は向上する。スタージョンの法則は、極上の思考の道具だ。

あなたが見るもの、聞くもの、読むもののほとんどを、罪悪感を持たずに無視できるようになる。世界はくだらないおしゃべりであふれている。そのすべてに耳を傾ける必要などない。

だからといって、そうした90パーセントのことを、世界から一掃しようとするのはやめたほうがいい。

まず、そんなことをしてもうまくいかない。世界の不合理が解消される前に、あなたの正気が保てなくなる。少数の価値のあるものだけを選ぶようにして、それ以外のものとはかかわらないほうがいい。

ほとんどのものを「無視」してかまわない

投資家の中には、シオドア・スタージョンの数十年前に、すでにこの法則を把握していた人物もいた。

アメリカ人の投資家、ベンジャミン・グレアムは、一九四九年に書いた古典的名著『賢明なる投資家』の中で、**株式市場を、分別に欠ける「ミスターマーケット」と擬人化**して描いている。

この「ミスターマーケット」は気分の浮き沈みが激しい性分で、毎日違う価格であなたに株の売買を持ちかける。極端に楽観的なときもあれば、激しく悲観的なときもあり、ミスターマーケットの気分はヨーヨーみたいに上下する。

投資家としてのあなたは、ミスターマーケットに持ちかけられた取引を、すぐに受け入れる必要はない。提示された株価をひとまずやり過ごして、ミスターマーケットがありえないほど条件のよい取引を持ちかけてくるまで待てばいい。

たとえば市場が暴落して、ミスターマーケットが有望な銘柄に極端な安値をつけているときがそのときだ。ミスターマーケットが持ちかける取引の90パーセントは、いや、それどころか99パーセントはあっさり無視してかまわない。

残念ながら多くの投資家たちは、株価の変動を、無分別にいろいろな価格をわめきちらす誰かの仕業としては受けとめない。実際に株の価値が上下しているから、価格も変動するのだと考える。そうして株の「価格」と「価値」を混同し、損失を出してしまうのだ。

あなたに売買を持ちかけるのは、もちろん株式市場だけに限らない。さまざまな市場がいろいろなものをあなたに提供しようと毎日訴えかけてくる。

新しい製品やゲームや電子機器や映画の宣伝をしたり、面白いユーチューブの動画や新しいレストランや売り出し中の芸能人を紹介したり、スポーツの試合やニュースや政治的な意見を発信したり、新しい人と知り合う機会やキャリアのチャンスや、新しいライフスタイルや余暇の楽しみや休暇を過ごす場所の提案をしたり。

だが、そのほとんどは、果物売り場の腐ったリンゴのように無視してしまってかまわない。**そのうちの90パーセントは、無意味で単なるがらくたにすぎない。**

市場の売り込みがあまりにもうるさい場合は、耳をふさぐか、その場を足早に通り過ぎればいい。市場におけるアピールの強さは、商品の重要性や質のよさや価値を測る物差しにはならない。

本当に価値のあるものは「わずか」である

だが、言うは易く行うは難し。ものごとを完全に無視するのは難しい。その原因は、これまでの多くのケースと同じように、やはり私たちの「過去」にある。

もし自分が三万年前に生まれていたら、と想像してみよう。あなたは狩猟や採集をしながら、五〇人ほどの小さな共同体の中で生活している。

日常的に経験を通して得る情報は、ほとんどが生きていくうえで欠かせないものばかりだ。その植物は食べられるか、それとも毒か。その動物を以前にしとめたことがあるか、それともあなたが追いこまれたことのある動物か。その仲間はあなたの命を救ってくれたことがあるか、それともその仲間のせいであなたの命が脅かされたことがあるか。

当時の状況は、「スタージョンの法則」とは正反対だった。あらゆるものの90パーセントが重要だったのだ。

あなたの周りのものごとで生活と直接関係のないがらくたは、たき火を囲んで話すよもやま話や、洞穴の壁に描いた下手な動物の絵や、仲間うちでもっとも聡明なあなたが眉間にしわを寄せながら眺めていたまじないの習慣くらいだっただろう。

ほとんどは重要で、くだらないものはたったの10パーセントしかなかったのだ。

最後に、心の底から正直になって、私たちの「心の内訳」についても考えてみよう。「スタージョンの法則」は、外の世界にだけでなく、私たちの内側にも当てはまるはずだ。

私自身に関していえば、私が考えていることの90パーセントは何の役にも立たないし、私の感情の90パーセントには根拠がなくて、私の願望の90パーセントは馬鹿げている。

ただし、私にはその割合の自覚があるため、私の「内なる産物」のうち、どれを真剣にとらえ、どれを微笑ましく眺めているだけにとどめておくか、かなり注意深く選別するようにしている。

結論。すすめられたからといって、くだらないものにいちいち飛びつくのはやめたほうがいい。そのときそのときの衝動に従うべきではないし、市場に出回っているからといって片っ端からすべての電子機器に手を出すのもよしたほうがいい。

価値のあるもの、質のよいもの、絶対に必要なものはほんのわずかだ。「スタージョンの法則」を意識していれば、時間がかなり節約でき、不愉快な思いもしなくてすむ。

不用な考えとよい考え、役に立たない製品とよい製品、無意味な投資とよい投資の違いを見きわめよう。くだらないものはくだらないものとしてきちんと認識したほうがいい。

それからもうひとつ、違いを見定めるときのちょっとしたアドバイスがある。**それがくだらないものかどうか確信が持てないときは、それはくだらないものだと思って間違いない。**これは私の経験上、自信を持っていえる。

49

自分を重要視しすぎないようにしよう

謙虚であることの利点

「人名」がついた大通りを歩きながら思うこと

オスマン通り、フォッシュ通り、ドクター・ランスロー通り、ポール・デュメ通り、テオドュル・リボ通り、クレベール通り、ラスパイユ通り。どれも、「人名」にちなんだパリの大通りの名前である。

だがいまでは、これらの通りの名が、誰の名前からとられているかを知っている人はほとんどいないのではないだろうか。**通りの名になったのがどんな人たちだったか、ちょっと想像してみてほしい。**

都市計画家や軍の司令官や研究者など、もちろん、通りの名に選ばれているのはその時代の重要な人物ばかりだ。もしあなたが、「ジョルジュ・ウジェーヌ・オスマン」と同じ時代に生きていて、パリの都市改造計画を推進していた頃の彼からディナーの招待を受けたとしたら、あなたはきっと天にも昇る気持ちになっていたに違いない。

ところがいまではどうだろう。オスマン通りにある有名デパートのギャラリー・ラファイエットから通りに足を踏み出しても、通りの名になった人物のことはあなたの頭をよぎりもしない。

そしてあなたの腕には、たったいま買ったばかりのたいして必要のない品物でふくらんだショッピングバッグがいくつもぶら下がっている。

季節は夏で、路上には暑い空気が溶かしたガラスみたいに揺らめいている。歩きながらバニラアイスを食べようとすると、アイスは溶けてあなたのTシャツに滴り落ち、そこからショートパンツにまで流れ落ちる。指はべたつくし、道路は観光客でごった返している（あなたもその観光客のひとりなのだが）、あなたはだんだんとイライラしはじめる。

でも、何よりあなたをいらだたせるのは、あなたの横を通り過ぎていく車の運転の荒さだ。交通量の多いその道路に、尊敬すべき都市計画家の名前がつけられていようがいまいが、そんなことどうだっていい。だいたい、オスマンって誰？　——オスマンの名声は、すでに歴史に巣くうダニに食いつくされてしまっているのだ。

オスマンやフォッシュやラスパイユほどの人物でも、**名前が広く知られていた期間がせいぜいで「四世代」だった**ことを考えると、現代の世界的な著名人たちの名前も、数世代後には忘れられてしまうのだろう。

一〇〇年か、遅くとも二〇〇年後には、ビル・ゲイツや、ドナルド・トランプや、アンゲラ・メルケルを誰だかわかる人はほとんどいなくなる、ということになる。ましてやあなたや私については、わずか数十年後には気にかける人などひとりもいなくなるだろう。

遺伝子を次世代に残せるのは、どちらのタイプ?

ここでちょっと、ある架空の世界を想像してみてほしい。

この世界には、AとBの二種類の人間がいる。「Aタイプ」の人は限りなく自尊心が高いのに対して、「Bタイプ」の人はほとんど自尊心を持たない。

誰かに食べ物を盗まれたり、自分が住んでいる洞穴を誰かに取り上げられたり、自分のパートナーを奪われたりしても、Bタイプの人は気にもかけない。人生にはそういうこともあるさ、と自分に言い聞かせ、また別の食べ物や洞穴やパートナーを見つけようとする。

だがAタイプの人は反対に、激怒してなんとか自分の持ち物を取り返そうとする。

――遺伝子を次の世代に残せるチャンスが大きいのは、どちらのタイプだろう? もちろんAだ。

そして現実の世界でも、ある程度のエゴも持たずに人間が生きていくことは、まず不可能だ。

ほんの一日だけでいい。「私」や「私の」という言葉を使わずに過ごせるかどうか、試してみるといい。私も試したことがあるが、無残な失敗に終わった。要するに、私たちは「Aタイプ」の人間なのだ。

ただし困ったことに、私たちが「Aタイプ」の祖先から受け継いだ自尊心は過敏にセットされすぎていて、人生を台無しにする原因になることがある。「あまり褒めてもらえない」とか、「認められたいと努力しているのに見合った評価をしてもらえない」とか、「招待を断られた」などというほんの少しの侮辱を受けただけで、私たちはかっとなる。石器時代の人々が日々直面していた生活の脅威に比べれば、些細なことでしかないというのに。

それにそういう場合、理があるのはたいてい自分以外の人たちのほうだ。私たちは、自分で思っているほど重要な存在ではないのである。

「自分が重要な人間だ」という思い込みを避けるには、次世紀の視点から自分を眺めてみるといい。あなたがどんなにすばらしい人だったとしても、その頃にはもう誰もあなたの名前を覚えていない。

「自分を重要視する度合い」は低いほうがいい

「自分を重要視しすぎない」のは、よい人生を手にするための基本中の基本だ。それどころか**「自分を重要視する度合いが低ければ低いほど、人生の質は向上する」**という、逆の相関関係まで成立する。

どうしてそのようなことが起きるのだろう？　理由は三つある。

ひとつ目は、自分を重要な存在だと思い込むと**「余計な労力」が必要になる**からだ。自分を重要視する人は、「送信設備」と「レーダー設備」を同時に稼動させなくてはならない。世界に向けてあなたという存在をアピールする一方で、レーダーを張りめぐらせ、それに対する周囲の反応をひとつ残らずキャッチしようとするためだ。

だが、そんな労力は節約したほうがいい。送信設備のスイッチもレーダー設備のスイッチも切って、あなたの仕事に集中しよう。

具体的に言えば、信じられないようなサクセスストーリーを披露したり、有名人と知り合いでもあるかのような自慢話をしたりして、注目を浴びようとするのをやめるということだ。

あなたがいましがたローマ法王に内謁してきたばかりかどうか、そんなことはどうでもいい。もし本当に法王に謁見できたなら、それを喜ぶ気持ちはわからなくもないが、だからといってその写真をリビングに飾る必要性はどこにもない。

また、あなたが大金持ちだったとしても、資金を提供してあなたの名前をつけた施設やサッカースタジアムを建設したり、あなたの名前にちなんだ教授職を設置したりするのはやめにしよう。それでは、虚栄心が丸出しだ。

そんなことをするくらいなら、あなたの個人的な栄光をたたえるためのテレビＣＭ枠を買ったほうが手っ取り早い。冒頭で挙げたオスマンやその他の著名人たちは、通りに名前を残して自分の功績を世に知らしめたが、少なくとも彼らはそれをお金で買ったわけではない。

自信過剰になると、判断ミスを犯しやすくなる

ふたつ目は、自分を重要視すればするほど、**「自己奉仕バイアス」に陥りやすくなるから**だ。

自己奉仕バイアスに陥ると、何かの目標に到達するために何かを行うのではなく、自分をよく見せるために行うようになる。有望株だからという理由ではなく、自分の価値を引き上げるために、魅力的なホテルや最先端技術を扱う企業の株を購入する投資家などはその典型的な例だろう。

そのうえ、自分を重要視する人には、自分の知識や能力までも「過大評価」する傾向があるため（いわゆる自信過剰というやつである）、結果的に、重大な判断ミスも犯しやすくなる。

三つ目は、自分を重要視していると**「敵」をつくってしまう**からだ。自分を重要視する人は、同じように自分自身を重要視している他人を許容できず、彼らを過小評価する。周りを低く評価しておかなければ、自分が重要な存在だという意識を保てないためだ。

そして遅くともあなたが成功をおさめる頃には、今度はあなたが、自分自身を重要視している人たちに牙をむかれる立場になる。これではとても、よい人生にはならない。

覚えておこう。あなたの「エゴ」は、友人ではなく、むしろ敵なのだと。**エゴは意識的に抑えたほうがいい。**

もちろん、これは特に新しい考えではない。二五〇〇年も前からよく知られていることだ。ストア派の哲学者たちは、すでに行きすぎた自尊心に否定的な立場をとっていたし、古代ローマでもそう考えられていたことを示す例がある。

ローマ皇帝だったマルクス・アウレリウスは、自らの地位の高さに居心地の悪さを感じ、日記（『自省録』というタイトルがつけられている）を書きながら、常に謙虚でいるよう自分を戒めていた。当時のローマ皇帝といえば、地上最高の権力者である。なかなかできることではない。

哲学の世界だけでなく、宗教の世界にも、人間のエゴを抑えるための思考の道具がある。

多くの宗教では、「自尊心」は悪魔の現れと見なされている。ところが二〇〇年ほど前から、エゴを抑える文化的なブレーキがゆるくなってきた。いまでは、誰もが自分自身のイメージをつくりあげるのに忙しいブランドマネージャーになってしまったかのようだ。

「謙虚」でいたほうが生きやすい理由

私たちは誰でも、何十億といる人間のうちのひとりにすぎない。**誰もが偶然どこかに生まれ落ち、偶然どこかで死を迎えるまでのわずかな時間を生きている。**そしてこのわずかな時間のあいだに、人間は誰しも（私も含めて）たくさんの愚かな間違いを犯す。

あなたの名前にちなんだ通りがないのは、かえって喜ぶべきことだ。そんなものがあってもプレッシャーになるだけだからだ。

長い目で見れば、謙虚でいたほうが生きやすい。自信を持つことは誰にでもできるが、謙虚でいるのは難しい。だが謙虚でいれば地に足のついた考え方ができるので、感情の波に振り回されることはない。

多くの人は、「謙虚でいると損をする」と考えている。ほかの人にいいように利用されてしまうと感じるのだろう。

だが、実際はその逆だ。明確な外交政策に従ってさえいれば（第12章参照）、謙虚であればあるほど尊敬される。

もうひとつ、尊敬される人間になるために重要なのは、正直であること、特に、自分自身に対して正直であることだ。

「行きすぎた自己評価」は現代社会の病だ。私たちはまるで靴にかみついて離れない犬のように、自分のエゴにしがみついている。だがそんな靴は手放したほうがいい。かみついたままでいても栄養価がないばかりか、すぐに傷んで妙な味がするようになるだけだ。

50

世界を変えるという幻想を捨てよう

世界に「偉人」は存在しない理由

私たちには「世界を変える力」があるのか？

「私たちは世界を変えることができる。よりよい世界をつくることができる。あなたには、それだけの力がある」――ネルソン・マンデラ

「自分には世界を変える力があると信じ込めるほど頭のおかしい人間は、本当にそれをやってのける」――スティーブ・ジョブズ

私たちを奮い立たせてくれる刺激的なフレーズである。活力と希望を与え、私たちが意味のある存在なのだと思わせてくれる。だが、**私たちには本当に「世界を変える力」があるのだろうか？**

新聞があおり立てる、この世の終わりのようなムードとは対照的に、先に挙げたような

言葉が、いまほどあちこちで聞かれたことはかつてなかった。個人の影響力の大きさがこれほど肯定的に広まることもなかった。

こうした言葉は、中世や古代や石器時代の人たちには、おそらく理解不能だっただろう。彼らにとって世界は、常に変わらないものとしてそこにあった。

社会に大変革が起きるのは、王様が戦争を引き起こしたり、人間に腹を立てた神様が懲罰として地震を起こしたりしたときであって、ひとりひとりの市民や、農夫や、奴隷が世界を変えられるなどという馬鹿げたことは、誰の頭にも思い浮かばなかった。

だが、現代の地球の住人である私たちは、そうではない。自分を単なる世界の住人としてではなく、むしろ世界を形づくる鍛冶屋のように思っている。

大成功しているシリコンバレーの起業家や、歴史に名を残す天才的な発明家が見せたのと同じように、新しいビジネスやクラウドファンディングやチャリティープロジェクトを通して、私たちも世界のあり方を変えることができると信じている。

そして、自分自身の人生を変えるだけでは物足りないとばかりに、実際に世界を変える活動に着手する。「世界をよりよいものにすること」を目標として掲げる組織で働き、その目標に貢献できることに意義を感じて、自ら進んで通常の半額の給与で労働力を提供する。

「フォーカシング・イリュージョン」と「意図スタンス」

「個々の人間が世界を変えられる」という思想は、現世紀を象徴するイデオロギーのひとつだが、実はまったくの幻想でしかない。

そこには、ふたつの思い違いが混在している。

ひとつ目は、**「フォーカシング・イリュージョン」**（第13章参照）だ。

ダニエル・カーネマンは、この思い違いについてこう説明している。「あることについて集中して考えているあいだはそれが人生の重要な要素のように思えても、実際にはあなたが思うほど重要なことではない」。

ルーペを使って地図を眺めると、ある部分だけが拡大されるのと同じように、世界をよりよくするためのプロジェクトにのめり込んでしまうと、その意義は実際よりずっと大きく見える。私たちの注意はルーペのように作用して、私たちにプロジェクトの意図の重要性を過大評価させてしまうのだ。

ふたつ目の思い違いは、アメリカ人の哲学者、ダニエル・デネットが提唱した**「意図スタンス」**と呼ばれる概念だ。「変化が起きる際には、必ず誰かの意図が働いている」という考え方のことである。そこには、実際に誰かの意図が働いているかどうかはどうでもよい。

一九八九年当時のように鉄のカーテンが消滅すれば、誰かがそれに向かって働きかけたおかげだと考え、南アフリカのアパルトヘイトが撤廃されれば、ネルソン・マンデラのような指導者なしには起こりえなかったと受けとめる。

インドが独立を勝ちとるにはガンジーのような人物が必要だったし、スマートフォンの開発にはスティーブ・ジョブズの存在が不可欠だった。オッペンハイマーがいなければ原爆が、アインシュタインがいなければ相対性理論が、ベンツがいなければ自動車が、ティム・バーナーズ＝リーがいなければワールド・ワイド・ウェブが考案されていなかったと考える。

世界的な変革は、まさにその変化をもたらそうとした「誰かの意図が働いた」からこそ起きたと私たちは考えがちだ。

出来事の背後には必ず「誰かの意図」があるのか？

「変化の裏には、誰かの意図が働いている」という考え方は、私たちの進化の過程から来るものだ。何かが起きたときには「誰かの意図が働いている」と考えておいたほうが、意図は存在しないと思い込むより、「安全」だったからだ。

茂みの中でガサガサ音がしたときは、風のせいだと考えるより、お腹をすかせたサーベルタイガーや敵の戦士が潜んでいると思ったほうがいい。

中には当然、茂みが音を立てるたびに風のせいだと思う人たちもいただろうし、実際、99パーセントはただの風でしかなく、彼らはそこから逃げ出すエネルギーを節約できただろうが、そういう人たちはそのうち本当にタイガーや敵に遭遇し、凄惨《せいさん》な姿となりはてて子孫を残せなくなっただろう。

現在生きている私たちは、「何かの出来事の背後には、必ず誰かの意図がある」と考えた人たちの生物学的な子孫である。その考えは、私たちの脳の中にしっかりと組み込まれている。

そのため私たちは、誰かの意図とは無関係に起きた出来事に対しても、誰かの意図やその出来事の背後にいる誰かの存在を感じてしまう。

そうは言っても、アパルトヘイト撤廃のような出来事が、ネルソン・マンデラなしでどうやって起こりえるというのだろうか？　スティーブ・ジョブズのような独創的な人物以外に、誰がｉＰｈｏｎｅを考え出すことができたというのだろうか？

「出来事の背後には必ず誰かの意図がある」という考えによれば、世界の歴史は「偉人たち」の歴史となる。

イギリス人の有能なサイエンス・ライターであり政治家でもあるマット・リドレーは、

著書『進化は万能である』の中で、こんな「偉人」論を展開している。「私たちには、たまたまタイミングよくその場所にいた聡明な人物を、褒めたたえすぎる傾向がある」。だが、啓蒙主義者はすでにこの事実を把握していた。啓蒙主義の思想家、モンテスキューはこう書いている。「マルティン・ルターは宗教改革をもたらしたことになっている。(中略)だが、宗教改革はいずれにせよ起きていただろう。ルターがいなければ、ほかの誰かが改革していたはずだ」。

歴史をつくった「人物」などいない

西暦一五〇〇年頃、ポルトガルとスペインの征服者たちは、少人数で中南米諸国を侵略し、アステカとマヤとインカという三つの帝国を、短期間で崩壊させてしまった。どうしてそのようなことが可能だったのだろう?

征服者コルテスがとりわけ賢かったからでも、能力が高かったからでもない。**たんに無謀な征服者たちが、そうとは知らずにヨーロッパから「病気」を持ち込んだせいだ。**彼らには免疫があったが、土地の人々にとってその病気は致命的だった。

現在、中南米大陸の半数の人が、スペイン語あるいはポルトガル語を話して、カトリックを信仰しているのは、実は「ウイルス」と「細菌」による結果だったのである。

では、世界の歴史を形づくったのが、「偉人」と呼ばれるそうした征服者でなければ、いったい誰がつくったのだろう?

答えは、**「歴史をつくった人物などいない」**である。

そのときどきで起きる出来事は、その時代の流れや周囲の影響を大いに受けた結果生じた、偶然の産物にすぎない。歴史は、一台の車によってつくられるというより、むしろ多くの車が行き来した結果として、できあがっていくものなのだ。

全体の舵取りをしている人間など、存在しない。

世界の歴史に秩序はなく、偶然に左右されるところも大きいため、先行きの予測は不可能だ。細かく歴史的な資料を調べてみれば、大きな変化が起きる際には、必ず偶然の要素が含まれているのに気づくはずだ。**歴史上の「重要人物」は、当時起こった出来事の登場人物のひとりにすぎない**こともわかってくる。

「偉人」崇拝をしないのも、よい人生の条件のひとつである。いうまでもなく、あなた自身が「偉人」になれるかもしれないなどという幻想を抱かないようにすることも。

51

自分の人生に集中しよう

誰かを「偉人」に仕立てあげるべきではない理由

鄧小平は、どんな経緯で改革を行ったのか

前章では、「偉人」が存在するという論理が、私たちの思い込みにすぎないと説明した。それでもあなたは、何人かの「本物の偉人」がいるじゃないかと反論するかもしれない。なかには、広い地域全体の運命を決定づけた人物もいる、と。

たとえば、鄧小平《とうしょうへい》。彼は一九七八年に中国に市場経済を導入し、数百万もの人々を貧困から救い出した。史上もっとも成果をあげた経済振興プロジェクトである。

鄧小平がいなければ、中国は現在のような経済力を誇っていなかったはずだといわれるかもしれない。だが、本当にそうだろうか?

イギリス人のサイエンスライターで政治家のマット・リドレーは、史実を分析し、中国の

市場経済導入の経緯にかかわる別の側面を私たちに示してくれている。**市場経済導入のきっかけとなったのは、鄧小平の政策ではなく、一般市民の自発的な動きだった**というのだ。

中国の小崗《しゃおがん》村というひなびた村で困窮した一八人の農夫が、生活の糧を自分たち自身で生産しようと、仲間うちで国有地を分割した。法に反する行為なのはわかっていたが、家族を養えるだけの収穫を得るには、それしか方法がないと考えたからだ。

果たして、彼らは一年目にすでに、それまでの五年間で得た収穫量の合計をしのぐ量を収穫することができた。

豊かな収穫量は党の地域幹部の目に留まり、その幹部は他の農地にもこの方法を広めたほうがいいと党に提案した。その提案書が、最終的に鄧小平の手に渡り、鄧小平はその方法を導入する決定を下したというわけだ。

当時の党のトップが、鄧小平ほど実用的な考え方をする人物でなかったら、「農地改革が起きるまでにはもう少し時間がかかっていたかもしれない。だが、遅かれ早かれ改革は起きていたに違いない」とリドレーは書いている。

その発明者がいなかったら、その技術は生まれない？

それでもあなたは、まだまだ例外はあると思うだろうか。グーテンベルクがいなければ本が、エジソンがいなければ白熱電球が、ライト兄弟がいなければ旅客機が発明されていなかった、と。

どれも正しくはない。**この三人もまた、その時代の、ただの登場人物にすぎないのだ。**

信じられないだろうか？

グーテンベルクが印刷技術を発明していなかったら、ほかの誰かが発明していただろう。あるいは、そのうち中国からヨーロッパに印刷技術が伝わっていたかもしれない（中国ではそのずい分前から印刷技術が使われていた）。

白熱電球も同じだ。いったん電気が発明されてしまえば、最初の人工的な光がともされるのは時間の問題だった。おまけに、最初に明かりがともったのはエジソンの家ですらなかった。エジソンの前に導線をつないで光らせた発明家は二三人もいたことがすでに明らかになっている。

リドレーは、こんなふうに書いている。「トーマス・エジソンはすぐれた人物だったに違いないが、彼の存在は（白熱電球の発明に）まったく必要ではなかったのだ。イライシャ・グレイとアレクサンダー・ベルは電話機の発明特許を同じ日に申請したが、仮に、特許庁へ向かう途中でどちらも馬に踏み殺されてしまっていたとしても、今日の世界に変わりはなかっただろう」。

同様に、ライト兄弟のように、グライダーにエンジンを搭載した飛行実験を行っていたチームも世界中にいくつもあった。ライト兄弟がいなかったとしても、今日でさえマヨルカ島に行くにはフェリーを使うしかないなどとはならないのだ。その場合は、ほかの誰かがエンジンを搭載した飛行機を完成させていただろう。

同じことは、ほぼすべての発明や発見に当てはまる。「技術が発明者を発見するのであって、発明者が技術を発見するのではない」とリドレーは結論づけている。**高度な科学技術に関する大発見ですら、個人の功績ではない。**計測機器がその発見に必要なだけの精度を示すようになれば、発見はおのずとついてくる。

科学技術においては、個々の研究者の存在はさほど重要ではない。発見されるべきものはすべて、いつか誰かの手で発見されるものだから。

大事なのは「漕ぎ方」よりも「ボートの機能」のほう

同じことは、企業家や経済界の大物に関しても当てはまる。

八〇年代にいわゆる家庭用コンピューターが市場を席巻《せっけん》していた頃、そのためのオペレーティングシステムを誰かが開発するのは、必然的な流れだった。その誰かが、たまたまビル・ゲイツだった。

もしオペレーティングシステムを開発したのがほかの誰かだったら、ひょっとしたらその誰かはゲイツほどには経営者としては成功していなかったかもしれないが、それでも、今日類似のソフトウェアソリューションが存在していたのは間違いないだろう。

スマートフォンにしても、スティーブ・ジョブズがいなければ、外観はいまほど洗練されていなかったかもしれないが、機能はそう変わらないものができていたはずだ。

私の友人の何人かは、企業のCEOを務めている。中には一〇万人の従業員を抱える大企業の経営をまかされている友人もいるが、彼らは真剣に仕事に取り組み、ときには疲労困憊するまで働きながら、きちんとした業績をあげている。それでも彼らは、基本的には取り換えのきく存在だ。辞めた数年後にはもう、彼らの名前は忘れられてしまうだろう。

ゼネラル・エレクトリックやシーメンスやフォルクスワーゲンのような巨大企業では、これまですばらしい人材がCEOを務めてきたはずなのだが、いまでも彼らの名前を覚えている人はほとんどいないのではないだろうか？

また、取り換えがきくだけでなく、企業が突出した業績をあげたとしても、それはCEOの功績というよりは、市場全体の動向が有利に働いたおかげである場合が多い。

ウォーレン・バフェットは、このことをこんなふうに表現している。「経営者としてのあなたの業績は、あなたの漕ぎ方が効率的かどうかより、あなたが乗っているボート自体の機能によって決まるところが大きい」。

マット・リドレーは、もっと辛辣《しんらつ》な見方をしている。「たいていのCEOは、高い報酬を手に従業員たちが生み出した波でサーフィンをしている便乗者だ。（中略）メディアによってつくりあげられた高貴な王族でもあるかのようなイメージは虚像にすぎない」。マンデラ、ジョブズ、ゴルバチョフ、ガンジー、ルターといった人物や、発明家、さらに大企業のＣＥＯたちは、「時代の産物」にすぎず、彼らが時代をつくり出したわけではない。もちろん、彼らが重要な局面を自らの裁量で乗り切ってきたのは事実だが、たとえ彼らがいなかったとしても、ほかの誰かが同じようなことをしていたはずだ。

だから誰かを「偉人」として持ち上げるのは控えたほうがいい。そしてもし、あなた自身がその座にまつりあげられそうになったときには、謙虚でいよう。

もっとも集中すべきなのは、あなた自身の人生

あなたが、何かにおいて突出した成果をあげたとしても、その成果はあなたでなければ得られなかったというわけではない。

あなた個人が世界に与えられる影響は、きわめて小さい。企業家として、研究者として、ＣＥＯとして、あるいは軍の司令官や大統領として、**たとえあなたがどんなに優秀でも、世界全体の構造から見れば、あなたはさして重要でも不可欠でもない、取り換え可能な存在でしかない。**

あなたが、本当に重要な役割を担っているのは、あなた自身の人生に対してだけだ。あなたはあなた自身の人生に集中するべきだ。そうすると、自分ひとりの人生をコントロー

ルするだけでも重労働なのがよくわかるはずだ。

それなのになぜ、「世界を変える」などといった大それたことをしようとするのだろう？　そんなことをしても、自分自身が失望するだけだ。

もちろん、ときには偶然、あなたが責任ある重要なポジションにつくこともあるだろう。そんなときには、与えられた役割を完璧にこなすようにしよう。できるだけ、最高の企業家や賢明な政治家や有能なＣＥＯや才気あふれる研究者になれるよう、努力するのだ。

だが、あなたがその重要なポジションにつくのを全人類が待っていた、などという錯覚には、けっして陥ってはならない。


私の著書もすべては、時が経つにつれて、大海の中の小石のように世界のさまざまな出来事の中に沈み込んでいくはずだ。私が死んだら、おそらくしばらくのあいだは、私の息子たちが私について話すこともあるだろう。妻もときどきは私の話をするかもしれない。ひょっとしたら私の孫も、少しは私の話をしてくれるかもしれない。

だが、それでおしまいだ。その後、ロルフ・ドベリという人間は忘れ去られる。また、そうでなければならない。

自分を重要な人物だととらえすぎないのも、よい人生を手にするための有効な戦略のひとつだ。

52

内なる成功を目指そう

物質的な成功より
内面の充実のほうが
大事なわけ

「フォーブスリスト」に掲載されているのは成功者？

こういうリストはどこの国にもあるだろう。スイスでは、経済誌『ビランツ』がそのリストを公表している。スイスの長者番付上位三〇〇人のリストである。

ドイツには、『マネージャー・マガジン』誌が毎年作成するドイツの長者番付上位五〇〇人のリストがある。フランスの『シャランジュ』誌は毎年フランスの長者番付を発表しているし、アメリカの『フォーブス』誌は毎年、世界の長者番付を作成している。

どのリストを眺めても、受ける印象は変わらない。世界の富豪は、企業家（もしくはその相続人）ばかりだ。

同じようなランキングはほかにもある。もっとも影響力のあるCEO、論文が引用された回数がもっとも多い研究者、もっともよく読まれた作家、もっとも収入の多い芸術家、もっとも成功しているミュージシャン、もっとも市場価値の高いスポーツ選手、もっとも出演料の高い俳優。どんな分野にも「成功の度合いをはかるランキング」がある。

だがこれらの「成功者」は、実際にはどのくらい大きな成功を手にしているのだろう？　その答えは、「成功」をどう定義するかによって変わる。

社会における「成功」の基準は何か、社会において「評価」されるのは何か。それによって、人々の行動は変化する。

アメリカ人の心理学者、ロイ・バウマイスターはこんなふうに書いている。「日々生死をかけた闘いが行われている小規模な社会では、必然的に、もっとも多くのたんぱく質を家に持ち帰る人（猟師）と、もっとも多くの敵を殺した人（闘士）が高い評価を受ける。同様に、社会に人口を増やす必要があるかどうかで、母親の地位も上下する」。

現代社会が私たちに示す成功の基準は、「フォーブスリスト」だ（ここでは、先に挙げたようなランキングの総称としてこの呼び名を使うことにしよう）。「目指すべき場所はここだ！」と言わんばかりに、誘導灯のように目立つ場所に掲げられている。

現代社会は、なぜ人々を「物質的な成功」に導こうとするのだろうか？　それ以外の、たとえばもっと時間的なゆとりのある方向に導くのではダメなのだろうか？　なぜ富豪のリストはあるのに、満ち足りた人生を送っている人のリストはないのだろう?

理由は簡単だ。社会をひとつに結びつけているのは、「経済成長」だからだ。「生活水準が上がる見込みがありさえすれば、そこまでの道のりがどんなに遠くても、富の分配を求める気持ちには歯止めがかかる」と銀行家のサタジット・ダスは書き、そのうえで、アメリカの中央銀行で理事を務めたヘンリー・ウォーリックのこんな言葉を引用している。「経済成長が続いていれば、人々は希望が持てる。そして希望があれば、大きな所得格差も耐えられるものになる」。

「成功の定義」は時代によって変わる

「フォーブスリスト」に心を乱されないためにも、次のふたつのことを知っておいたほうがいい。

ひとつ目は、**「成功の定義は時代の産物」**だということ。一〇〇〇年前にはフォーブスリストなどありえなかった。一〇〇〇年後にもフォーブスリストは存在していないだろう。ビル・ゲイツとともに長年フォーブスリストの上位にランクインしているウォーレン・バフェットは、自分が「石器時代のフォーブスリスト」に入るのは絶対に無理だっただろうと認めている。「もし私が数千年早く生まれていたら、動物の恰好の餌食《えじき》になっていただろう」。

あなたが生まれ落ちた時代によって、社会が成功の誘導灯に使うものは違うのだ。あなたにその時代における成功の定義を納得させるためである。

だから、盲目的に誘導灯を追いかけるのはやめたほうがいい。誘導灯の先によい人生が待ち受けている確率はかなり低い。

もうひとつは、**「物質的な成功を手に入れられるかどうかは、100パーセント偶然によって決まる」**ということ。

私たちは、「偶然」を理由にしたがらないが、それが事実なのだ。第10章で見てきたように、あなたの遺伝子や、あなたの生まれる地域や、あなたの知性や意志の力に、あなたは一切影響を与えられない。

もちろん、企業家として成功している人たちが、懸命に経営努力をしたり、企業にとって適切な判断を下したりしているのはいうまでもないが、それでも彼らの成功は、彼らが遺伝子や出自や育った地域に恵まれた結果として手に入れたものだ。

だから「フォーブスリスト」は、偶然の結果を羅列したリストだと思ったほうがいい。リストにランキングされている人たちを崇める必要はない。

内なる成功とは「平静な心」を手に入れること

つい最近、ある友人がたいそう誇らしげに、何とかという億万長者にディナーに招かれたと知らせてきた。私は肩をすくめた。なぜそれを誇らしく思うのかが理解できなかったからだ。

どうして億万長者にそれほど会いたがるのだろう？　億万長者に会ったからといって、お金をプレゼントしてもらえるわけでもないというのに。だったら重要なのは、その人物が話し相手として面白いかどうかだけだ。資産の額は何の関係もない。

私はあなたに、まったく別の「成功の定義」をご紹介しようと思う。少なくとも二〇〇〇年前から存在している定義で、おまけにこの定義における成功は、社会の評価に左右されることも、通俗的なランキングの対象になることもない。

その定義とは**「内なる成功こそが、真の成功」**だというものだ。

「内なる成功」というのは、心の充実や平静さを手に入れることだ。平静な心を保つのは、幸福な人生を送るためのもっとも有効な手段のひとつであり、同時に西洋思想では理想とされる心の状態でもある。

すでに言及したとおり、古代ギリシアや古代ローマの哲学者たちは、こうした心の内側の成功を「アタラクシア」と呼んだ。アタラクシアに到達して心の安らぎを手に入れた人は、不運に見舞われても取り乱すことはない。高く飛行しようが緊急着陸をしようが、心の平静は乱されない。

では、「内なる成功」を手にするにはどうすればいいのだろう？

それには、私たちが影響を及ぼせることだけに意識を集中させ、それ以外のことは一貫して意識から切り離しておくことだ。つまり、「外の世界」ではなく、「自分の内側」に意識を集中させるのである。

自分の内側はコントロールできても、常に偶然の要素が働く外の世界に対しては、私たちは力を持たない。お金や、権力や、人気といったものを、自分でコントロールするのはほぼ不可能だ。それなのにそうしたものに重きを置いていると、それらを失ったときにひどく動揺してしまう。

ところが、落ち着いた「平静な心」を身につけていれば、どんな出来事が降りかかろうが、あなたはかなりの確率で幸福でいつづけられる。「内なる成功」は、外の世界の成功よりも安定している。

墓地で一番裕福な人間になるより、いま人生を充実させる

ジョン・ウッデンは、アメリカのバスケットボール史上、抜きん出た業績をあげた名コーチだった。

ウッデンは選手たちに、「成功」をまったく違う角度からとらえるよう指導していた。**「成功とは、最高の自分になるために全力を尽くしたあとに得られる、心の平和のことだ」**と。

つまり「成功」を、タイトルやメダルの獲得数や移籍金の額ではなく、「心の状態」として定義づけたのだ。

皮肉にも、ウッデンがアメリカで最高位の勲章である「大統領自由勲章」を受章したとき、それを授与した当時の大統領は、物質的な成功をふんだんに享受しているジョージ・W・ブッシュだった。おそらく勲章の授受に大きな感慨を覚えていたのは、受章したウッデン本人よりも、ブッシュのほうだったに違いない。

だが実際、100パーセント「内なる成功」だけを求めて、外の世界の成功をまったく気にしない境地に完全に到達できる人はまずいないだろう。けれども、日々トレーニングを重ねていけば、私たちも「アタラクシア」の理想に近づくことはできる。

一日の終わりに、その日の自分を批評する時間を持とう。

今日はどこに問題があっただろうか？　今日一日のどこかの部分を毒のある感情で台無しにしてしまっただろうか？　あなたのコントロールの外にある出来事のうち、あなたを動揺させたのは何だっただろう？　その動揺から立ちなおるのに、どの精神的な道具を使っただろうか？

死ぬときに墓地で一番裕福な人間になっているよりも、「内なる成功」に向けて努力して、いますぐに人生を充実させたほうがいい。

「その日その日を人生最高傑作の日にしよう」。ウッデンはいつも選手たちにそう言っていたという。

あなたも同じことを心がけよう。「内なる成功」に完全に到達することはできなくても、生きている限り努力しつづけることはできる。あなたの内面を平静にできるのは、あなた以外にはいないのだ。

けれども、裕福さや、CEOのポジションや、金メダルや何かの賞など、外の世界での成功を目指している人たちも、本人たちがそれと気づいていないだけで、実は内側の成功を目指している。

たとえば、CEOになった人がボーナスでわざわざ二〇万ユーロもするIWCの腕時計を買うのも、実用目的というより、自分の手首を眺めて、あるいはその腕時計に向けられる羨望のまなざしを通して満ち足りた気分を味わいたいからだ。CEOになって手に入れた経済力であえて高い時計を買い、充足感につなげているのである。

どこをどう経由しても、結果は同じだ。外の世界での成功を目指している人たちも、その目的は結局、心を充実させることなのだ。

それならば、精神的な幸福を得るために、どうして外側の成功という回り道をしなくてはならないのだろう。はじめから内面の成功を目指したほうがいいではないか。

幸せな人生の秘訣は、最初から「内なる成功」を目指すことなのだ。

おわりに

私は、よい人生について書くようになってから、よい人生とは何か、どう定義すればよいかを、いろいろな人から尋ねられるようになった。

それらの問いに対する私の答えは「わからない」である。私はよい人生に対して、中世の否定神学のようなとらえ方をしているからだ。「神とはどんな人物、あるいはどんな存在か?」という質問に対して神学者たちは、「神がどんな存在かを具体的に言い表すことはできない。しかし、どんな存在でないかなら言うことができる」と答える。同じことは、よい人生についても当てはまる。

よい人生がどんなものかを言い表すことはできないが、どんなものでないかは確実に言うことができる。よい人生を送っていない友人がいたら、あなたもきっとそれに気づくはずだ。

読者の方々の多くは、私がよい人生について書いているのに、きちんとした定義を示さないのをもどかしく感じているかもしれない。けれども私は、言葉だけで定義づけをしても、あまり意味がないと思っている。

リチャード・ファインマンもこんなふうに言っている。「あなたがある鳥の呼び名を世界中の言語で知っていたとしても、あなたはその鳥について何ひとつ知っていることにはならない。（中略）だからその鳥をよく観察して、どんな動きをするかを知ろう。それが一番大事なことだ。私は幼い頃に、『何かの名前を知っていること』と『何かを知っていること』の違いがわかるようになった」。

「人生は単純だ」という思い込みは、誰もが陥りがちな落とし穴だ。

そう思い込むのは若い人のほうが多いが、若い人だけとは限らない。よい人生を手にするのは、けっしてたやすいことではない。賢いといわれている人たちでさえ、人生でつまずくことは多い。どうしてだろう？

人間は、自分たちがつくりあげた世界を、もはやわかっていないからだ。いまや人間の直観は、信頼できるコンパスではない。そして、私たちはこの不透明な世界を、別の世界のためにつくられた脳を駆使して生き抜こうとしている。

別の世界とは石器時代である。文明の発展が速すぎたために、脳の進化はそのスピードに適応できていないのだ。過去一万年間に私たちを取り巻く世界はがらりと変化したというのに、私たちに搭載されているソフトウェアもハードウェア（つまり私たちの脳）も、マンモスが草を食《は》んでいた時代のままだ。そう考えれば、抽象的な考え方から具体的な生き方まで、すべての面で私たちがミスをおかしてしまうのも当然かもしれない。
だから私たちには、いろいろな思考法が詰まった道具箱が必要なのだ。

いつでも使える思考の道具を用意しておけば、世界をより客観的にとらえ、長期的によい結果をもたらす行動ができるようになる。日々練習を重ね、箱の中にある思考の道具の使い方をマスターすれば、だんだんと自分たちの脳の仕組みを変化させ、よりよいものにすることができる。

それらの思考モデル（心理学では「ヒューリスティックス」と呼ばれる場合も多いが）があれば、よい人生が保証されるというわけではない。だがそれらを使えば、直感にまかせるよりも、よい判断やよい行動ができる確率は高まる。思考の道具は、お金やコネや、ましてや知性よりも大事だと私は確信している。

この本で取り上げた五二の思考の道具の出典は、大きく分けて三つある。

ひとつ目は、過去四〇年にわたる心理学研究の成果だ。精神心理学、社会心理学、ポジティブ心理学、ヒューリスティックスおよびバイアス研究、行動経済学、臨床心理学、それに、認知行動療法の中でも特に効果の高いものも取り入れてある。

ふたつ目は、ストア派の思想だ。ストア主義とも呼ばれている。ストア派は古代ギリシアに起源を持つきわめて実践的な哲学の一派で、紀元後二世紀のローマ帝国で最盛期を迎えた。ストア派の代表的な哲学者には、ゼノン（ストア派の創始者）、クリュシッポス（古代ギリシアにおけるストア派の学頭）、セネカ（私にとっては〝古代ローマのチャーリー・マンガー〟のような存在だ）、ムソニウス・ルフス（すぐれた哲学の師だったが、一時期、皇帝ネロによってローマから追放されていた）、エピクテトス（ルフスの弟子で、かつては奴隷だった）、ローマ皇帝マルクス・アウレリウスなどがいる。

残念ながらストア派は、ローマ帝国の崩壊とともに衰退してしまった。ストア主義はその後ふたたび注目されることはなかったが、過去一八〇〇年間、哲学に生き方のヒントを求める人たちに影響を与えつづけている。

本書の中でも一部ご紹介したように、ストア派の哲学者たちは、生活の中でその思想を実践することと、処世訓を持つことに重きを置いていた。処世訓は大いに役に立つ。わかりやすいし、軽率な行動を未然にふせぐ立ち入り禁止テープのような役割も果たしてくれる。処世訓の中には、ストア派からの引用だけでなく、私自身が考案したものもある。格調の高さには欠けるかもしれないが、その点はお許しいただきたい。

そして三つ目は、多数出版されている投資関連書籍だ。ウォーレン・バフェットのビジネスパートナーであるチャーリー・マンガーは、世界でもっとも成功しているバリュー投資家のひとりだが、現代に生きる偉大な思想家のひとりでもある（そう思っているのは私だけではないだろう）。そのため本書では、たびたび彼の言葉を引用している。

投資家には、不透明な世界を見通す特別な力が求められる。先の見通しがきかない中で、彼らはできるだけ正しく未来を予測しなくてはならない。その予測の結果は、利益もしくは損失として表れる。そのため、ベンジャミン・グレアム以降の投資家たちはできる限り世界を客観的に見るスキルと、衝動に流されない思考法を求めつづけてきた。

こうして過去一〇〇年のあいだに投資家たちは非常に機能性の高い思考の道具箱をつくりあげてきたのだ。この道具は、投資の世界だけでなく、さまざまな分野に適用できる。バリュー投資家たちの処世訓や思考法には、驚くほど多くの人生の知恵が詰まっているのである。

最新の心理学研究、ストア主義、バリュー投資家の思考。この三つが導き出す人生のコツは、ひとつの形へと収れんする。その収れんの度合いはすべてひとりの人間がまとめあげたのではないかと疑いたくなるほどであるが、それらはまったく別々に生じたものである。

思わず膝をうちたくなるような発見をする瞬間など、一生のうちにそうそうあるものではないが、私にとってはこのことに気づいたときがまさにその瞬間だった。三つの歯車は、そのときぴったりとかみ合ったのだ。

最後に三つほど、付け加えておきたい。

まず、思考の道具はここで取り上げた五二種類だけではないということ。私が五二という数を選んだのは、私の前著『なぜ、間違えたのか?』と『Die Kunst des klugen Handelns（賢く対処するためのコツ）』（未邦訳）の二冊が、いずれも五二章から成っていたからだ。本書の内容は、これらとリンクしている。

前著二冊は人間が陥りがちな思考の落とし穴がテーマだったのに対して、本書のテーマは思考の道具である。また、すべての思考法を道具箱につめ込まなくても、五二種類あれば、人生の質を向上させるのに十分である。状況に応じて必要な道具の数は異なるだろうが、一度に使う道具は二種類か、多くても三種類くらいまでだろう。

次に、本書におさめられている章の多くは、もともとは『ノイエ・チュルヒャー・ツァイトゥング』紙と『ハンデルスブラット』紙の新聞用コラムとして書かれたものだということ。簡潔に書くことに努めたため、出典や参考文献は、本文中ではなく、巻末にまとめて記載してある。

そして最後に、本書における誤りや不備はすべて、私ひとりの責任に帰することをここに明記しておきたい。

ロルフ・ドベリ

二〇一七年　スイス、ベルンにて

謝辞

最初に、原稿をつぶさにチェックし、必要に応じて文章に磨きをかけてくれた私の友人、コニ・ゲビストーフに感謝を贈りたい。

そして、『ノイエ・チュルヒャー・ツァイトゥング』紙の文芸部長ルネ・ショイ氏にも。本書に収録した内容の多くは、同紙に週刊コラムとして連載していたものだが、毎週の締め切りに合わせて、自分の考えをまとめるプロセスがあったからこそ、本書は刊行にいたったのだと思っている。知的な印象を与える同紙の文芸欄にこのような実用的なコラムを掲載するのは、氏にとってもなかなかに勇気のいることだったのではないかと思う。

同様に、『ハンデルスブラット』紙に連載の機会を与えてくれたガボール・シュタインガート氏、トーマス・トゥーマ氏にも、ここに謝意を表したい。

ピパー出版社のマルティン・ヤニック氏は、非常に有能な実用書の編集者だ。『なぜ、間違えたのか?』『Die Kunst des klugen Handelns（賢く対処するためのコツ）』に続いて、今回も彼が編集を担当してくれたことを、私はとても嬉しく思っている。ボニエ・メディア・ドイツ社のCEO、クリスティアン・シューマッハ＝ゲプラー氏、ピパー社の発行人であるフェリタス・フォン・ローヴェンベルク氏をはじめ、同社のすばらしい社員の方々にも、さまざまな面で大変お世話になった。この場をお借りしてお礼を申しあげたい。四〇キロもあるブロンズ製のチャーリー・マンガーの胸像を私に贈ってくれた、ガイ・シュパイアーにもお礼を言っておこう。胸像は庭に飾ってあるが、マンガーの頭には蔦が巻きついて、いまやローマ皇帝の胸像みたいになっている。

もうずいぶん前のことになるが、私にバリュー投資家たちの処世訓のすばらしさを教えてくれたのは、ピーター・ベヴェリン氏の著作だった。氏の著作はまさに宝箱だ。私はそこからさまざまなことを学び、著者であるベヴェリン氏には大変感謝している。

またこの本は、ここ数年、このテーマについて私がたくさんの人と意見を交わしてきたことがベースとなっている。感謝のしるしとして、貴重なアイデアを提供してくれた人たちの名前をここに記しておきたい（敬称略・順不同）。

トーマス・シェンク、ケヴィン・ヘン、ブルーノ・フライ、アロイス・シュトゥッツァー、フレデリケ・ペッチュナー、マンフレート・リュッツ、ウルス・ゾンターク、キッパー・ブレークリー、リシ・カカ、ショショ・ルーフェナー、マット・リドレー、ミヒャエル・ヘンガートナー、トム・ラドナー、アレックス・ヴァスメア、マーク・ヴァルダー、クセーニャ・シドロワ、アヴィ・アヴィタル、ウリ・ジク、ヌマ&コリン・ビショフ・ウルマン、ホルガー・リード、エヴァルト・リード、マルセル・ローナー、ラファエロ・ダンドレア、ルー・マリノフ、トム・ウジェック、ジャン＝レミー＆ナタリー・フォン・マット、ウース・バウマン、エリカ・ロージン、ジモーネ・シュルレ、ライナー・マーク・フライ、ミヒャエル・ミュラー、トミー・マター、アドリアーノ・アグッツィ、ヴィオラ・フォーゲル、ニルス・ハーガンダー、クリスティアン・ユント、アンドレ・フレンシュ、マーク＆モニカ・バーダー＝ツアブッヒェン、ジョージ＆モニカ・カーン、マルティン・ホフマン、マルクス＆イレーネ・アッカーマン、ロバート・チャルディーニ、ダン・ギルバート、カレル・ファン・シャイク、マルクス・インボーデン、ジョナサン・ハイト、ジョシュア・グリーン、マルティン・ヴァルザー、アンゲラ＆アクセル・コイネケ、ガイ・シュパイアー、フランツ・カウフマン、ダン・デネット。

そして、本書で言及した思想家や作家、研究者の方々にも心からの感謝を贈りたい。本書で触れている重要なことがらはすべて、私ではなく彼らの功績である。

それから、数十年の長きにわたってよい人生を送ることは可能なのだと身をもって証明してくれている私の両親、ウエリとルートにも。両親には、いくら感謝してもしきれないくらいだ。

しかし何といっても、本書の執筆に際して一番の感謝を贈りたいのは、私の妻だ。本書で取り上げた思考の道具の多くは、彼女の心理学の知識と人生経験にもとづいている。私の原稿にいつも最初に目を通してくれるのも彼女だ。彼女の原稿チェックの手厳しさは私の本を手に取ってくださるすべての読者の方々への思いやりのしるしであるし、幸せに生きるための彼女の知恵は、私たち家族への愛情の贈り物なのだ。

そしてわが家の双子の息子たち、ヌマとアヴィにもありがとうと言っておこう。まだ三歳と幼い彼らのために、執筆中はずいぶん睡眠時間を削らなければならなかったが、それでも、この愛すべき息子たちの存在なくしては、この本を書きあげることはできなかっただろう。

著者

訳者あとがき

本書『Think clearly　最新の学術研究から導いた、よりよい人生を送るための思考法』（原題Die Kunst des guten Lebens: 52 überraschende Wege zum Glück）は、スイスの『ノイエ・チュルヒャー・ツァイトゥング』紙と、ドイツの『ハンデルスブラット』紙に連載されていたコラムをまとめたものだ。

原書は、二〇一七年一〇月にドイツで刊行されるとすぐにベストセラーになり、五か月間にもわたって実用書部門のトップテン入りを果たした。トップテンに名前が見られなくなってからも、ベストセラーリスト（上位五〇位）にはとどまり、刊行から一年後の二〇一八年の一〇月までリスト入りしていた。そして一二月には、本書で紹介されている思考法をモチーフにしたカードゲームが発売された。この春には、本書の思考法が各ページにひとつずつ書かれ、それを卓上カレンダーのようにして部屋に飾れる本も発売される予定だという。ドイツ以外でも二九か国で翻訳出版されるという人気ぶりだ。

著者のロルフ・ドベリ氏はスイス生まれ。三〇代前半という若さで、スイス航空の子会社数社でＣＥＯを務めた経歴の持ち主である。その後、友人たちと書籍要約サービスを提供する企業「getAbstract」を設立し、一〇〇人以上の従業員を抱える規模にまで成長させ、事業家としても成功をおさめている（ただし文筆業に力を入れるためにすでに経営から退いている）。多様な分野の第一人者のためのコミュニティ「World.Minds」の創設者でもある。三五歳で最初の著作を執筆して以降、小説や実用書を発表するかたわら、さまざまな新聞や雑誌にも寄稿し、活発な執筆活動を行っている。

著者が人間の思考をテーマにした作品を発表するのは、これが三作目だ。本書と同じく、前二作――『なぜ、間違えたのか？』（サンマーク出版）、『賢く対処するためのコツ（Die Kunst des klugen Handelns）』（未邦訳）――もドイツでベストセラーになったほか、四〇以上の言語で翻訳され、総発行部数は一〇〇万部に達している。これまでの著作すべてを含めれば、著者の作品の売り上げは、全世界で二五〇万部以上にものぼる。

本書には、著者が自信をもっておすすめする、人生を上向きにするための五二の思考の道具が集められている。私たちの脳の進化は、あまりに速い文明の発展スピードに適応できていないらしい。時代に合わない脳で複雑な現代社会を生きようとする私たちは、当然、考え方においても生き方においてもミスをする。そうしたミスを防いで、よい結果をもたらすようにふるまえるようになるには、いろいろな思考法が詰まった「道具箱」が必要なのだと著者は言う。

道具箱の中には、著者が人生のさまざまな局面で実際に使っている判断基準や、ものごとに対する精神的な対処法がおさめられている。本書を読むと、よい人生を送るというのは、「物質的に満たされることではなく、ストレスを引き起こすような考え方を避けて心を充実させること」だとあらためて気づかされる。ここで取り上げられている五二の章は、それを実現するための具体的なノウハウだ。どの思考の道具も、著者の体験談やたとえ話をまじえながら軽妙な筆致で紹介されていて、著者の論理はとてもすんなりと頭に入ってくる。

印象的な思考の道具はいくつもあるが、私が特に目を開かれる思いがしたのは、「ものごとは柔軟に修正したほうがうまくいく（2　なんでも柔軟に修正しよう）」という考え方だ。最初に念入りに計画を立てて成功するのを待つよりも、ある程度の準備だけをして計画をスタートさせ、状況に応じて調整を加えたほうが成功する確率は高いというのだ。言われてみればそのとおりで、いくら周到に計画を立てたところで、その先、何が起こるかわからない。一度決めたことはそう簡単に変えてはいけないような気がしていたが、最初からすべてを完璧に見通そうとすること自体、確かに無理がある。後ろめたさを感じずに、迅速に修正できる力をつけたほうが得策なのだ。

多くの人は、何かを選び出さなければならないとき、決断を早い段階で下しすぎるという指摘にもドキリとさせられた（3　大事な決断をするときは、十分な選択肢を検討しよう）。いろいろなものを試すのが面倒で、安易に決断を下してしまうというのは、私にも覚えがある。日常的なことでいえば、買い物をするときや、旅行先のホテルを選ぶときなど、時間をかけてたくさんのものを比較するのが面倒で、目についた二つ目、三つ目あたりのものに早々に決めてしまうことが多い。だが、買い物やホテルぐらいなら選択を間違えてもたいした問題にはならないが、大事なことに関して決断を下すときには、最適の選択ができるようにできるだけ多くのサンプルを試すべきなのだ。

こうした思考法のほか、予想外の出費でいらいらしないための考え方や、不安を取り除くためにはどうすればいいか、過度な期待のコントロール法といった、感情に振り回されないための具体的なアドバイスも、本書にはふんだんに盛り込まれている。

ただし、これらの思考の道具を効果的に使えるようになるには、ある程度の練習は必要らしい。ペンチやのこぎりの使い方を学ぶときと同じだ。何度もくり返し使っているうちに使い方のコツがつかめるようになり、効果を実感できるようになるのだそうだ。著者はこれらの思考法を使うようになってから、ほぼすべての面で人生の質が向上したと明言している。本書の思考法が身についていなかった頃は、著者自身も、私たちと同じように、コーヒーの値段が〇・五フラン（約六〇円）上がっただけでいちいち大げさに反応していたのだという。

ちなみに、著者のお気に入りの思考の道具は「五秒決断ルール（5　簡単に頼みごとに応じるのはやめよう）」だそうだ。頼みごとをされたときは、きっかり五秒間考えて決断を下すというルールだ。頼みごとには無理な要求が多く、五秒後にとっさに答えを出すと、返事はほとんどの場合「ノー」になる。だが、それでいいのだ。というのも、無理に頼みごとを引き受けたところでそううまくいくものではない。著者も以前は、頼まれたことは引き受けたほうがいいと考えていたそうだが、いまでは余計なストレスを減らすために、できるだけ断るようにしているらしい。

思考法がたくさんあって、どこから始めていいかわからないという人は、まずは充実した人生を妨げる要因を取り除くことから始めるといいようだ。あなたにとって、慢性的なストレスの原因になっているものは何だろう？　本書の思考法の中から、自分の事情に合ったものを選び出して、ぜひ、試してみてほしい。読者の皆さんの人生が、ここで紹介されている思考の道具でより充実したものになれば、訳者としても幸いである。

最後に、本書を訳す機会を与えてくださり、翻訳に際してもお世話になった編集担当の桑島暁子さん、そして翻訳会社リベルの皆さんに心よりお礼を申し上げたい。

二〇一九年二月

安原実津

付録

本書で取り上げた精神的な道具の大半には、認知心理学と社会心理学における多くの学術研究の裏づけがある。ここでは、その中でも特に重要なものに絞り込んで、出典や参考文献、関連するコメントを記載した。

本書の目的は、哲学の理念や学術研究の結果を、日常生活に活かすことである。学術研究を通して、これらの思考の道具を私たちにもたらしてくれた研究者諸氏に、心より敬意を表したい。

はじめに

・チャーリー・マンガーは、伝説的投資家ウォーレン・バフェットのビジネスパートナーであり、私にとっては現代におけるもっとも偉大な思想家のひとりでもある。ビル・ゲイツはチャーリー・マンガーについてこう述べている。「彼は、私がこれまで出会った人々のなかでもっとも幅広い思考の持ち主だ」(『完全なる投資家の頭の中――マンガーとバフェットの議事録』トレン・グリフィン著、パンローリング、2016年)

・1994年に行われた学生向けの講演において、チャーリー・マンガーは彼の幅広い思考の基盤をこう明かしている。「頭の中に、メンタルモデルをいくつもつくっておくことだ。そして、間接的、直接的を問わず、経験したことはすべて、このメンタルモデルの格子細工の上に配列していく。君たちもこれから気づくことになるだろうが、学生のなかには、教えられたことをただ丸暗記するだけの者がいるものだ。そういう学生は学業においても、人生においても失敗する。経験したことは、頭の中にあるメンタルモデルの格子細工に固定しておかなければだめだ」(「処世術の基本レッスン」と題された南カリフォルニア大学ビジネススクールにおける1994年のチャーリー・マンガーの講演より。『完全なる投資家

の頭の中――マンガーとバフェットの議事録』トレン・グリフィン著、パンローリング、２０１６年）

•マンガーが言及している「メンタルモデル」というのは、建築模型やシミュレーションモデルのことではない。縮尺どおりの現実の模型だ。過去の体験や学習をもとに人間が頭の中に形成する物事の展開パターンを指す言葉で、「こうすればこういうことが起きるだろう」と、物事の見通しをたてる際の判断軸となるものだ。だが、マンガーの話のテーマが「処世術」であることを踏まえれば、この場合は、人生における思考の道具や思考法、思考の戦略、心がまえなどと解釈したほうがいいだろう。私が本書で用いている「精神的な道具」「思考の道具」という表現は、マンガーのこの発言がもとになっている。

•必要に応じて取り出せるしっかりした思考の道具の備えがなければ、かなりの確率で人は人生に失敗すると私は確信している。また、思考の道具箱を持たない人が組織のトップとして成功できるとも思えない。

1　考えるより、行動しよう

•「望んでいたものを得られなかった場合に手に入れられるのは経験である」という言葉について。さまざまな人物がこの表現を用いている（https://www.aphorismen.de/zitat/73840 https://en.wikiquote.org/wiki/Randy_Pausch）。

2　なんでも柔軟に修正しよう

•ドワイト・アイゼンハワーのコメントは、チャーリー・マンガーの考え方にも合致する。「私たちの会社にマスタープランはない。そんなものをつくろうとする人間は皆、解雇してきた。マスタープランが先行してしまうと、新しい事態に対応できなくなるからだ。私たちが求めているのは、状況に応じて対策を講じられる人材だ」（『マンガーの投資術　バークシャー・ハザウェイ副会長チャーリー・マンガーの珠玉の言葉――富の追求、ビジネス、処世について』デビッド・クラーク著、日経ＢＰ社、２０１７年）

•計画の不確実性についてはこんな名言もある。「人生はチェスのようなものだ。チェスでも人生でも私たちは計画を立てるが、チェスでの計画は対戦相手次第、人生での計画は運命次第で修正を余儀なくされる。ほとんどの場合、計画には著しい修正がほどこされてしまうため、私たちが当初立てた計画は、最終的には、ほんのわずかな点をのぞいてほぼ原形をとどめないということになる」(Schopenhauer, Arthur, *Die Kunst, glücklich zu sein*, Verlag C.H. Beck, 1999, P.61)

• 学位と職業的な成功の関連性について。「教育は所得を決定するもっとも重要な要因のひとつだが、一方で、多くの人が思っているほど重要度が高いわけでもない。もしすべての人が同じ教育を受けたとしても、縮小される所得格差は10パーセント以下だ。教育だけを重視していると、無数にあるほかの所得決定要因をなおざりにしてしまいがちだが、同じ教育を受けた人の中での所得格差は、実は非常に大きい」(Kahneman, Daniel: »Focusing Illusion«. In: Brockman, John: Edge Annual Question 2011, *This Will Make You Smarter*, Harper Collins, 2012, P.49、https://www.edge.org/response-detail/11984)

3 大事な決断をするときは、十分な選択肢を検討しよう

• 不採用にした37人のうちもっとも優秀だった女性を上回る応募者がいなかった場合は、もちろん最後に面接した応募者を採用するしかない。だがそれでも、この方法を何度も繰り返して統計をとると、優秀な秘書を採用できる確率は他の方法と比べて一番高かった。

• 秘書問題のアルゴリズムを応募者側が利用する方法について、数学者のルドルフ・タシュナー教授からこんなありがたい指摘をいただいている。「……ぬきんでた知識を持っていない応募者も、ドベリのコラムを読んでいれば、自分が面接を受ける最初の37人に入らないよう注意できる。用途が限定されているように見えるこの数学モデルを、本来の目的とは別のところでうまく利用することができるのだ」(2017年6月7日付の私信より)

• 秘書問題を試してみると、多くの人は、自分はいつも決断を下すタイミングが早すぎたのに気づくはずだ。特にその傾向が顕著なのが、出会い系サイトでの相手選びである (https://en.wikipedia.org/wiki/Secretary_problem#cite_note-0)。

• 「ものごととの向き合い方を変えるのは、年をとってからでいい。年をとったら、かかわることをうんと絞り込もう」と

いう記述に関連して。マーシャル・ワインバーグは、マンハッタンでウォーレン・バフェットと昼食に出かけたときのこんな興味深いエピソードを語っている。「彼（バフェット）はそこで最高においしいハムとチーズのサンドイッチを食べた。数日後、私たちはまた一緒に食事に出た。すると彼は〝またあのレストランに行こう〟と言う。〝でもあそこにはついこの間、行ったばかりじゃないか〟と私が言うと、彼はこう答えた。〝そう、だからこそあのレストランに行くんだよ。あそこに行けばおいしいものが食べられるとわかっているのに、なんでわざわざリスクを冒してほかに行く必要があるんだ？〟。ウォーレンの投資に対する考え方と同じだ。彼は、自分たちの期待を裏切らない可能性の高い会社にしか投資しない」（『投資参謀マンガー――世界一の投資家バフェットを陰で支えた男』ジャネット・ロウ著、パンローリング、２００１年）

4 支払いを先にしよう

- メンタルアカウンティング理論の提唱者と見なされているのは、経済学者のリチャード・セイラーである（Heath, Chip; Soll, Jack B.: »Mental Budgeting and Consumer Decisions«. In: *Journal of Consumer Research*, 1996, Vol. 23, No.1, P. 40-52.）。
- メンタルアカウンティングに関しては、私の前著『Die Kunst des klugen Handelns』、「House Money Effect」の章でも言及している（Dobelli, Rolf: *Die Kunst des klugen Handelns*, Carl Hanser Verlag, 2012, P. 145ff.）。
- ピーク・エンドの法則についての出典（Kahneman Daniel; Fredrickson, Barbara L; Schreiber, Charles A. and Redelmeier, Donald A.: »When More Pain Is Preferred to Less: Adding a Better End«. In: *Psychological Science*, 1９９３年11月、Vol. 4, No.6, P.401-405.）。
- 物事のポジティブな解釈の仕方についてだが、以前は私も相場の変動により自分の株式ポートフォリオの価格が上下するたびに一喜一憂していた。けれども今ではメンタルアカウンティングを使って心の平静を保っている。私の株式ポートフォリオの価格が倍になろうが半分に減ろうが、たいしたことではない。それは私が所有する資産のほんの一部にすぎず、残りの約90パーセントは、私の家族や物書きとしての仕事、私が創設したコミュニティ「WORLD.MINDS」や、友人たちで占められている。そう考えると、たとえば相場が暴落して私の株式ポートフォリオの価格が半減したとしても、実際にこうむる損失は5パーセント程度だ。反対に株の価値が倍増しても、私が有頂天になることはない。実際の資産価値は5パーセント上昇したにすぎないからだ。

5　簡単に頼みごとに応じるのはやめよう

• マンガーの言葉「もうひとつは5秒で決断するルールだ。人を待たせずに、5秒でどうするかを決めなくてはならない」の出典（『投資参謀マンガー——世界一の投資家バフェットを陰で支えた男』ジャネット・ロウ著、パンローリング、2001年）。

• 「すばらしい何かが見つかる機会というのは滅多にあるものではなくて、頼みごとの90パーセントを断ったとしても好機を逃したことにはまずならないと、チャーリーにはわかっているんだ」（オーティス・ブースがチャーリー・マンガーについて語った言葉。Munger, Charlie: *Poor Charlie's Almanack*, Donning, 2008, P.99.)

• バフェットの言葉。「ただ成功している人と、とても成功している人の違いは、とても成功している人はほぼすべてのことに〝ノー〟と言っていることだ。（中略）大事なのは、自分の時間をコントロールすることだ。そして、きちんと〝ノー〟が言えなければ自分の時間はコントロールできない。他人に自分の人生の予定を決められているようではだめなのだ」(Bevelin, Peter: *All I Want to Know Is Where I'm Going to Die so I'll Never Go There: Buffett & Munger – A Study in Simplicity and Uncommon, Common Sense*, PCA Publications, 2016. P.51.)

6　戦略的に「頑固」になろう

• 『ザ・ニューヨーカー』誌に掲載されたクレイトン・クリステンセンのインタビュー記事に、彼が語ったという、管理職の人たちの家庭が崩壊しがちな理由が書かれている。「オフィスで3時間働くと、仕事がはかどれば達成感を持ち、はかどらなければ即座に落胆を感じる。だが同じ3時間を家で家族と過ごしても、何かをしたという実感は得られず、その時間を家族と過ごしていなかったとしても特に問題は起こらない。そうしてどんどんオフィスで過ごす時間が長くなり、利益率の高い案件や、仕事の成果がすぐに形となってあらわれる案件をこなしているうちに、お金を稼いでいるのだから、家にいないのは家族のためだとさえ思うようになる。クリステンセンは、社会人人生をふたつのパートに分けようとする人々をたくさん見てきた。彼らはその前半でキャリアを追求し、将来のある時点からの後半を家族と過ごそうと考える。だが、いざその頃になってみると、一緒に時間を過ごすはずの家族はもう彼らのもとにはいないのだ。そこでクリステンセンは、日曜には働かないと神に誓いを立てることにした。家族には、土曜には仕事をせず、平日も夕食の時間までには帰宅し、外がまだ明るければ子どもとボール投げをすると誓いを立てた。クリステンセンはその誓いを守るために朝の3時に仕事に出るときもあったという」(MacFarquhar, Larissa: »When Giants Fail«. In: *The New Yorker Magazine*, 2012年5月14日)

- ノーベル経済学賞を受賞したロバート・オーマンは、彼がユダヤ教の安息日シャバットの習慣を守る理由について神経学者オリヴァー・サックスにこう語っている。「(シャバットは) 社会をよくするためのものではなくて、自分の人生の質を上げるためのものだからね」(『サックス先生、最後の言葉』オリヴァー・サックス著、早川書房、2016年)。オリヴァー・サックスはまた、ロバート・オーマンについてこのようにも書いている。「彼は私にノーベル賞とストックホルムでの式典に関する面白い話をたくさん聞かせてくれたが、もし土曜日にストックホルムに来るよう求められていたら、ノーベル賞は辞退していただろうときっぱりと断言してみせた(※安息日は毎週金曜の日没から土曜の日没にかけて。その間の労働は禁止されている)。彼にとっては何があろうとシャバットの遵守が最優先で、世俗を離れて深い心の安らぎを求める時間に比べれば、ノーベル賞はさして重要なものではなかったのだ」(同書籍より)
- 決断疲れについては次を参照 (Dobelli, Rolf: *Die Kunst des klugen Handelns*, Hanser, 2012 P.9ff.)。
- ダイナマイトを山積みにしたトラックの例についての出典 (Schelling, Thomas C.: »An Essay on Bargaining«. In: *The American Economic Review*, 1956, Vol.46, No.3, P.281-306.)。

・誓約を100パーセントまっとうするのは、そのうちの99パーセントだけを実行するよりもやさしいという記述に関して。クレイトン・クリステンセンは99パーセントではなく98パーセントという数字を使って自分の経験を話している。「クリステンセンは彼らに、オックスフォード時代、彼が日曜にバスケットボールの試合に出るのを拒否したときの話をした。それはナショナルチャンピオンシップの大事な試合だったが、日曜はバスケットボールをしないと、彼は神に誓いを立てていたのだ。コーチやチームメートは一度だけ妥協するよう彼を説得しようとしたが、クリステンセンは首をたてに振らなかった。のちに彼は、もしあのとき説得を受け入れていたら、もう二度と日曜の試合を断ることはできなかっただろうと気がついた。彼はそのとき、決めたことを100パーセント守るほうが、そのうちの98パーセントだけを守るより簡単だと学んだのだ。その出来事は、彼の人生におけるもっとも重要な教訓のひとつになった」(MacFarquhar, Larissa: »When Giants Fail«. In: *The New Yorker Magazine*, 2012年5月14日)

7　好ましくない現実こそ受け入れよう

・デ・ハビランド社のコメットMk1について (https://de.wikipedia.org/wiki/De_Havilland_Comet)。

・事故調査を担当し、ブラックボックスの発明者にもなったデビッド・ウォーレンについて (https://de.wikipedia.org/wiki/David_Warren)。

・「失敗から学習する」というコンセプトをテーマにしたマシュー・サイドの著書は次のとおり。『失敗の科学　失敗から学習する組織、学習できない組織』マシュー・サイド著、ディスカヴァー・トゥエンティワン、2016年。この本では、組織における失敗例が重点的に取り上げられているが、失敗から学習するという戦略は個人の生活にも十分応用できる。

・サレンバーガー機長の言葉。「現在の飛行に関するあらゆる知識や規制や手続きはすべて、どこかで誰かが犠牲になった事故から学んだ結果である。(中略) 大きな犠牲を払って、文字どおり誰かが流した血と引きかえに学んだ知識だ。私たちはその知識を組織に定着させ、のちの世代に引き継がねばならない。学んだ知識を忘れるという道義的な失敗をおかし、同じことを学びなおすような事態は避けなければならないのだ」(Syed, Matthew: »How Black Box Thinking Can

Prevent Avoidable Medical Errors«. In: *WIRED UK Magazine*, ２０１５年11月12日、http://www.wired.co.uk/article/preventing-medical-error-deaths)

- ポール・ドーランは、体重が増えつつある人が徐々にそのことから意識をそらしていく様子をこう描写している。「体重が増えつつある人は、生活のなかで体重と関連のある物事から、たとえば仕事のように、体重がさして重視されない物事へと徐々に興味の中心を移していく。この事実を踏まえれば、人間の行動様式のいくつかは説明できる。私たちの体重が、増えることはあっても減ることがないのは、意識を向ける対象が変わってしまうためだ。そのうえいざ体重を減らそうと思えば、自分の意識を体重や健康に向けるよりももっと大きな労力が必要になる」（『幸せな選択、不幸な選択――行動科学で最高の人生をデザインする』ポール・ドーラン著、早川書房、２０１５年）
- 「自己欺瞞や希望的観測と無縁でいられる人間はいない。私たちはみな、事実と矛盾していても、自分の信念を維持するための複雑な防衛機能を意識下に備えている」（『意識をめぐる冒険』クリストフ・コッホ著、岩波書店、２０１４年）
- ラッセルの言葉の出典（『ラッセル幸福論』バートランド・ラッセル著、岩波書店、１９９１年）。
- チャーリー・マンガーの言葉「解決可能なうちに問題を処理せずに、解決不能になるまでほうっておくような人間は、それだけ大きな問題を抱えて当然の、途方もない間抜けである」の出典（Bevelin, Peter: *Seeking Wisdom*, PCA Publications, 2007, P.93.）。
- アレックス・ヘイリーの言葉の出典（*Jet Magazine*, １９８０年3月27日、P.30. http://bit.ly/2sXCndR　Bevelin, Peter: *Seeking Wisdom*, PCA Publications, 2007, P.92.）。
- 「私たちも何度も間違えては、それを正すことを繰り返してきた。充実した人生を送るには、間違いを正すことが不可欠だと私は思っている。間違いは避けられない。けれどもすぐにそれに気づいて対処すれば、ほとんどの場合、レモンはレモネードに変わるものだ」（Bevelin, Peter: *Seeking Wisdom*, PCA Publications, 2007, P.101.）
- 「問題というものは、かの有名なボルドーワインのようには……」の記述は、バフェットの発言「あなたの問題は年月が経っても質が上がるわけではない」を参考にしている（Bevelin, Peter: *Seeking Wisdom*, PCA Publications, 2007, P.93.）。

8　必要なテクノロジー以外は持たない

・イヴァン・イリイチについて（https://en.wikipedia.org/wiki/Ivan_Illich）。私にイヴァン・イリイチと反生産性の概念について教えてくれたのは、マサチューセッツ工科大学メディアラボのセパンダー・カンヴァー氏である。氏の講演の様子は次のＵＲＬで見ることができる（https://www.youtube.com/watch?v=dbB5na0g_6M）。実際にはイリイチは、車の事故による入院生活によって奪われる時間や、車の事故で入院している患者の世話に必要な病院スタッフの労働時間まで計算に入れている。

・Ｅメールにかかわるコストについてのそのほかの指摘。「しかし、現代のテクノロジーは無駄なコストも生んでいる。そのなかでももっとも額が大きいのは、注意がそれたことによって発生するコストだ。近年の研究では、米国企業において注意がそれたことによって発生している余分なコストの総額は年間６０００億ドルにものぼると試算されている」（『幸せな選択、不幸な選択――行動科学で最高の人生をデザインする』ポール・ドーラン著、早川書房、２０１５年）。「……英国企業において、従業員ひとり当たりにかかるコストは、Ｅメールに関してだけでも年間1万ポンド（1万６５００ドル）にのぼる」

9　幸せを台無しにするような要因を取り除こう

・参考文献。『投資で一番大切な20の教え――賢い投資家になるための隠れた常識』ハワード・マークス著、日本経済新聞出版社、２０１２年。ハワード・マークスはこのなかで、１９７５年、『Financial Analysts Journal』に掲載された、チャールズ・エリスの論文「敗者のゲーム」について言及している（http://www.cfapubs.org/doi/pdf/10.2469/faj.v51.n1.1865）。

・「趣味のテニスの試合では、勝つことではなく、負けないことが大事なのだ」という記述の関連事項。アメリカ海軍のサミュエル・モリソンは多くの戦争について分析を行った結果、アマチュアテニスの勝敗と似通っていると結論づけた。「戦争に勝つのは、戦略上の失敗が少ない側だ」（Morison, Samuel Elison: *Strategy and Compromise*, Little Brown,

1958)

- 半身不随、身体的な障害、離婚などのショックが思ったより早く消滅することは、多くの研究で証明されている。そのなかでも重要な研究は次のとおり（Brickman, Philip; Coates, Dan; Janoff-Bulman Ronnie: »Lottery Winners and Accident Victims: Is Happiness Relative?« In: *Journal of Personality and Social Psychology,* August 1978, Vol. 36, No.8, P.917-927.）。
- 「チャーリーはたいてい、最初に何を避けるべきかを考える。ある状況において積極的な措置をとるかどうかを決める前に、彼は何をすべきでないかをまず考えるのだ」（Peter D. Kaufman in: Munger, Charles T.: *Poor Charlie's Almanack,* The Donning Company Publishers, 2006, P.63.）
- 「私たちのような人間が、結果的にこれほど長期にわたって成功をおさめているのは驚くべきことだ。私たちはただ、利口であろうとする代わりに、愚か者になるのを避けているだけなのだが」の出典（Munger, Charlie: *Wesco Annual Report* 1989.）。
- 「一番知りたいのは私の死に場所だ。そうすれば、その場所を常に避けていられるからね」の出典（Munger, Charles T.: *Poor Charlie's Almanack,* The Donning Company Publishers, 2006, P.63.）。このフレーズはバフェットとマンガーについて書かれたすばらしい書籍のタイトルとしても使われている（Bevelin, Peter: *All I Want to Know Is Where I'm Going to Die so I'll Never Go There: Buffett. & Munger – A Study in Simplicity and Uncommon, Common Sense,* PCA Publications, 2016.）。

10　謙虚さを心がけよう

- ウォーレン・バフェットの思考実験について。「母親のお腹の中にいる一卵性の双子を思い浮かべてみてほしい。二人の活力や知力はまったく同じだ。そこに妖精が不意にふわりとやってきてこう言ったとする。〝あなたたちのうちのどちらか一人はアメリカで、もう一人はバングラデシュで育つことになります。でもバングラデシュで育つ人には、税金の支払いを免除しましょう。アメリカで生まれたほうの双子が、生まれた場所に恵まれたおかげで獲得できる収入は、その子の将来的な収入のうち、どのくらいの割合を占めていると思いますか？〟。そう考えると、人が社会的に成功できるかどうかは、その人の資質だけでなく、その人が生まれ落ちた環境によって決まるところが大きいのがわかるはずだ。自分の成功を〝すべて自分の力で成し遂げたものだ〟と公言して、自分をホレイショ・アルジャー（※貧しい少年の立身出世物語を描いたアメリカの小説家）の作中人物のように思っている人たちがいるが、彼らの成功の大部分は、バングラデシュではなく、アメリカで生まれたことで手に入ったものだ」（『スノーボール　ウォーレン・バフェット伝』アリス・シュローダー著、日本経済新聞出版社、２００９年）

- 「現代に生きている人間は、これまで地球上に存在した全人類の中のほんの6パーセントにすぎない」という記述の出典(https://www.ncbi.nlm.nih.gov/pubmed/12288594)。
- バフェットの言葉。「もし私が数千年前に生まれていたら、私は動物の恰好のえじきになっていただろう。私はたいして速く走れないし、木にも登れない。だから、どの時代に生まれるかというのは非常に大事なことなんだよ」(http://www.businessinsider.com/warren-buffett-nails-it-on-the-importance-of -luck-in-life-2013-10)
- ただし、感謝の気持ちを持つことを日々の習慣にすると、脳がそれに慣れてしまうため、幸せもそれほど感じられなくなってしまう。このテーマに関する研究論文にはこう書かれている。「すばらしい配偶者に恵まれること、野球のワールドシリーズで所属チームが優勝すること、有名ジャーナルに論文が掲載されること、どれも思い返すと思わず頬がゆるんでしまうようなうれしい出来事だ。しかし日が経つにつれ、そのうれしさも少しずつ消滅していく。なぜならどんなにすばらしい出来事でも、人間はすぐに慣れてしまうからだ。そしてそれらについて思い返すごとに、慣れはどんどん進んでいく。起きた出来事を思い返すたびに、その出来事は当たり前の、合理的に説明できる物事のように感じられてくることが研究の結果明らかになっている」(Minkyung Koo, Sara B.Algoe, Timothy D. Wilson and Daniel T. Gilbert »It's a Wonderful Life: Mentally Subtracting Positive Events Improves People's Affective States, Contrary to Their Affective Forecasts« In: *Journal of Personality and Social Psychology,* ２００８年11月、Vol. 95, No. 5, P. 1217-1224.

doi: 10.103)

11　自分の感情に従うのはやめよう

- 「ドイツ語には感情をあらわす形容詞がおよそ１５０種類ある。英語になるとさらに多く、その倍はある」という記述の出典（http://www.psychpage.com/learning /library/assess/feelings.html）。
- シュウィッツゲベルの言葉の出典（Schwitzgebel, Eric: *Perplexities of Consciousness*, MIT Press, 2011, P.129.）。
- シュウィッツゲベルのそのほかの指摘。「私たちは、自分が経験したことを正しく理解しなかったとしても誰かに責められるわけではないし、自分の理解が間違っているという確証もないため傲慢になる。思い違いを正してくれるフィードバックがないので、私たちの自信はますます高まっていく。反対意見をとなえる者が誰もいない、自分が唯一絶対の権力者でいられる状態を、心地よく感じない人はいないだろう」（Schwitzgebel, Eric: »The Unreliability of Naive Introspection«２００７年9月7日、http://www.faculty.ucr.edu/~eschwitz/SchwitzPapers/Naive070907.htm）

12　本音を出しすぎないようにしよう

- チャールズ・ダーウィンの葬儀について。「長男であり、喪主でもあった彼は最前列に座っていたが、ふと自分の薄い頭にすきま風が当たるのを感じて、はめていた黒い手袋を両方外して毛のない頭の上に載せた。世界中が注目する葬儀のあいだ中、手袋はずっと頭の上に置かれたままだった」（Blackburn, simon: *Mirror, Mirror*, Princeton University Press, 2016, P.25）。ブラックバーンは、チャールズ・ダーウィンの孫娘グウェン・ラヴェラが、ダーウィンの息子たちについて書いた文章も引用している（Acocella, Joan: »Selfie«. In: *The New Yorker Magazine*, ２０１４年5月12日、http://www.newyorker.com/magazine/2014/05/12/selfie）。
- 「アイゼンハワーは決して派手な人物ではなかったが、彼には並外れた特質がふたつあった。もともとは彼の育った環境に由来するものだが、年月とともにその特質が磨かれていったのは彼自身の意志によるものだろう。ひとつ目の特質は、彼がつくり上げた〝二人目の自分〟だ。現代には、自分らしさをよしとする風潮があり、多くの人が、〝本当の自分〟とは、何の手も加えられていないありのままの自分を指すのだと信じている。誰にでもその人なりのいつわりのない生き方があり、私たちは自分の人生を、外側のプレッシャーに屈することなく、本当の自分に正直に生きるべきである。本当の自分と外向けの自分とのあいだのギャップを抱えながら建前の人生を生きるのは、不誠実で、姑息で、虚偽に満ちていると考えられている。だがアイゼンハワーは、まったく異なる人生哲学を持っていた」（『あなたの人生の意味――先人に学ぶ「惜しまれる生き方」』デイヴィッド・ブルックス著、早川書房、２０１７年）

13　ものごとを全体的にとらえよう

・「フォーカシング・イリュージョン」に関するダニエル・カーネマンの定義の出典（https://www.edge.org/response-detail/11984　Brockman, John: *This Will Make You Smarter*, Doubleday Books, 2012, P.49.）。

・車のフロントガラスの氷をそぎ落とすエピソードは、非常に有名な心理学の研究論文より拝借した（Schkade, David A.; Kahneman, Daniel: »Does Living in California Make People Happy? A Focusing Illusion in Judgements of Life Satisfaction«. In: *Psychological Science*, 2016, Vol. 9, No.5, P. 340-346.）。カーネマン教授とスケード教授は、この論文ではじめて「フォーカシング・イリュージョン」について記述している。論文ではアメリカ中西部とカリフォルニアとの比較が行われ、AとBのふたつの選択肢があった場合、人はそのふたつの差を過大評価し、共通点を過小評価するとの結論が出されている。

14　買い物は控えめにしよう

・車の質問についての出典（Schwarz, Norbert; Kahneman, Daniel; Xu, Jing: »Global and Episodic Reports of Hedonic Experience«, In: Belli, Robert F., Stafford, Frank P. and Alwin, Duana F.: *Calendar and Time Diary*, SAGE Publications Ltd, P.156-174）。

- 「胃が痛くなるような人たちのために働くのは……」というバフェットの言葉の出典（Connors, Richard: *Warren Buffett on Business: Principles from the Sage of Omaha*, John Wiley & Sons, 2010, P.30.）。

15　貯蓄をしよう

- ドイツとスイスでの境界額が10万ユーロというのは私の推測である。アメリカでは7万5000ドルが境界となっている。「所得が増えても幸福度が増加しなくなる上限の年収は、物価の高いエリアでは7万5000ドルである（物価の安いエリアではもう少し低い可能性もある）。年収がこの上限を超えると、所得の増加と幸福度の増加の相関はまったく見られなくなる」（『ファスト&スロー　あなたの意思はどのように決まるか？』ダニエル・カーネマン著、早川書房、2014年）
- 宝くじの高額当選者たちの幸福度について（Brickman, Philip; Coates, Dan; Janoff-Bulman Ronnie: »Lottery Winners and Accident Victims: Is Happiness Relative?« In: *Journal of Personality and Social Psychologie*, August 1978, Vol. 36, No.8, P.917-927.）。
- リチャード・イースターリンの研究について（»Income and Happiness: Towards a Unified Theory «. In: *The Economic Journal,* Vol. 111, 2001, P.465-484.）。
- そのほかにも類似の研究はあるが、イースターリンの研究結果ほど明確ではない。GDPの成長が幸福度に影響を与えることは確認されているものの、GDPの成長で増加する幸福度の度合いは、ゼロではないにしてもほんのわずかだ。GDPの伸びと幸福の相関関係は、多くの人々が考えているよりも、また、政治家が私たちに信じ込ませようとしているよりも、実はずっと少ない（Hagerty, Michael R.; Veenhoven, Ruut: »Wealth and Happiness Revisited – Growing National Income Does Go with Greater Happiness«. In: *Social Indicators Research*, 2003, Vol. 64, P.1-27.）。
- 当時の物価水準を考慮したうえで一人当たりの年収を算出すると、1946年は1万3869ドル、1970年は2万3024ドルと、生活水準は50パーセント近く上昇している計算になる（https://www.measuringworth.com/usgdp/、Johnston, Louis; Williamson, Samuel H.: *What Was the U.S. GDP Then?*, MeasuringWorth, 2017.）。

•「ファック・ユー・マネー」の語源について（Wolff-Mann, Ethan: »How Much Money Would You Need to Ditch Your Job – Forever?« In: *Money Magazine*, ２０１６年10月17日、http://time.com/money/4187538/f-u-money-defined-how-much-calculator/）。

•「〝ファック・ユー・マネー〟があれば物事を客観的に見て、客観的に考えることができる」という記述に関連するチャーリー・マンガーの言葉。「歴代の閣僚の中でもっとも有能だった人物はおそらくエリフ・ルート（※１９０５年から１９０９年までのアメリカ国務長官）だが、私のお気に入りのコメント集の中にも、彼の発言が含まれている。〝いつでもすっぱりと辞職できる覚悟のない者は、公職につくのにふさわしいとは言えない〟と。〝いつでもすっぱりと辞職できる覚悟のない責任者に、難しい決断をくだすことができるだろうか？　私の答えはノーだ〟というこのふたつだ」（Bevelin, Peter: *All I Want to Know Is Where I'm Going to Die so I'll Never Go There: Buffett & Munger – A Study in Simplicity and Uncommon, Common Sense*, PCA Publications, 2016, P.33.）

16　自分の向き不向きの境目をはっきりさせよう

•「能力の輪」に関するチャーリー・マンガーのそのほかの言葉。「もしあなたが世界最強のテニスプレーヤーになりたいと思い立ち、そのための努力をはじめたとしても、その夢がかなう見込みはないとすぐに気づくだろう。世界中の才能あふれる選手たちが、あなたをどんどん追い越していくだろうから。でも、ミネソタの小さな町で一番腕のいい配管業者になろうと思ったら、おそらく三人に二人はそれを実現できるだろう。もちろん、そのためには意志の力や知性は必要だが、仕事をしているうちに、あなたはその町の配管工事に必要な知識をすべて身につけ、その分野を完全にマスターできるようになる。十分な訓練を積めば、到達可能な目標なのだ。チェスのトーナメントで優勝したり、権威あるテニストーナメントのセンターコートに立ったりすることはできない人たちでも、そうしてゆっくりと能力の輪を築いていけば、生まれ持っての資質と、仕事を通して段階的に身につけた技術が合わさって、結果的にそれなりの成功を手にできるものだ」（Farnham Street Blog: *The "Circle Of Competence" Theory Will Help You Make Vastly Smarter Decisions*, In:

Business Insider, ２０１３年12月5日、http://www.businessinsider.com/the-circle-of-competence-theory-2013-12)

- ディラン・エヴァンズの著作（Risk Intelligence, Atlantic Books, 2013, P.198.）。
- デビー・ミルマンの発言「価値のあるものをつくり上げようと思えば、時間がかかるのは当然でしょう」の出典（Brainpickings: http://explore.brainpickings.org/post/53767000482/the-ever-wise-debbie-millman-shares-10-things-she）。
- エキスパートになるための練習時間について。心理学者のアンダース・エリクソンは、エキスパートになるためには1万時間練習が必要だと指摘している（Ericson, Anders; Pool, Robert: *Peak. Secrets of the New Science of Expertise,* Eamon Dolan/ Houghton Mifflin Harcourt, 2016.）。
- テクノロジージャーナリストのケビン・ケリーは執着についてこう書いている。「執着にはとてつもなく大きな力がある。真の創造性は、（執着しているものにかかわって）一見無駄な時間をすごしているときや目的もなく時間を費やしているときに発揮されるものだ。本当に何かを極めたり、学んだり、新しい発見をしたりできるのは、ほとんどの場合そういうときだ」（Edge.org: »The Technium. A Conversation with Kevin Kelly« 序言はジョン・ブロックマンが執筆。２０１4年3月2日、https://www.edge.org/conversation/kevin_kelly-the-technium）

17　静かな生活を大事にしよう

- 「チャーリーと私は、電話が鳴るのをただすわって待っているだけだ」の出典（『バフェット投資の真髄』ロバート・G・ハグストローム著、ダイヤモンド社、２００１年）。
- 「そのため私たちは、何もしないよりはしているほうを、思案するよりはせっせと働くほうを、ただ待つよりは積極的に動くことのほうを高く評価してしまう」という記述に関して。この原因は、私たちの進化にある。私たちの祖先が生きのびることができたのは、何かを待ったり、耐えたり、ひとつのことに取り組みつづけたからではなく、明確な行動をもって物事に対処してきたからだ。待ったり考え込んだりするよりも、結果的にそれが無駄になったとしても、とりあえず逃げたり、思い切った行動に出たりしたほうが、生きのびる確率は高かったのだ。不確かな状況に置かれたとき、人間には、無意識のうちにアクション・バイアス（※行動によって物事を成しとげようとする姿勢）が働くのはそのためである。このことに関しては次の拙著を参照いただきたい（『なぜ、間違えたのか？』ロルフ・ドベリ著、サンマーク出版、２０１３年）。

・これまでもっともよく売れている本および製品についての出典（https://www.die-besten-aller-zeiten.de/buecher/meistverkaufen/［本］、http://www.businessinsider.com/10-of-the-worlds-best-selling-items-2014-7［製品］）。飲み物に関してはコカコーラがトップで、２位以下を大きく引き離している。コーラは１８８６年の発売以来、瓶入り・缶入り合わせておよそ30兆本が売れていると推測されている。食べ物ではフリトレー社のポテトチップス「レイズ」が（１９３２年以降、推定４兆袋を販売）、玩具ではルービックキューブが（１９８０年以降、３億５０００万個を販売）トップの座を占めている。

・「ケーキのベーキングパウダーのように、成果は時間とともにどんどんふくらんでいくのだ」という記述に関して。金融用語では「複利」と呼ばれる方式だが、アインシュタインはこの現象を「世界における８つ目の不思議」と呼んだ（http://www.goodreads.com/quotes/76863-compound-interest-is-the- eighth-wonder-of-the-world-he）。

・バートランド・ラッセル「ほんの少しの華々しい時期をのぞけば……」の出典（『ラッセル幸福論』バートランド・ラッセル著、岩波書店、１９９１年）。

・「派手に動き回ればよい考えが浮かぶとか、休みなく何かに取り組めばその何かに対する理解が深まるとか、積極的に働けば結果がともなうというような相関関係は存在しないのだ」という記述の関連事項。バフェットも、似たような発言をしている。「やみくもに行動してもお金は稼げない。利益を出せるのは適切な対処をしたときだけだ。待つ必要があれば、いつまででも待つまでだ」（Buffett, Warren: *Berkshire Hathaway Annual Meeting 1998*.）

・章最後のチャーリー・マンガーの発言の出典（Bevelin, Peter: *All I Want to Know Is Where I'm Going to Die so I'll Never Go There: Buffett & Munger – A Study in Simplicity and Uncommon, Common Sense*, PCA Publications, 2016, P.7.）。

18　天職を追い求めるのはやめよう

- 聖アントニウスについて（https://en.wikipedia.org/wiki/Anthony_the Great）。
- ジョン・ケネディ・トゥールの悲劇的な最期について私が知ったのは、ライアン・ホリデイの著書だった（『エゴを抑える技術』ライアン・ホリデイ著、パンローリング、２０１６年）。ホリデイのこのすばらしい著書は、謙虚さの重要性を理解するための最適な手引き書である。著書の内容は、本書の第10章、18章、49章の記述とも関連している。
- バートランド・ラッセルの言葉「神経衰弱に陥りやすい人の特徴のひとつは、自分の仕事を極端に重視していることだ」の出典（『ラッセル幸福論』バートランド・ラッセル著、岩波書店、１９９１年、https://en.wikiquote.org/wiki/The_Conquest_of_Happiness）。
- 「生存者バイアス」と「自己選択バイアス」については次の拙著にて詳しく触れている（『なぜ、間違えたのか？』ロルフ・ドベリ著、サンマーク出版、２０１３年）。
- 「自分の秀でていることに情熱を持って取り組むのが一番だ。もしウォーレンがバレエをはじめていたとしたら、誰も彼の名前を知る人はいなかっただろう」（Bevelin, Peter: *All I Want to Know Is Where I'm Going to Die so I'll Never Go There: Buffett & Munger – A Study in Simplicity and Uncommon, Common Sense*, PCA Publications, 2016, P.75.）

19　ＳＮＳの評価から離れよう

- ボブ・ディランに関する記述についての出典（»Dylan bricht sein Schweigen.«, *Die Zeit*, ２０１６年10月29日、http://www.zeit.de/kultur/literatur/2016-10-nobel-preis-bob-dylan-interview-stockholm）。
- バフェットの言葉。「世界一すばらしい恋人なのに、他人からはひどい恋人と思われるほうがいいか？　それとも、実はひどい恋人なのに、他人からは世界一の恋人だと思われるほうがいいか？　なかなかおもしろい質問だろう。もうひとつ例を挙げてみよう。あなたは発明家だが、あなたの発明の成果は世の中に公表されていないとする。その場合、本当は世界で一番成果を上げていないのに、世の中からはもっとも偉大な発明家だと思われるほうがいいか？　それとも、実は世界最高の発明家なのに、世の中からは世界一成果の上がらない発明家だと思われるほうがいいか？　子どもは非常に早い段階で、親の価値基準を学びとる。自分の子どもが世間にどう思われるかを一番大事にしている親のもとで育つと、子どもは自分を確立できずに、外のスコアカードだけを気にするようになってしまう。私の父は、１００パーセント内なるスコアカードの人だった。完全に独立独歩型の人だった。でも彼は意識してそうしていたわけではなくて、周りの人がどう思うかを気にしていなかっただけなんだ。私はこの父から生き方を教わった。父のような人には、今まで会ったことがない」（『スノーボール　ウォーレン・バフェット伝』アリス・シュローダー著、日本経済新聞出版社、２００９年）

•「今度、友人たちと集まる機会があったら、会話の内容に注意してみるといい。おそらくその90パーセントはうわさ話だ」という記述の関連事項。高尚なはずの数学者たちも例外ではない。大学の食堂で昼食をとりながら、彼らが何を話しているかご存じだろうか？「ミレニアム懸賞問題」についての議論？　とんでもない。彼らが話しているのは、誰と誰がつき合っているか、誰が誰のアイディアを盗んだか、またもや名誉博士の称号を取り損ねたのは誰か。つまり、同僚のうわさ話ばかりだ（『あなたの人生の意味――先人に学ぶ「惜しまれる生き方」』デイヴィッド・ブルックス著、早川書房、２０１７年）。

20　自分と波長の合う相手を選ぼう

•「歴史の終わり幻想」について（Quoidbach, Jordi; Gilbert, Daniel T.; Wilson, Timothy D.: »The End of History Illusion«. In: *Science*, ２０１３年1月４日、Vol. 339 (6115), P.96-98.）。

•長年心理学者たちは、人の性格は、30歳前後を過ぎるとコンクリートで固めたように変化しないと考えていた。人間の性格にはビッグ・ファイブと呼ばれる5つの特性（経験への開放性、勤勉性、外向性、協調性、情緒不安定性）があり、それらの割合は不変だと思われていたのだ。しかし今日では、私たちの性格は年月とともにかなり変化することがわかっている。ただ、その変化は私たちの内側で起きているうえに、ほんの少しずつしか変化しないため、自分ではそれに気づかない。それでも10年以上の月日がたてば、その間に空港がすっかり様変わりしてしまうのと同じように、性格の変化も目につくようになってくる。そう、私たちの性格はコンクリートで固められているわけではないのだ。もしコンクリートで固められているものがあるとしたら、それは人間の性格ではなく、政治的な見解のほうだ。私たちは、地球は太陽の周りを回っていると学習できるし、新しい意見を受け入れることもできる。でも、政治に対する考えは別だ。すべての政治家の方々に私から忠告しておこう。有権者の考えを変えるのに、お金を費やすのはやめたほうがいい。まずうまくいかない（人間の政治的見解に関しては次を参照。『社会はなぜ左と右にわかれるのか——対立を超えるための道徳心理学』ジョナサン・ハイト著、紀伊國屋書店、２０１４年）。

•わずかとはいえ、人は自分の性格の変化に影響をおよぼすことができる。そのことに関するバフェットの発言。「昔、私のボスだったベン・グレアムは、12歳のときに、周囲の人々の資質で彼がすごいと思う点と、不快に思う点をすべて書き出してみた。そして彼はそのリストを見ているうちに、それらの資質は、１００メートルを９・６秒で走ったり、２メートルもジャンプできたりする類の資質とは異なるものだと気がついた。自分がどういう人間になるかは、自分自身で決められるのだ。（中略）自分がそうなりたいと思う人たちと常に一緒にいれば、自分も少しはその人たちに近づける。だが反対に、そうはなりたくないと思う人たちと一緒にいると、自分のレベルも落ちてしまう」（『バフェットの投資原則——世界Ｎｏ．１投資家は何を考え、いかに行動してきたか』ジャネット・ロウ著、ダイヤモンド社、２００８年）

•ウォーレン・バフェットの思考実験を試してみよう。学生時代のこと、当時のクラスメートのことを思い出してみてほしい。あなたのクラスの担任が、あなたにこんな課題を出したとする。「君が死ぬまでのあいだずっと、収入の10パーセントを受け取りたいと思う生徒と、君が死ぬまでのあいだずっと、君の収入の10パーセントを渡したいと思う生徒を、クラスの中から一人ずつ選ぶように」。あなたは何を基準にそれぞれの生徒を選ぶだろうか？　選ぶ際には、たとえばのちに億万長者になった生徒がいるなど、今あなたが当時のクラスメートについて知っていることは考慮に入れてはならない。当時のあなたはそのことを知らなかったはずだから。ここで大事なのは、生徒を選ぶときに何を基準にするかだ。あなたは、当時クラスで一目置かれていた、飛びぬけてサッカーのうまかった生徒を選ぶだろうか？　それとも、たくましい筋肉を誇っていた男子生徒？　あるいは、女の子の憧れの的だった男子を選ぶだろうか？　一番家がお金持ちだった女の子もいいかもしれない。それとも、あなたが一番好感を持てた生徒？　教師のお気に入りだった生徒や、一番勉強熱心だった生徒や、一番信頼の置ける生徒という選び方もある。

この思考実験を試してみると、サッカーのうまさや、力強さや、見た目のよさや、両親の所得といった、当時とても重要に思えていた基準は、この課題ではさして重要ではないということに気づくはずだ。あなたが重視するのは、信頼感や、勤勉さ、知性といった基準であり、なかでも特に重要なのは、あなたがその生徒を好きかどうかという点ではないだろうか。知性以外はすべて、生まれもった資質ではなく、自分次第で身につけられるものばかりだ。

「君たちは皆、ＭＢＡの二年生だ。もうクラスメートのことはよくわかっているだろう。私がもし、クラスメートの一人が死ぬまでに獲得する収入の10パーセントを買える権利を君たちに与えたとしたら、クラスの誰を選ぶかを考えてみてほしい。裕福な父親がいるからという理由で選ぶのは、なしだ。その人自身の実力で高所得者になれそうな人を選ばなくてはならない。考える時間は一時間だ。君たちは、どうやってその相手を選ぶだろう？　全員にＩＱテストを受けさせて、一番ＩＱの高かったクラスメートを選ぶだろうか？　おそらくそんなことをする人はいないだろう。それでは、一番成績のいい学生を選ぶだろうか？　それとも一番元気のいい学生？　それよりも、相手を選びだすときに君たちが着目するのは、その人の中身のほうではないだろうか。成績なども大事かもしれないが、活力や知力なら、ここにいる誰もが十分に兼ね備えている。おそらく君たちが選ぶのは、将来性がありそうに思える人、リーダーの素質がある人、周りの人たちが面白いと思っていることを形にする能力のある人だろう。心が広く、正直で、自分が発案したアイディアを周りの人たちのおかげだと考えられるような、すばらしい人柄のクラスメートを選ぶはずだ。

では今度はもうひとつ、別のことを考えてみよう。クラスの中から、将来、社会的に失敗しそうな人もひとり選んでみてほしい。考えるのはこちらの質問のほうがきっと楽しいだろう。この中で失敗しそうなのは誰だろうか？　おそらく君たちは、ＩＱの低さでそのひとりを選んだりはしないだろう。選ぶのは、君たちをうんざりさせる人、傲慢でがめつくてずるくて、ちょっといい加減なクラスメートではないだろうか。だが、そういう両極端なクラスメートの特徴を右手と左手に乗せて比べてみると、面白いことが見えてくる。それらはすべて、フットボールを50メートル以上も投げることができたり、１００メートルを９・３秒で走りきったり、クラス一の美男や美女だったりといった類の資質とは別物だということだ。左手の上にあるすばらしいクラスメートの特徴は、どれも本当に望めば手に入れられる。その行動も、気質も、個性も、このクラスにいる誰もが努力しだいで身につけられるものばかりだ。そして右手の上にある、君たちをうんざりさせるクラスメートの特徴も、その人にとってどうしても欠かせない要素などではない。なくてもよいものばかりだ。また、人間の行動というのはほとんどが単なる習慣だから、私のような年齢の者よりも、君たちのほうがうまく修正することができるだろう。手かせ足かせとなる習慣に、人はなかなか気づけない。それが重くなりすぎて負担になってくるまでは、それが足かせだと気づかないんだ。このことは断言してもいい。私くらいの年齢の人間はもとより、私より20歳くらい若くても、自滅的な行動パターンを繰り返していて、そこから抜け出せなくなっている人たちをたくさん見てきた」

(Connors, Richard: *Warren Buffett on Business Principles from Sage of Omaha*, John Wiley & Sons, 2010, P. 171-172.)

- 「社の気質に合う人を雇い、スキルはトレーニングで身につけさせる」の出典（Taylor, Bill: »Hire for Attitude, Train for Skill«. In: *Harvard Business Review*, ２０１１年２月１日）。
- バフェットの言葉。「私たちは人を変えようとはしない。まずうまくいかないからだ。（中略）ありのままのその人を受け入れるだけだ」(Bevelin, Peter: *All I Want to Know Is Where I'm Going to Die so I'll Never Go There: Buffett & Munger – A Study in Simplicity and Uncommon, Common Sense*, PCA Publications, 2016, P.107.)
- 内向的な女性と結婚した大の社交家について。彼がチャーリー・マンガーのこの言葉に従っていればよかったのだが。「あなたが確実にみじめな人生を送りたかったら、その人を変えなければうまくいかないような相手と結婚すればいい」(Bevelin, Peter: *All I Want to Know Is Where I'm Going to Die so I'll Never Go There: Buffett & Munger – A Study in Simplicity and Uncommon, Common Sense*, PCA Publications, 2016, P.108.)
- 「信頼できる相手とだけつき合って……」というチャーリー・マンガーの言葉の出典（『マンガーの投資術　バークシャー・ハザウェイ副会長チャーリー・マンガーの珠玉の言葉――富の追求、ビジネス、処世について』デビッド・クラーク著、日経ＢＰ社、２０１７年）。

21　目標を立てよう

- 留守番電話のエピソードの出典（Pearce, Terry: Leading out Loud, Jossey-Bass; 3rd edition, 2013, P.10.）。
- 「すべての行動は、ひとつの目標に向けられていなければならない。そのためには、常にその目標をしっかり見据えておくことだ」。セネカのこの言葉は、新訳ではこんなふうに表現されている。「どんな作業にも、何らかの目標と関連性がなければならない！」（Seneca: Von der Seelenruhe, Anaconda Verlag, 2010, Kapitel 12）、「ひとつの目標に向けて努力をしよう。そして、その目標を常に念頭に置くようにしよう」（『ストア派哲学入門――成功者が魅了される思考術』ライアン・ホリデイ著、パンローリング、２０１７年）
- 「人生の目標が持つ意味はきわめて大きい」という記述の出典（Nickerson, Carol; Schwarz. Nobert; Diener, Ed et al.: »Happiness: Financial Aspirations, Financial Success, and Overall Life Satisfaction: Who? and how? « In: *Journal of Happiness Studies*, ２００７年12月、Vol. 8, P. 467-515.）。
- 「達成困難な目標を立てている人は、人生に不満を感じるものだ」という言葉の出典（『ファスト＆スロー　あなたの意思はどのように決まるか？』ダニエル・カーネマン著、早川書房、２０１４年）。

22　思い出づくりよりも、いまを大切にしよう

- 「体験している私（experiencing self）」、「思い出している私（remembering self）」という言葉の考案者はダニエル・カーネマンである（『ファスト＆スロー　あなたの意思はどのように決まるか？』ダニエル・カーネマン著、早川書房、２０１４年）。
- 休暇中の学生たちの幸福度に関する研究の出典（Wirtz, Derrick; Kruger, Justin; Napa Scollon, Christie; Diener, Ed: »What to Do on Spring Break? The Role of Predicted, On-line, and Remembered Experience in Future Choice«. In: *Psychological Science*, ２００３年９月、Vol. 14, No. 5, P. 520-524.）。
- 「ピーク・エンドの法則」に関する研究について（Kahneman, Daniel; Fredrickson, Barbara L.; Schreiber, Charles A.;

Redelmeier, Donald A.: »When More Pain Is Preferred to Less: Adding a Better End«. In: *Psychological Science*, 1993年11月、Vol. 4, No. 6, P. 401-405.)。

23 「現在」を楽しもう

・参考文献（Zhang, Jia Wei and Howel, Ryan T.: »Do Time Perspectives Predict Unique Variance in Life Satisfaction Beyond Personality Traits? « In: *Personality and Individual Differences*, 2011年6月、Vol. 50, No. 8, P.1261-1266.）

24 本当の自分を知ろう

・平均的な人間が記憶できる情報量について理論としてまとめた最初の研究者は、アメリカの心理学者、トーマス・ランドアーである。「どんな方法を試してみても、導き出される結論はいつも同じだった。およそ1ギガバイトだ。彼はその答えが完全に正確な値だと主張したわけではないが、たとえその答えが10倍単位でずれていて、1ギガバイトより10倍多かったり少なかったりしたとしても、現代のコンピューターが保存できる容量に比べれば、人間が記憶できる容量はほんのわずかだ。人間は、知識の保管庫としては適していないのだ」（『知ってるつもり――無知の科学』スティーブン・スローマン&フィリップ・ファーンバック著、早川書房、2018年）

25 死よりも、人生について考えよう

・アメリカの研究者たちが学生を対象に行った、アンナとベルタに類似する人生を比較した実験結果（Diener, Ed; Wirtz, Derrick; Oishi, Shigehiro: »End Effects of Rated Life Quality: The James Dean Effect«. In *Psychological Science*, 2001年3月、Vol. 12, No.2, P.124-128.）。

・セネカの言葉。「あなたの敵に願う災いとして、死よりも悪いものがあるだろうか？　心配することはない。あなたが小

指一本動かさなくても、あなたの敵もいつかは死ぬ」(Seneca in: https://www.aphorismen.de/zitat/188497)

26 楽しさとやりがいの両方を目指そう

• 人間は勇敢さと、強靭な精神と、公正さと、賢明さを持つべきだというプラトンとアリストテレスの主張について (https://de.wikipedia.org/wiki/Eudaimonie)。

• カトリックの美徳(枢要徳)の出典 (Ambrosius von Mailand: *De officiis ministrorum.* https://de.wikipedia.org/wiki/Kardinaltugend)。

• 「理念と帰結のつじつまをあわせるために、哲学者たちは思いがけない指摘に対して、こじつけの弁明をせねばならなかった。たとえば、アルゼンチンの砂浜で日光浴をしているナチスの戦争犯罪者は大して幸せではなく、たった今生きている人間を食べ終えたばかりの信心深い人食い宣教師は幸せなのか、という指摘がそうだ」(Gilbert, Dan: *Stumbling on Happiness,* Vintage, 2007, P. 34.)

• ポール・ドーランの解釈。「人間の体験にはつまり、快楽の要素と意義の要素が必要なのだ。快楽主義は快楽だけを優先させる思想だ。そこに感傷的な意義の要素を加えようとするのだから、私の見解は感傷的な快楽主義といったところだろう。私は感傷的な快楽主義者だが、実際のところ、私たち人間は皆そうなのだと私は考えている」(『幸せな選択、不幸な選択――行動科学で最高の人生をデザインする』ポール・ドーラン著、早川書房、2015年)

• 「見ればわかる」は、アメリカの最高裁判所で使われた、裁判史上もっとも有名なフレーズである。ただし当時「見ればわかる」と言われたのは、意義の有無ではなく、それがポルノであるかどうかだったが (https://en.wikipedia.org/wiki/I_know_it_when_I_see_it)。

• ポール・ドーランの定義に対するカーネマンの言葉。「人間の判断が〝有意義〟か〝無意味〟かではなく、人間の体験が〝有意義〟か〝無意味〟で考えるのは、これまでにないアイディアだ。彼の見解によれば、人間の活動は、その体験に意義を感じられるかどうかで区別できるという。たとえばボランティアの仕事には意義を感じられるが、テレビのザッピングをしても意義を感じることはない。ドーランにとっては、意義と快楽はともに幸福の基本的な構成要素なのだ。大胆で斬新な発想である」（『幸せな選択、不幸な選択――行動科学で最高の人生をデザインする』ポール・ドーラン著、早川書房、２０１５年）

- 近年の映画研究についての出典（Oliver, Mary Beth; Hartmann, Tilo: »Exploring the Role of Meaningful Experiences in Users' Appreciation of "Good Movies"«. In: *Projections*, Winter 2010, Vol. 4, No. 2, P. 128-150.）。

27 自分のポリシーをつらぬこう

- ダンケルクの奇跡について（https://en.wikipedia.org/wiki/Dunkirk_evacuation）。
- 電報でのやりとりのエピソードの出典（Stockdale, Jim: *Thoughts of a Philosophical Fighter Pilot*, Hoover Institution Press, 1995, E-Book-Location 653.）。
- 「コミットメントのような厳粛な約束事の数は、限定的でなければならない」というバフェットの信条は、伝記作家のアリス・シュローダーの著書に記述されている（『スノーボール　ウォーレン・バフェット伝』アリス・シュローダー著、日本経済新聞出版社、２００９年）。
- もしあなたが社会を変えるのが自分の使命だと感じているなら、あなたは頑として現状を変えようとしない公共機関やたくさんの人々と対峙しなくてはならない。その場合、あなたが目標とする変革範囲はできるだけ狭くしておいたほうがいい。現在の支配的な社会構造にあらゆる面から一人で立ち向かうのは無理がある。社会はあなたより強力だ。変革範囲を明確にし、あなたの目的に一番合致する狭い分野に限定しておかなければ、勝利をおさめることはできない。
- キング牧師の発言「何かに命をかける覚悟のない人間は、人生に未熟である」の出典（１９６３年6月23日、デトロイトで行われた平和の行進における演説より）。

28　自分を守ろう

・ジェームズ・ストックデールが戦闘機からの脱出と拘禁生活について語った動画（https://www.youtube.com/watch?v=Pc_6GDWl0s4）。

・ストックデールの発言。「その夜、体を横たえると、私は涙を流した。彼らに抵抗するだけの力が自分にあったことが嬉しくてならなかったのだ」（前掲動画より。9分50秒から13分30秒まで）

・ヴチッチについての記述。「単なる憶測にもとづく論評に腹を立てていたヴチッチは、あるインタビューの最中、それを書いた張本人である国営テレビの編集長に、その屈辱的な論評を自分で声に出して読んでみるよう求めた。編集長は言われたとおりそれを声に出して読みはじめたが、恥ずかしさのあまり、途中で読むのをやめてしまった」（https://www.nzz.ch/international/wahl-in-serbien-durchmarsch-von-vucic-ins-praesidentenamt-ld.155050）

・デイヴィッド・ブルックスは自著『あなたの人生の意味──先人に学ぶ「惜しまれる生き方」』においてさまざまな人物の人生を取り上げているが、そのなかで、アメリカの政治家、フランシズ・パーキンズの人生についても触れている。フランクリン・D・ルーズベルトによって、１９３３年にアメリカ初の女性閣僚に抜擢された女性だが、彼女もまた似通った戦略をとっていた。「対立する相手から悪意のこもった攻撃をされると、彼女はその相手に同じ質問をもう一度繰り返すよう求めた。人間は二度つづけて口汚い物言いをできるものではないことを、彼女は知っていたのだ」（『あなたの人生の意味──先人に学ぶ「惜しまれる生き方」』デイヴィッド・ブルックス著、早川書房、２０１７年）

29　そそられるオファーが来たときの判断を誤らない

・1万ドルと引き換えに額に企業名のタトゥーを入れた女性についての出典（『それをお金で買いますか』マイケル・サンデル著、早川書房、２０１２年）。

30　不要な心配ごとを避けよう

•スズメの実験研究について（Zanette, Liana Y.; White, Aija F.; Allen, Marek C.; Clinchy, Michael: »Perceived Predation Risk Reduces the Number of Offspring Songbirds Produce per Year«, *Science*, ２０１１年12月9日、Vol. 334, No. 6061, P.1398-1401. Young, Ed: »Scared to Death: How Intimidation Changes Ecosystems«, In : *New Scientist*, ２０１３年5月29日）。

•「〝心配しないで、楽しく過ごそう〟という決まり文句は何の役にも立たない。〝リラックスして〟と言われた人がめったにリラックスすることがないのと同じだ」（Gold, Joel: »Morbid Anxiety«. In: Brockman, *What Should We Be Worried About?*, Harper Perennial, 2014, P. 373.）

•バートランド・ラッセルの言葉の出典（『ラッセル幸福論』バートランド・ラッセル著、岩波書店、１９９１年）。

•マーク・トウェインの言葉「私はもう老人だ。これまでの人生ではいろいろな心配ごとを抱えていたが、そのほとんどは現実にはまったく起こらなかった」の出典（http://quoteinvestigator.com/2013/10/04/never-happened/）。

31　性急に意見を述べるのはやめよう

•「たとえば、最低賃金は引き上げられるべきかどうかなど、きちんと考えなければ答えが出ない複雑な質問をされたとき、人は、直感で答えを出す傾向がある。そして意見を表明した後ではじめて理性的に考え、自分の立場を裏づける理由を探しだす」（『しあわせ仮説』ジョナサン・ハイト著、新曜社、２０１１年）

•感情ヒューリスティックについては前著で詳しく触れている（Dobelli, Rolf: *Die Kunst des klugen Handelns*, Hanser, 2012, P. 65-67）。

32　「精神的な砦」を持とう

•ボエティウスの著書（『哲学の慰め』筑摩書房、１９６９年）。

•「精神的な砦」という表現は、マルクス・アウレリウスの著書『自省録』に登場する「内なる砦」という表現に発想を得ている。

33 嫉妬を上手にコントロールしよう

- ゴア・ヴィダルの言葉「友人が少しずつ成功するたびに、私は少しずつ死んでいく」の出典（*The Sunday Times Magazine*, 1973年9月16日）。
- 念のため、白雪姫のストーリーのあらましを記しておく。義理の娘の美しさをねたんだ継母（その国の女王でもある）は、殺し屋（猟師）を白雪姫に差し向けるが、猟師は継母との約束を守らずに白雪姫を逃がしてしまう。白雪姫は森に住む七人の小人たちと一緒に暮らしはじめる。人まかせにするのに懲りた継母は、今度は自分で白雪姫を殺すことに決め、美しい白雪姫に毒を盛る。
- バートランド・ラッセルは、嫉妬は不幸を招くもっとも大きな要因のひとつだと述べている。嫉妬は「……私の考えでは、もっとも広く浸透し、もっとも深く根づいている人間の感情のひとつだ」（『ラッセル幸福論』バートランド・ラッセル著、岩波書店、1991年）
- ラッセルの嫉妬に関するそのほかの記述。「社会階級の差がはっきりしていた時代には、下流階級の者が上流階級の者をうらやむことはなかった。世の中に富める者と貧しい者がいるのは神の意思だと信じられていたせいでもある。物乞いがうらやむ相手は大金持ちではなく、自分より多くのほどこしをもらった別の物乞いだった。だが、誰もが平等だという民主主義や社会主義の教えのもとに、階級差が曖昧になった現在の世界では、嫉妬の勢力範囲はおそろしく広くなっている。（中略）私たちは、嫉妬が大きな意味を持つ時代に生きているのだ」（前掲書）。
- 「少し前に研究者たちは、カリフォルニア大学の職員に、職員の給与がすべて公開されているウェブサイトのリンクを配布し（州の〝知る権利に関する法律〟ができてから可能になったことだ）、彼らの幸福感を損なってしまった。そのリンクを見てから、所得が平均を下回る職員の仕事に対する満足度が、低下してしまったのだ」（『幸せな選択、不幸な選択――行動科学で最高の人生をデザインする』ポール・ドーラン著、早川書房、2015年）

・「他人に対して不満や疲労感をおぼえる主な理由のうち、もっとも大きな割合を占めたのは〝嫉妬〟だった。〝嫉妬〟と答えた回答者は全体の29・6パーセントを占め、〝配慮のなさ〟（13・7パーセント）や〝孤独感〟（10・4パーセント）、〝時間が無駄になること〟（13・7パーセント）といったほかの理由を大きく上回った」（Krasnova, Hanna et al.: »Envy on Facebook: A Hidden Threat to Users' Life Satisfaction?«, Publikation der TU Darmstadt, 2013, P.1477-1491.）

・マンガーの言葉。「自分より早く裕福になりそうな他人のことを気にするのは大罪だ。ねたみは馬鹿げた罪だ。誰かをねたんでみてもひとつも楽しいことはない。苦痛を感じるだけだ。なのにどうしてそんな道を選ぼうとするのだろう?」（Munger, Charles T.: *Poor Charlie's Almanack*, Donning 2008, P.431.）

・私は前著でも嫉妬について触れている（Dobelli, Rolf: *Die Kunst des klugen Handelns*, Hanser, 2012, P. 153ff.）。

34　解決よりも、予防をしよう

・アインシュタインの言葉「頭のよい人は問題を解決するが、賢明な人はそれを事前に避けるものだ」の出典（http://azquotes.com/quote/345864）。ただし、これがアインシュタインの言葉だという確たる証拠はない。

・これに似たものとして「1オンスの予防は1ポンドの治療に値する」という言葉もある。多方面で才能を発揮したアメリカの政治家、ベンジャミン・フランクリン（アメリカの父としてたたえられている一人でもある）が、『フィラデルフィア・ガゼット』紙の読者宛に匿名で手紙を書き、ボランティアの消防団の結成を促した際に用いた表現である（https://de.wikipedia.org/wiki/Benjamin_Franklin#Gr.C3.BCndung_von_Freiwilligen_Feuerwehren）。

・マンガーの言葉「目の前に危険な渦があるのがわかったら、私は6メートルどころじゃなく、200メートルは間をあけてそれを避けるね」の出典（Bevelin, Peter: *All I Want to Know Is Where I'm Going to Die so I'll Never Go There: Buffett & Munger – A Study in Simplicity and Uncommon, Common Sense*, PCA Publications, 2016, P.58.）。

・ハワード・マークスの、賭博師についての記述。「父から聞いた、いつも負けてばかりいたというある賭博師の話をしよう。ある日その賭博師は、出走馬が一頭しかいないという競馬のことを耳にして、家賃を払うはずだったお金を賭けにつぎこんだ。だがその馬はレーストラックを半分ほど走ったところで、柵を跳び越えて逃げ出してしまった。物事はいつも、期待どおりには運ばないものだ。私たちが〝最悪のケース〟と言うときも、〝今までに経験したなかで最悪〟という意味でしかない。これから先、もっと悪いことが起こらないとは限らないのだ」（『投資で一番大切な20の教え――賢い投資家になるための隠れた常識』ハワード・マークス著、日本経済新聞出版社、２０１２年、Bevelin, Peter: *All I Want to Know Is Where I'm Going to Die so I'll Never Go There: Buffett & Munger – A Study in Simplicity and Uncommon, Common Sense*, PCA Publications, 2016, P.62.）

- マンガーの言葉「あなたはひょっとしたら、〝困難を予想しながら人生を送りたい人などいるわけがない〟と言うかもしれない。でも、私はあえてそうしてきた。これまでの人生を通して私はずっと、考えられる限りの困難について想像してきた。（中略）だが、問題を先取りするのを憂うつに感じたことはない。その問題が現実になったときに備えておけるわけだからね。それを苦痛に感じたことはないし、実際、そのおかげで私は助けられてきた」の出典（Bevelin, Peter: *All I Want to Know Is Where I'm Going to Die so I'll Never Go There: Buffett & Munger – A Study in Simplicity and Uncommon, Common Sense*, PCA Publications, 2016, P.62.）。
- 考えられる失敗を事前に予測し、対策をとるリスクマネジメント（死亡前死因分析）について（https://en.wikipedia.org/wiki/Pre-mortem）。

35　世界で起きている出来事に責任を感じるのはやめよう

- ボランティアをよしとする思い込みについては前著でも触れている（Dobelli, Rolf: *Die Kunst des klugen Handelns*, Hanser, 2012, P.61-63.）。
- リチャード・ファインマンの言葉「（ジョン）フォン・ノイマンは、私に興味深い考え方を示してくれた。〝世界で起きている出来事は、あなたの責任ではない〟のである。ジョン・フォン・ノイマンのこのすばらしい考え方を、私もまねすることにした。意識的に、社会に対して無責任でいることに決めたのだ。そう決めてから、私は前よりずっと幸せを感じられるようになった。私に〝積極的な〟無責任さの種を植えつけたのは、フォン・ノイマンだったのだ!」の出典(『ご冗談でしょう、ファインマンさん』R・P・ファインマン著、岩波書店、2000年)。

36 注意の向け方を考えよう

・「〔そしてディナーの席で、ビル・ゲイツは居合わせた人々にこう尋ねた。〝あなたたちが今の成功を手にできた一番の要因は何ですか?〟私が〝フォーカスだね〟と答えると、ビルも私の答えに同意した〕。この席にいた人たちのうち、バフェットが言うところの〝フォーカス〟を本当に理解できた人はどのくらいいただろうか。バフェットの言う〝フォーカス〟は、まねることのできない生来の集中力のことである。何かで突出した成果をあげるには、目標を絞り込んで、その目標だけに集中力を注がなければならないということだ。アメリカを象徴する発明家のトーマス・エジソンも、ファミリー・エンターテイメントの王、ウォルト・ディズニーも、ソウル界のゴッドファーザー、ジェームス・ブラウンも、自分を律し、ひたすら完璧さを追求して成功を手に入れたのだ。理想を掲げながら、ひとつのことだけに打ち込む情熱が〝フォーカス〟なのである」(『スノーボール　ウォーレン・バフェット伝』アリス・シュローダー著、日本経済新聞出版社、2009年)

・エピクテトスの言葉「手あたり次第に暴力をふるわれれば、あなたは怒り出すだろう。それなのにあなたはなぜ、出会う人出会う人が、あなたに精神的な暴力をふるおうとすることを恐れないのだろうか?」の出典(『人生談義』エピクテートス著、岩波書店、1958年)。

・ケビン・ケリーの言葉(※ウェブサイト上に公開されたビデオからの引用。ケビン・ケリーはビデオの視聴者向けに話している)。

「興味深いことはほかにもあります。今このビデオを見ているあなたも私も、誰もが皆、読み書きを習得するときには、4年、5年という時間をかけて練習を繰り返すものですが、その過程では脳の配線まで変化しています。そのことは、同じ文化的背景を持つ、識字能力のある人とない人とで比較した研究で証明されています。読み書きは脳を変えるのです。

ただし、それは4年も5年も時間をかけて勉強し、練習を重ねた結果として起きた変化であって、何もせずに新しいことが習得できるわけではありません。メディアに関しても同様です。新しいメディアにただ接していても、そのメディアに精通できるわけではないのです。微積分だって、それを知っている人の近くにいるだけで学べるものではないでしょう。自分で学ばなければ習得できない。だからテクノロジーを扱う技能も、練習を積まなければ身につきません。注意を向ける方向や、批判的に考える能力や、テクノロジー機器の使い方やその危険性などを、数年かけて学ぶべきなのです。新しいテクノロジーに精通している人の近くにいるだけではテクノロジーに関する技能は身につかないし、そばにいるだけでその人の知識が自分に浸透してくることもありえない。テクノロジーに関する技能を習得するには、きちんとした指導を受けて練習を繰り返さなければならないし、注意の向け方や注意のそらし方に関しても、訓練する必要があるのです」(Edge. org: »The Technium, A Conversation with Kevin Kelly«, 序言はジョン・ブロックマンが執筆。２０１４年3月2日。https://www.edge.org/conversation/kevin_kelly-the-technium)

•「あなたがどこに注意を向けるかで、あなたが幸せを感じるかどうかが決まる。あなたが注意を向ける対象によってあなたの行動が変わり、幸福度も変化するのだ。注意は、あなたの人生を左右する重要な要素だ」(『幸せな選択、不幸な選択――行動科学で最高の人生をデザインする』ポール・ドーラン著、早川書房、２０１５年)

•「つまり、あなたの注意の向け方によって幸福の感じ方は変化するのだ。(中略)人生における出来事もあなたが置かれている境遇も、あなたがそれにどのくらい注意を向けるかによって、あなたの幸せは大きく左右されるのである」(『幸せな選択、不幸な選択――行動科学で最高の人生をデザインする』ポール・ドーラン著、早川書房、２０１５年)

•マンガーの言葉。「私が成功できたのは、頭がよかったからではない。成功できたのは、長く集中力を維持できる能力があったからだ。(中略)一度にいろいろなことをこなして栄光を手にしようと思ったことは一度もない」(Bevelin, Peter: *All I Want to Know Is Where I'm Going to Die so I'll Never Go There: Buffett & Munger – A Study in Simplicity and Uncommon, Common Sense*, PCA Publications, 2016, P.6.)

37　読書の仕方を変えてみよう

- ドストエフスキーの記述についての出典（*Literarischer spaziergang in Basel,* SRF, Schweizer Radio & Fernsehen. https://www.srf.ch/radio-srf-2-kultur/srf-kulturclub/streifzug-literarischer-spaziergang-in-basel）。

38　自分の頭で考えよう

- レオニード・ローゼンブリットとフランク・ケイルの研究について（Rozenblit, Leonid; Keil, Frank: »The Misunderstood Limits of Folk Science: An Illusion of Explanatory Depth« In: *Cognitive Science,* ２００２年９月１日、Vol. 26, No. 5, P.521-562.）。
- 反論の余地のない教義にはこんな例もある。「確たる証拠はないが、宇宙は空飛ぶスパゲッティ・モンスターによって創造された。空飛ぶスパゲッティ・モンスターは慈悲深く全能だ。よい事が起きたときには、スパゲッティ・モンスターに感謝しよう。もし悪い事が起きたとしても、それは狭い人間の視野の中ではそう見えるだけで、全能なるスパゲッティ・モンスターから見れば悪い事でも何でもない。スパゲッティ・モンスターを信じてさえいれば幸せになれる。この世で幸せになれなくても、必ず天国で幸せになれる」。ゼウスやアラーのような神を描写する言葉に反論の余地がないのと同様、この空飛ぶスパゲッティ・モンスターの教義にも反論の余地はない。一見、反論の余地のなさは利点に思えるが、実は弱点でしかない。ちなみに、この空飛ぶスパゲッティ・モンスターというのは、アメリカの物理学者ボビー・ヘンダーソンが創始したパロディ宗教である（https://de.wikipedia.org/wiki/Fliegendes_Spaghettimonster）。
- ハンス・キュンクの定義の出典（Küng, Hans: *Existiert Gott?,* dtv, 1981, P.216.）。
- マンガーの言葉。「あなたが何かのカルトじみたグループのメンバーだと公言して、そのイデオロギーを喧伝してまわるとすれば、それは自分で自分の脳にそのイデオロギーを深く、深く、たたき込むようなものだ」（Bevelin, Peter: *All I Want to Know Is Where I'm Going to Die so I'll Never Go There: Buffett & Munger – A Study in Simplicity and Uncommon, Common Sense,* PCA Publications, 2016. P.113.）

・私が考案した架空のトークショーのエピソードは、マンガーのこの言葉を参考にしている。「私には、強烈なイデオロギーに惹かれそうになったときに、自分を正気にとどめておくための〝鉄則〟ともいうべきものがある。自分と反対の立場をとる人たちよりも雄弁に自分の意見を論証できるようになるまでは、その意見を持つ資格はないと決めているんだ。自分の意見は、そのくらいゆるぎないものにならない限り口に出すべきじゃない」(Bevelin, Peter: *All I Want to Know Is Where I'm Going to Die so I'll Never Go There: Buffett & Munger – A Study in Simplicity and Uncommon, Common Sense*, PCA Publications, 2016. P.114.)。この方法は「確証バイアス」〔訳注：自分に都合のいい事実しか見ない傾向〕を回避するための対策としてよく知られている。詳しくは次の拙著を参照いただきたい(『なぜ、間違えたのか?』ロルフ・ドベリ著、サンマーク出版、２０１３年)。

39　「心の引き算」をしよう

・「心の引き算」のトレーニングについて。本文中で挙げている、手や視力を失うトレーニングは、長年心理療法のトップマネージャーを務めていた私の妻の発案である。

・ダニエル・ギルバートの「心理的免疫システム」について。「人間には、逆境を乗り越える能力がある。もうすぐつらい離婚を経験することになるとわかると、人は、今の相手は最初から自分にふさわしくなかったと感じるようになる。人間は、心理的な免疫システムを持っているのだ。荒々しい運命が投げつける石にも、放つ矢にも、私たちは自分で思っているよりうまく対処することができる」(Gilbert, Daniel: »Forecasting the Future«, Interview with Susan Fiske, in : *Psychology Today*, ２００２年11月1日、https://www.psychologytoday.com/articles/200211 /forecasting-the-future)

・感謝の気持ちへの「慣れ」についての研究論文にはこう書かれている。「すばらしい配偶者に恵まれること、野球のワールドシリーズで所属チームが優勝すること、有名ジャーナルに論文が掲載されること、どれも思い返すと思わず頬がゆるんでしまうようなうれしい出来事だ。しかし日が経つにつれ、そのうれしさも少しずつ薄れていく。なぜならどんなにすばらしい出来事にも、人間はすぐに慣れてしまうからだ。そしてそれらについて思い返すごとに、慣れはどんどん進んでいく。起きた出来事を思い返すたびに、その出来事は当たり前の、合理的に説明できる物事のように感じられてくることが、研究の結果明らかになっている」（Koo, Minkyung; Algoe, Sara B; Wilson, Timothy. D; Gilbert, Daniel T; »It's a Wonderful Life: Mentally Subtracting Positive Events Improves People's Affective States, Contrary to Their Affective Forecast«, *Journal of Personality and Social Psychology*, ２００８年11月、Vol. 95, No. 5, P. 1217-1224. Doi: 10.103）

- バルセロナオリンピックのメダリストに関する調査についての出典も前掲の論文である。
- 平均寿命の変遷について（https://en.wikipedia.org/wiki/Life_expectancy）。
- 「私たちはたいてい、自分が手にしている幸せには気づかない。自分の幸せを自覚するために、できることはしたほうがいい。ピアノを弾いているのに、その音が聞こえない状態を想像してみるといい。人生で手にしている多くの幸せに気づかずにいるのは、音を聞かずにピアノを弾いているようなものだ」（『幸せな選択、不幸な選択――行動科学で最高の人生をデザインする』ポール・ドーラン著、早川書房、２０１５年）

40　相手の立場になってみよう

- 「ほかの人の立場を理解するには、実際にその人の立場に立ってみなければならない」という、ベン・ホロウィッツのエピソードについて。「その翌日私は、顧客サービス部門の責任者とプログラマー部門の責任者に、互いの役職を交換するようにと告げた。私はふたりに、ジョディ・フォスターとバーバラ・ハリスが、人格はそのままでお互いの体だけを入れ替えるようなものだと説明した。それも、永遠に。そのときの彼らの反応は、リンジー・ローハンとジェイミー・リー・カーティスがホラー映画で叫んでいるときの様子とたいして変わらなかった（※人物名はすべて米国の女優）」（『HARD THINGS』ベン・ホロウィッツ著、日経ＢＰ社、２０１５年）
- エリック・シュウィッツゲベルとジョシュア・ラストが行った調査（»The Behavior of Ethicists«, In: *The Blackwell Companion to Experimental Philosophy*, Wiley-Blackwell, 2014.）。

41 自己憐憫に浸るのはやめよう

- 「自分が穴の中にいるとわかったら、掘るのをやめろ」ということわざについて（https://en.wikipedia.org/wiki/Law_of_holes）。
- マンガーの言葉。「自己憐憫は、被害妄想にもつながりかねない感情だ。そして一度被害妄想にとりつかれてしまうと、そこから抜け出すのはとても難しい。だから自己憐憫には陥らないほうがいい。私には、小さなカードの山を持ち歩く友人がいた。少しでも自己憐憫に陥っている様子の人に会うと、その友人は芝居がかったしぐさでその山の一番上にあるカードを取り上げ、その人に手渡していた。カードに印刷されているのはこんな言葉だ。〝あなたのお話には深く同情いたします。あなたほど憐れな人を私はほかに知りません〟。ずいぶんおかしなことをしたものだと思われるかもしれないが、このカードは精神衛生上、役に立つ。自己憐憫に陥っても何もならない。たとえあなたの子どもが癌でもう長くないという状況でも、自分が自己憐憫に陥りそうになっているのを感じたら、私の友人がつくっていたようなカードを自分に手渡したほうがいい。自己憐憫は間違った考え方だし、そこからは何も生まれない。けれども自分を憐れむのは人間のごく自然な反応でもあるから、それを避けられるようになれば、あなたは大きな強みを持ったことになる。意識すれば、自己憐憫を避けるコツは習得できるはずだ」（Munger, Charlie: »Commencement Address at USC Law School «, 2007, in: Farnam Street: *The Munger Operating System: How to Live a Life That Really Works,* ２０１６年４月13日、https://www.farnamstreetblog.com/2016/04/munger-operating-system/）
- 「５００年前までさかのぼれば、あなたの直系の先祖や血のつながっている親戚の数は１００万人にものぼる」という記述に関して。５００年＝20世代として算出している。
- 「たとえ子ども時代に大きな不幸に見舞われたとしても、成年に達してからの成功や満足度にはほとんど影響を与えない」という記述の出典（Clarke, Ann M.: *Early Experience: Myth and Evidence.* Free Press; Rutter, Michael: »The long-term effects of early experience«. In: *Developmental Medicine and Child Neurology,* 1980, Vol. 22, P. 800-815.）。
- マーティン・セリグマンの調査結果「子どもの頃に起きた出来事は、重視されすぎているように思う。いや、それよりも、全般的に過去に起きた出来事すべてが重視されすぎていると言ったほうがいいかもしれない。子ども時代に起きた出来事の影響を、大人になってからの人格のなかにわずかでも見いだすのは難しい。ましてや大きく際立った影響などただのひとつも見つからない」の出典（『世界でひとつだけの幸せ——ポジティブ心理学が教えてくれる満ち足りた人生』マーティン・セリグマン著、アスペクト、２００４年）。

- 「運命は、いろいろな出来事を人間の頭の上に投げつける。生きるためには、強い精神を持たねばならない」（セネカからルキリウスへの手紙）
- セネカの言葉。「過去に不幸だったからといって、どうしていまも不幸でいる必要があるだろう？」（『良き人生について——ローマの哲人に学ぶ生き方の知恵』ウィリアム・B・アーヴァイン著、白揚社、２０１３年）
- チャーリー・マンガーの鉄則。「ある状況やある人物のせいであなたの人生がうまくいかないと感じるとき、うまくいかない本当の原因は、必ずあなた自身にある。（中略）自分が犠牲者だと感じている人は、例外なく悲惨な人生を送らなければならなくなる。どんな問題が起きようが、それを引き起こしたのは自分自身で、原因は常に自分にあり、自分が全力でその問題の解決にあたるという姿勢をくずさないこと。それがよい人生を送るための鉄則だ」（http://latticeworkinvesting.com/quotes/）

42　世界の不公正さを受け入れよう

- たとえばドイツでは、届け出があった犯罪のうちの半分も解決していない（公式な統計の数値にもとづく割合）（http://www.tagesspiegel.de/politik/neue-polizeistatistik-wie-gefaehrlich-ist-deutschland/8212176.html）。
- ジョン・グレイの言葉の出典（Gray, John: Straw Dogs: Thoughts on Humans and Other Animals, Granta Books, 2002, P. 106）。

43　形だけを模倣するのはやめよう

・モレスキンノートをヘミングウェイが使っていたという誤解について（https://www.welt.de/wirtschaft/article146759010/Der-kleine-Schwindel-mit-Hemingways-Notizbuechern.html）。
・ロバート・グリーンバーグのジャン・バティスト・リュリに関するコメントの出典（https://robertgreenbergmusic.com/scandalous-overtures-jean-baptiste-lully/）。

44　専門分野を持とう

・文筆業の専門化に関連するこぼれ話。最古の楔形文字で書かれていたのは、詩ではなく簿記である。

45　軍拡競争に気をつけよう

・1962年に、ウォーレン・バフェットが経営不振に陥っていた紡績会社、バークシャー・ハザウェイの経営を引き継いだとき、彼はすぐに新しく効率のいい紡績機の導入のために資金を投じた。生産コストを大幅に削減し、それによって経営を黒字化するのが目的だった。だが、生産コストは確かに削減できたものの、期待したような利益はあげられなかった。数百万ドルもの投資の対価はどこへ行ってしまったのだろう？　もちろん、機械の導入で利益を得たのは新しい機械の製造業者と消費者である。
・軍拡競争に関するバフェットの言葉。「私たちは常に新しい機械を導入して利益を増やそうとしたが、それで利益が増えたことは一度もなかった。ほかの企業もまったく同じ機械を買っていたからだ。まるで、人ごみの中にいる誰もがつま先立ちをしているようなものだ。眺めはそのままで足だけが痛くなる」（Berkshire Hathaway Annual Meeting, 2004, 記録者Whitney Tilson　www.tilsonfunds.com.）
・ルイス・キャロルの『鏡の国のアリス』について。赤の女王は黒の女王として訳されているものもある。
・「この国では、同じ場所にとどまりたければ全力で走りつづけなければなりません」の出典。ルイス・キャロル著『鏡の国のアリス』。

•ジョン・キャシディの言葉「ほぼ誰もが大学を出ているような状況では、大卒という学歴は何ら特別ではない。今では、理想の仕事につくには、有名な（学費の高い）大学を出る必要がある。そうなると、教育も軍拡競争と何ら変わりはない。軍拡競争で主な利益を手にするのは武器製造業者だが、教育の場合、それに当たるのは大学だ」の出典（Cassidy, John: »College Calculus: What's the Real Value of Higher Education?« In: *The New Yorker,* 2015年9月7日）。

•「原初の豊かな社会」について（https://en.wikipedia.org/wiki/Original_affluent_society）。

•スイスやドイツをはじめとする多くの国では、子どもを2歳から私立の幼稚園に通わせる地域が少なからずある。私立の名門小学校への入学を有利にするためだ。その名門小学校に子どもを通わせたい理由は、その後名門ギムナジウム（※主に大学進学を希望する生徒が通うドイツおよびその近隣諸国の中等教育機関）に入れる確率が高くなるからだ。そして名門ギムナジウムを希望する理由は、子どもが名門大学に入学するチャンスが広がるからだ。隣近所が皆そうしているから、その地域ではそれが当然のようになっている。すでに幼児のうちから、子どもたちは軍拡競争要員として駆りだされているのである。だがこのことで得をするのはもちろん子どもたちではなく、私立の教育機関だ。

46　組織に属さない人たちと交流を持とう

•バールーフ・スピノザについて（https://de.wikipedia.org/wiki/Baruch_de_Spinoza）。

47　期待を管理しよう

•年越しパーティーのエピソードに関連して。1999年から2000年にかけて行われた、ジョナサン・スクーラー、ダン・アリエリー、ジョージ・ローウェンスタインの研究においても、同様の結論が導き出されている。のちに振り返ったとき、そのパーティーの満足度がもっとも低かったのは、パーティーに対する期待値の高かった参加者と、パーティーのためにもっとも多くの出費をした参加者だった。「このフィールドワークの結果明らかになったのは、期待が大きい人のほうが失望しやすいということ、そしてイベントに費やした時間と労力（そしておそらく金銭的な支出も）が大きい人のほうが満足度が低いということだ」(Schooler, Jonathan; Ariely, Dan; Loewenstein, George: »The pursuit and assessment of happiness can be self-defeating«. In: *The Psychology of Economic Decisions*, 2003 Vol. 1, P. 60.)

- 「期待が幸福感に決定的な影響を与えるのは、研究に裏打ちされた事実だ」という記述に関して。「人は自分の状況を、自分の希望や期待をつめこんだ願望に照らし合わせて評価する。願望が満たされれば、人は人生に満足できる」（『幸福の政治経済学――人々の幸せを促進するものは何か』ブルーノ・S・フライ、アロイス・スタッツァー著、ダイヤモンド社、２００５年）
- 「人生の満足度と心の健康に関する報告書においても、所得アップのスピードが期待していたよりも遅かった場合は幸福を感じられないと証明されている」（『幸せな選択、不幸な選択――行動科学で最高の人生をデザインする』ポール・ドーラン著、早川書房、２０１５年）
- 年齢による人生の満足度の移り変わりが「U字型」を示すのも、根拠のない期待と関係がある。若者の幸福度が高いのは、自分たちの未来にはいろいろな可能性が広がっていて、自分たちの収入も社会的地位も、年齢とともに右肩あがりになると信じているからだ。ところが40歳から55歳までの中年期に差しかかると、幸福度は人生においてもっとも低くなる。その年齢になると、若い頃の期待は実現しないと気づくからだ。そのうえ子どもやキャリアに関する苦労や、出費がかさんで所得が減るなど、若い頃には予想もしなかったさまざまな要因で幸せが損なわれる。そして老年に達すると、非現実的な期待は持たなくなるため、人生の満足度はふたたび上昇する（Schwandt, Hannes: »Unmet Aspirations as an Explanation for the Age U-shape in Wellbeing«. In: *Journal of Economic Behavior & Organization*, 2016, Vol. 122, Ausgabe, C, P. 75-87.)。
- 「取るに足りない好み」についてのストア派の思想。「私にも取るに足りない好みはあるが、私はそれよりも高潔な行動を選ぶ」（*Stanford Encyclopedia of Philosophy*, https://plato.stanford.edu/entries/stoicism/）
- 新年の抱負に対する期待の場合は、あなたが評価した値から2点ではなく3点引いておこう。新年の抱負（もっとスポーツをする、飲酒を控える、煙草をやめるなど）を実現できる可能性はきわめて低い（Polivy, Janet; Herman, C. ２００２年９月、Peter: »If at First You Don't Succeed – False Hopes of Self-Change«. In：*American Psychologist*, Vol. 57, No.9, P. 677-689、Polivy, Janet: »The False Hope Syndrome: Unrealistic Expectations of Self-Change«. In: *International Journal of Obesity and Related Metabolic Disorders*, ２００１年5月、25 Suppl. 1, P.80-84.)。

•ウォーレン・バフェットによれば、結婚生活で大事なのも、期待感の管理だという。「結婚生活がうまくいく秘訣は何だと思う？　見た目のよさでも、頭のよさでも、お金があるかどうかでもない。大事なのは、相手に期待しすぎないことだよ」（Sellers, Patricia: »Warren Buffett's Wisdom for Powerful Women«. In: *Fortune*, ２０１０年10月６日、http://fortune.com/2010/10/06/warren-buffetts-wisdom-for-powerful-women/）

48　本当に価値のあるものを見きわめよう

•シオドア・スタージョンのオリジナルの発言は次のとおり。「ミステリ小説について話すとき、話の俎上にのぼるのは『マルタの鷹』や『大いなる眠り』だ。ウエスタン小説の話になると、『大西部への道』や『シェーン』がある、ということになる。なのにＳＦ小説について話すときは、とたんに〝あのバック・ロジャース（※アメリカのＳＦ小説に登場するキャラクター。映画やテレビシリーズとしても大ヒットした）のやつ〟だとか、〝ＳＦ小説の90パーセントはクズ〟だとしか言われなくなる。確かにそのとおり。ＳＦ小説の90パーセントはクズだ。だがあらゆるものの90パーセントはクズだ。重要なものは10パーセントしかない。だがクズじゃない10パーセントのＳＦ小説は、ほかのジャンルの作品と同じくらいか、それ以上に出来がいい」（『思考の技法――直観ポンプと77の思考術』ダニエル・Ｃ・デネット著、青土社、２０１５年）

•ダニエル・Ｃ・デネットの言葉の出典（https://en.wikipedia.org/wiki/Sturgeon%27s_law#cite_ref-5）。

•プリンストン大学の心理学教授、ハリー・Ｇ・フランクファートは十数年前、『ウンコな議論』というインパクトあるタイトルの本を出版し、ベストセラーになった（『ウンコな議論』ハリー・Ｇ・フランクファート著、筑摩書房、２００６年）。この本で彼は、真実の最大の敵は嘘ではなく、ごまかしや言い逃れだと指摘している。ハリー・Ｇ・フランクファートの定義によれば、これは「重要なように見せかけているだけの内容空疎な話」だ。私はこの「内容空疎な」ものは、スタージョン言うところの「クズ」と同義と解釈してもいいように思う。スタージョンの法則が言うように、本でも、洋服のトレンドでも、ライフスタイルでも、あらゆるものの90パーセントは、クズなのだ。

•「世界の不合理が解消される前に、あなたの正気が保てなくなる」という記述について。スタージョンの法則に関する説明の一環として私が用いたこの言い回しは、経済学者のジョン・メイナード・ケインズの、この言葉を参考にしている。「市場の不合理が解消される前に、あなたの正気が保てなくなる」(https://www.maynard-keynes.org/keynes-the-speculator.html)。

•ベンジャミン・グレアムのアイディア、「ミスターマーケット」について (https://en.wikipedia.org/wiki/Mr._Market)。

49 自分を重要視しすぎないようにしよう

•エッフェル塔(1889年)や、タージマハル(1648年)や、ギザにあるクフ王のピラミッド(紀元前2581年)の完成披露式典(その後には豪華な食事つきのパーティーまで予定されている)に招待されていたら、どんなすばらしいVIP気分を味わえていたか、想像してみよう。クフ王から個人的に招待を受けるのだ! そして完成したばかりのピラミッドがよく見える観覧席にすわって式典に参加する。式典のあいだは、奴隷たちが扇をあおいで風を送ってくれる。だが顔に向けて送られてくるのは砂漠の空気で、やたらと暑い。目の前では踊りやスピーチや単調な兵士たちの行進が繰り広げられるが、やがてもっと居心地のいい場所へ移動したくてたまらなくなってくる。頭の中では早く式典が終わってくれればいいのにと考えはじめる——重要人物になるというのは実際、こんな感じだ。馬鹿馬鹿しいことこのうえない。

•謙虚さと合理性に関しては、こんな逸話がある。第二次世界大戦中にアメリカ軍の陸軍参謀総長を務めたジョージ・マーシャル(第二次世界大戦後の欧州復興計画〝マーシャル・プラン〟は彼の名前にちなんでいる)は、当時の習慣に従い、正式な肖像画を描かせるためにポーズをとらなくてはならなかった。「マーシャルはじっと椅子にすわったまま何時間も辛抱した。画家が肖像画を描き終えたと告げると、マーシャルは立ち上がり、そのまま出て行こうとした。〝絵をご覧にならなくていいんですか？〟と画家は訊いたが、マーシャルは礼儀正しく〝結構です〟とだけ答えてその場を去った。（中略）どうして自分が描かれている絵をわざわざ見る必要があるのだろう？　そんなことをしても、時間を無駄にするだけだ」（『エゴを抑える技術』ライアン・ホリデイ著、パンローリング、２０１６年）

・自己奉仕バイアスと自信過剰については、前著でも触れている（『なぜ、間違えたのか？』ロルフ・ドベリ著、サンマーク出版、２０１３年）。

50　世界を変えるという幻想を捨てよう

・フォーカシング・イリュージョンについて（Kahneman, Daniel : »Focusing Illusion«. In:Brockman, John: Edge Annual Question 2011, *This Will Make You Smarter*, HarperCollins, 2012, P. 49.、https:www.edge.org/response-detail/11984）。

・意図スタンスについて。意図スタンスは、私たちが宗教に感化されやすい理由のひとつでもある。人間の視点からも動物的な視点に立っても理解できない現象には、神の意思が働いていると思えば説明がつくからだ。火山の噴火も、いまではプレートテクトニクス（※地球上の変動の原因となるプレートの水平運動）が原因だと明らかになっているが、以前は神の仕業だと信じられていた。

・「私たちには、たまたまタイミングよくその場所にいた聡明な人物を褒めたたえすぎる傾向がある」という言葉の出典（『進化は万能である――人類・テクノロジー・宇宙の未来』マット・リドレー著、早川書房、２０１６年、WORLD.MINDS-Video: https://www.youtube.com/watch?v=rkqq8xX98lQ）。

・「モンテスキューはこう書いている。〝マルティン・ルターは宗教改革をもたらしたことになっている。だが、宗教改革はいずれにせよ起きていただろう。ルターがいなければ、ほかの誰かが改革していたはずだ〟。戦いの結果次第でそのタイミングが前後することはあったかもしれないが、崩壊が避けられない状態の国は、どのみち崩壊するのだ。そうした理由からモンテスキューは最大要因と直接的原因を区別し、その手法は社会学の有益な概念として定着した」（『進化は万能で

ある——人類・テクノロジー・宇宙の未来』マット・リドレー著、早川書房、2016年）

・コルテスとの関連事項。意図したわけでもなく、偶然に生き物が兵器の役割を果たしたのは、実は中南米の侵略の際だけではなかった。アメリカがいま独立国としてあるのも、似通った理由からである。ジョージ・ワシントンが「偉人」だったからでも、1776年にイギリス軍に勝利したからでもない。蚊のおかげなのだ。イギリス軍は、アメリカ軍を南部方面から攻めようとした。だが南部の、特に海岸付近の湿地帯にはマラリアを媒介する蚊がうようよいる。イギリス軍の兵士たちはすぐにマラリアで命を落とした。それに対してアメリカ軍は、兵士のほとんどがマラリアの危険性が少ない北のほうにとどまっていたうえに、南に配備されていた部隊も主に地元の黒人奴隷たちで構成されていた。彼らの体の中には、アフリカで数千年かけて蓄積されたマラリアに対する抗体があった。つまりアメリカの独立は、「偉人」たちのおかげではなく、蚊のおかげだったのだ。「マクニールは言う。〝蚊のおかげで、窮地を脱して革命戦争に勝つことができたというわけだ。蚊がいなければ、アメリカ合衆国は存在しなかっただろう。もし次の独立記念日に蚊にさされたら、そのことを思い出してみるといい〟」（『進化は万能である——人類・テクノロジー・宇宙の未来』マット・リドレー著、早川書房、2016年）

・第二次世界大戦以降、スイスではほぼどのレストランにも、ギザン将軍（※大戦中、スイスの中立を守りぬいた軍人）の肖像が飾られていた。たいていは、常連客が座るテーブルの近くの壁に掛かっていた。子どもだった私の目には、花の飾りのついた、かっちりした立襟の軍服を着込んだその高齢の男性は、ヒーローに見えた。なにしろその人の肖像は国中のいたるところに掲げられていて、キリスト像より見る機会が多いくらいだったのだ。ギザン将軍の肖像を見かけなくなったのは、ようやく70年代も後半になってからだったと思う。それでも、一箇所だけ色あせていない長方形の形が残る壁紙は、その後何年もあちこちの店で見られ、目を閉じれば、かつてそこにあった「偉人」の姿を容易に想像することができた。ギザン将軍は、スイスにとってそれほど大事な人物だったのだろうか？　もちろん、答えは「ノー」だ。スイスが第二次世界大戦に引きずりこまれずにすんだのは、将軍の人望が厚かったからではなく、偶然のめぐり合わせや、幸運が重なったせいだ。ドイツには、スイスよりももっと重要な侵略対象があったのだ。当時参謀本部にいた将校の誰もが、レストランの壁の肖像画になりえたのである。

51 自分の人生に集中しよう

・「もし当時の党のトップが鄧小平ほど実用的な考え方をする人物でなかったら、農地改革が起きるまでにはもう少し時間がかかっていたかもしれない。だが、遅かれ早かれ、改革は起きていたに違いない」(『進化は万能である――人類・テクノロジー・宇宙の未来』マット・リドレー著、早川書房、2016年)

・白熱電球の発明について。「一旦電気が発明されれば、白熱電球が発明されるのは時間の問題だった。トーマス・エジソンはすぐれた人物だったに違いないが、彼の存在は(白熱電球の発明に)不可欠ではなかったのだ。イライシャ・グレイとアレクサンダー・ベルは電話機の発明特許を同じ日に申請したが、仮に、特許庁へ向かう途中でどちらも馬に踏み殺されていたとしても、今日の世界に何ら変わりはなかっただろう」(『進化は万能である――人類・テクノロジー・宇宙の未来』マット・リドレー著、早川書房、2016年)

・ウォーレン・バフェットの言葉。「私自身の経験といろいろな企業を見てきた結果、私はこう考えている。経営者としてのあなたの業績(経済的な利益という観点から)は、あなたの漕ぎ方が効率的かどうかより(もちろん、知性と努力もビジネスの成否を分ける大きな要因ではあるが)、あなたが乗っているボート自体の機能によって決まるところが大きい。何年か前、私はこんなふうに書いた。〝すばらしく有能な経営陣が、根本的な経営問題を抱える企業のたて直しにのぞんだとしても、その企業の状態は何も変わらないだろう。〟私の考えは今でも変わっていない。自分の乗っているボートに慢性的な水漏れがあるのがわかったら、水漏れの修理よりも、船を乗りかえることに力を注いだほうが生産的だ」(『バリュー投資入門――バフェットを超える割安株選びの極意』ブルース・グリーンウォルド、ポール・ソンキン、ジャッド・カーン、マイケル・ヴァン・ビーマ著、日本経済新聞社、2002年)

・マット・リドレーのCEOに関するコメント。「たいていのCEOは、高い報酬を得ながら従業員たちが生み出した波でサーフィンをしているだけの便乗者だ。ときには重要な決断を下しはするが、デザイナーや中間管理職や、実際に会社の業績を左右する顧客以上の役割を担っているわけではない。CEOのキャリアというのは大体こんな感じだ。外部から迎え入れられ、長時間働いてたっぷりと報酬を受け取る。そして経営がうまくいかなくなると膨大な額の退職金を手にひっそりと退任する。高貴な王族でもあるかのようなイメージはメディアによってつくり上げられた虚像にすぎない」(『進化は万能である――人類・テクノロジー・宇宙の未来』マット・リドレー著、早川書房、2016年)

52 内なる成功を目指そう

•「社会における成功の基準は何か、社会において評価されるのは何かによって、人々の行動は変化する。日々生死をかけた闘いが行われている小規模な社会では、必然的に、もっとも多くのたんぱく質を家に持ち帰る人(猟師)と、もっとも多くの敵を殺した人(闘士)が高い評価を受ける。同様に、社会に人口を増やす必要があるかどうかで母親の地位も上下するし、人々に娯楽のための時間とお金があるかどうかで芸能人の地位も上下する」の出典(Baumeister, Roy: *The Cultural Animal*, Oxford University Press, 2005, P.146.)。

•「なぜ富豪のリストはあるのに、満ち足りた人生を送っている人のリストはないのだろう?」という記述について。個人レベルではなく、国別の幸福度をあらわすリストはある。OECDが定期的にランキングをまとめている。長年首位争いをしているのは、ノルウェーとスイスだ(http://www.oecdbetterlifeindex.org)。

•「経済成長には、社会を団結させる作用がある。生活水準が上がる期待感がありさえすれば、そこまでの道のりはどんなに遠くても、人々は富の分配をそこまで求めなくなる。アメリカの中央銀行で理事を務めたヘンリー・ウォーリックは実に的確なこんな指摘をしている。〝経済成長が続いていれば、人々は希望が持てる。そして希望があれば、大きな所得格差もなんとか耐えられるものになる〟」の出典(Das, Satyajit: »A World Without Growth?« In: Brockman, *What Should We Be Worried About?*, Harper Perennial, 2014, P. 110.)。

•ウォーレン・バフェットの言葉。「もし私が数千年早く生まれていたら、動物の恰好のえじきになっていただろう。私はたいして速く走れないし、木にも登れない。だから、どの時代に生まれるかというのは非常に大事なことなんだよ」

(http://www.businessinsider.com/warren-buffett-nails-it-on-the-importance-of-luck-in-life-2013-10)

- ジョン・ウッデンの言葉「成功とは、最高の自分になるために全力をつくしたあとに得られる心の平和のことだ」の出典(Wooden, John: *The Difference Between Winning and Succeeding*, TED-Talk, 2009´ https://www.youtube.com/watch?v=0MM-psvqiG8　動画開始後3分)。
- 「死ぬときに墓地で一番裕福な人間になっているよりも、内なる成功に向けて努力して、生きているあいだに人生を充実させたほうがいい」という記述は、ジョン・スピアーズの「墓場で一番の金持ちである必要はない」という言葉を参考にしている(Green, William; O'Brian, Michael: *The Great Minds of Investing*, Finanzbuch Verlag, P. 72.)。
- ジョン・ウッデンの言葉「その日その日を人生最高傑作の日にしよう」の出典(https://en.wikipedia.org/wiki/John_Wooden#cite_note-94)。

おわりに

- リチャード・ファインマンの言葉「あなたがある鳥の呼び名を世界中の言語で知っていたとしても、あなたはその鳥について何ひとつ知っていることにはならない。(中略)だからその鳥をよく観察して、どんな動きをするかを把握しよう。それが一番大事なことだ。私はごく幼いころに、〝何かの名前を知っていること〟と〝何かを知っていること〟の違いがわかるようになった」の出典(https://www.youtube.com/watch?v=ga_7j72Cvlv　http://www.quotationspage.com/quote/26933.html)。
- これまでに私が出会った「よい人生」についての最良の定義はふたつある。ひとつ目は、ストア派の哲学者、エピクテトスの「穏やかに、かつ軽やかに流れる人生」(エピクテートス、談話1・4)というもの、そしてもうひとつは、数億ユーロの資産を築いている企業家の友人と昼食をとった際におとずれた気づきである。

季節は夏で、私たちは屋外の席に座っていた。その店の金属製の屋外用テーブルには何度も色を塗りなおしたあとがあり、足元は砂利敷きだったのを覚えている。アイスティーを口に運ぶときには、ハチがグラスの縁にとまっていないか注意しなければならなかった。私たちはお互いの仕事の話をした。私はこの本の構想について話し、彼は、自分の会社の投資戦略や配当のこと、財団の運営、彼のもとによせられる寄付の要請、従業員や運転手や役人たちとの問題、プライベートジェットのメンテナンス、そして何よりも手間暇のかかる監査役の仕事について話した。彼はいくつかの企業の監査役を任されている。彼の資産のせいではなく、彼の能力が高く評価された結果だ。彼の話を聞いているうちに、不意にこんな言葉が私の口をついて出た。「どうしてそんな大変なことを引き受けるんだ？　もし僕に君ほどの資産があったら、本を読んだり、考えごとをしたり、ものを書く以外のことは何もしないと思うけどな」

私が、自分も彼と同じことをしているのに気づいて唖然としたのは、昼食が終わって帰途についてからだ。私にもある程度の資産ができたというのに、私の生活は以前と何も変わっていない。つまり、よい人生とはそういうことなのだ。お金に左右されずに自分らしい生活を送るということ。それがよい人生の秘訣なのである。

［著者紹介］
ロルフ・ドベリ　Rolf Dobelli
作家、実業家。1966年、スイス生まれ。スイスのザンクトガレン大学卒業。スイス航空会社の子会社数社にて最高財務責任者、最高経営責任者を歴任後、ビジネス書籍の要約を提供する世界最大規模のオンライン・ライブラリー「getAbstract」を設立。35歳から執筆活動をはじめ、ドイツ、スイスなどのさまざまな新聞、雑誌にてコラムを連載。著書『なぜ、間違えたのか？――誰もがハマる52の思考の落とし穴』（サンマーク出版）はドイツ『シュピーゲル』ベストセラーリストで１位にランクインし、大きな話題となった。本書はドイツで25万部突破のベストセラーで、世界29か国で翻訳されている。著者累計売上部数は250万部を超える。小説家、パイロットでもある。現在はスイス、ベルン在住。
http://www.dobelli.com/

［訳者紹介］
安原実津（やすはら・みつ）
ドイツ語、英語翻訳家。訳書に『ドールハウス　ヨーロッパの小さな建築とインテリアの歴史』（パイインターナショナル）、『プレゼンのパワーを最大限にする50のジェスチャー』（日経BP社）、『先入観を捨てセカンドキャリアへ進む方法――既成概念・年齢にとらわれずに働く術』（パンローリング）がある。

装　　丁　轡田昭彦＋坪井朋子
翻訳協力　リベル
校　　閲　鷗来堂
編　　集　桑島暁子（サンマーク出版）

Think clearly

最新の学術研究から導いた、よりよい人生を送るための思考法

2019年４月５日　初版発行
2024年５月20日　第33刷発行

著　　者　ロルフ・ドベリ
訳　　者　安原実津
発 行 人　黒川精一
発 行 所　株式会社サンマーク出版
〒169-0074 東京都新宿区北新宿2-21-1　☎03-5348-7800（代表）

印　　刷　株式会社暁印刷
製　　本　株式会社若林製本工場

ISBN 978-4-7631-3724-1 C0030
サンマーク出版ホームページ　https://www.sunmark.co.jp